广西艺术学院高层次人才科研启动经费资助项目(编号:GCRC202405)

文化认同

多元通和的道公文化研究

雷火剑 著

中国戏剧出版社
CHINA THEATRE PRESS

图书在版编目（CIP）数据

文化认同：多元通和的道公文化研究 / 雷火剑著.
北京：中国戏剧出版社，2024.7. -- ISBN 978-7-104
-05544-0
Ⅰ．K280
中国国家版本馆CIP数据核字第20244X75Y8号

文化认同：多元通和的道公文化研究

责任编辑：齐　钰
责任印制：冯志强

出版发行：	中国戏剧出版社
出 版 人：	樊国宾
社　　址：	北京市西城区天宁寺前街2号国家音乐产业基地L座
邮　　编：	100055
网　　址：	www.theatrebook.cn
电　　话：	010-63385980（总编室）　010-63381560（发行部）
传　　真：	010-63381560

读者服务：010-63381560
邮购地址：北京市西城区天宁寺前街2号国家音乐产业基地L座

印　　刷：	北京九州迅驰传媒文化有限公司
开　　本：	787mm×1092mm　1/16
印　　张：	17.75
字　　数：	253千字
版　　次：	2024年7月　北京第1版第1次印刷
书　　号：	ISBN 978-7-104-05544-0
定　　价：	108.00元

版权专有，违者必究；如有质量问题，请与出版社联系调换。

序

  文化之于个人是内在修养，之于国家是思想根基，之于民族是精神命脉。习近平总书记在全国民族团结进步表彰大会上的讲话中强调："坚持文化认同是最深层的认同，构筑中华民族共有精神家园。"[①] 文化作为一种把一定社会群体凝聚起来的精神力量，可以看作是"一种原始的或者天然状态的人的意志的完善的统一体"[②]。文化认同就是要形成一个"以共同的语言文字、历史记忆、传统价值观和共同心理特征等为纽带组成的民族文化有机体"[③]，其本质是一种精神共同体，也是中华各民族优秀传统文化的融合共生。面对国内外瞬息万变的复杂形势，铸牢中华民族共同体意识，既要通过中国共产党的领导优势和社会主义国家的制度优势来规范遏制不良社会风气，又要从促进各民族文化融合和价值共通的角度来深化人民对中华民族文化的自信和对国家的认同。

  中华民族自古以来就有高度的文化认同，这既包括了在中华文明发展中

[①] 习近平：《在全国民族团结进步表彰大会上的讲话》，《人民日报》2019年9月2日第1版。
[②] ［德］斐迪南·滕尼斯：《共同体与社会：纯粹社会学的基本概念》，林荣远译，商务印书馆1999年版，第3页。
[③] 傅才武、严星柔：《论建设21世纪中华民族文化共同体》，《华中师范大学学报（人文社会科学版）》2016年第5期，第63页。

占据主导地位的精英文化,又涵盖了活跃在广大乡野间的民俗文化,既包括了中原汉地的文化,又融汇了边疆地区的文化,可谓多元交融,缺一不可。习近平总书记在文化传承发展座谈会上强调:"中华文明从来不用单一文化代替多元文化,而是由多元文化汇聚成共同文化,化解冲突,凝聚共识。"[①] 中华民族大融合采取的是"文化综合",而非"文化替代",加上中原地区经济文化发达,使各民族不断向中原汇聚,又不断向边疆辐射,最终形成了以中原文化为核心向外开放,包纳各民族文化,互相之间渗透融合的大格局。这在道公文化中表现得尤为突出。道公在承袭传统道家思想的同时,受到当地日常生活的深刻影响,与各种本土习俗紧密结合,汇成一体,在各个方面都全面加以糅合,不拘一格,形成了多元通和的体系。直到今天,广西部分农村仍然延续着这一古老民俗,无论生老病死,婚嫁上房,都要请道公主持仪式,以求人间平安。从文化交融的角度研究道公文化,不仅能深化对民俗文化的研究,还能为构筑各民族共有精神家园,铸牢中华民族共同体意识夯实理论基础。

从民俗文化的当代价值看,道公文化内蕴并宣传的"崇善""尽孝""平等""敬业"等思想观念与社会主义核心价值观高度契合。道公习俗是千百年来底层民众普遍遵从的社会习俗,发挥着普遍的约束力,自动地维护着社会秩序。这种秩序和规则通过道公仪式表达和传播出来,以无成本的方式维持着社会秩序。道公通过对一个个特定故事的褒奖或鞭挞,完成价值观念的宣扬,同时又教化了人心,匡正了风气。道公唱词中所宣扬的敬奉祖先、家庭和睦、邻里和谐的和合精神,对真善美的执着追求,忠贞不渝、诚信友爱的观念,对于提倡人伦观念、规范言行举止、调和人际关系、调适群体生活、提升道德水准乃至构建和谐社会,都有着不可估量的重要作用。而且,这种教育是潜移默化的,采取的是一种与所有人生活最贴近、感情最亲近、行为

---

① 习近平:《在文化传承发展座谈会上的讲话》,《求是》2023年第17期,第2页。

最贴近的特殊教育方式，容易被群众接受。这样既引导、教育了群众，又丰富了群众生活。

全书共分五章，其主要内容如下：

第一章的写作目的在于利用地方志、文人著述、碑刻、调查资料等，对道公文化的历史发展脉络和地理分布情况进行梳理。广西偏隅的地理位置、奇秀的自然环境、古朴的民风民俗，都为道家思想传播提供了优越的条件。统治者"以文化夷"的民族政策、众多道学家的推崇和历代大规模战争移民，都极大地推动了道家思想的传播。明清之后，因受到统治者的严厉管束和文化激进主义的冲击，再加上自身理论的严重滞后和衰落，道家思想逐渐向民间扩散，与当地民风民俗深度融合，以民间道公的形式在广大壮族乡村继续发挥作用。

在第二章中，笔者通过经书文本、文人著述、实地观察等，分析概括了道公文化的多元化特征。通过分析可以看出，道公既继承了道家的核心思想，又加入了很多儒、佛和本土文化的内容，多元糅合于一体，适应了当地的民俗风情。道公的信奉对象可谓是多元汇聚在一起的大家庭。它的仪式具有"道形佛义壮底"的显著特征。虽然道公班子没有严密的组织结构，但其传承方式是相当严格的，体现了稻作民族办事认真细致的特质。道公正是在这种转化重构中形成了自己多元融合的文化体系。

第三章讨论的是道公与广西本土民俗的相互关系。通过分析道公和各种本土民俗在义理、仪式等方面的异同可以看出，它们相互间既有分工又有合作，既保持各自边界又相互吸收。道在和麽互动的过程中，逐渐代替了麽的功能，使麽在当地文化生态中处于劣势，道公也因此显示出浓重的本土特性。道和师之间，则形成了相互利用和相互合作的关系。师公往往须依靠道公来确认自己的身份，师公以其法术和舞蹈优势，获得了自身独有的地位，从而与道公维持着一种相互协调合作的状态。

第四章讨论的是道公对人们思想观念的影响。道公超度亡灵与当地人普遍相信人死后灵魂将转到另一个世界里生活的观念密切相关。还因受到"人神同理"观念的影响，道公仪式中难免有一些善意的调笑，以此调节人们严肃紧张的神经；道公礼仪与传统礼仪都来源于中国古代祭祀礼仪，只是前者严格、规范些，后者相对随俗一些。道公以劝善、行善为宗旨，将济世伦理渗透到仪式的每个细节，与伦理道德融为一体，从而起到教化世人的作用；道公文化生动感人的经文、庄严肃穆的坛场、典雅精妙的音乐舞蹈，与民众重情重义、庄重凝练、能歌善舞的审美观高度契合。由此可见，道公早已与人们的思想观念融为一体，成为传统文化的重要形式。

第五章系统总结了道公文化的多元通和特征及其启示意义。道公文化在继承中发展，在转化中重构，与各种本土习俗相互接纳、吸收和消化，表现出主体性与多样性相统一、相融性与差异性相统一、民族性与开放性相统一、神圣性与人间性相统一、制度性与灵活性相统一的鲜明特色。这种多元通和模式启示人们要深刻认识文化"交融性"的丰富内涵，注意从"向善"精神的层面推动文明对话与和解，以文化交融增强中华民族凝聚力和向心力，同时要深刻认识民俗文化在教化人心、匡化伦理方面的重要作用。

目 录

绪 论

一、选题的背景及意义 / 003

二、研究动态 / 005

三、研究的核心范畴 / 007

四、研究方法和创新之处 / 008

第一章 因中有革——道公文化的源流和产生

第一节 道家思想在广西的传播 / 013

一、道家思想在广西的传播过程 / 015

二、道家思想在广西传播的历史文化条件 / 020

第二节 道家思想向道公习俗的转化 / 028

一、道家思想向广西民间的扩散 / 028

二、道家思想转化为道公习俗 / 036

本章小结 / 043

第二章 多元融合——道公文化的构成体系

第一节 多元化的义理和信奉对象 / 048

一、多元糅合的道公义理 / 048

二、信奉对象的多样化 / 061

第二节　地域化的行规和仪式活动　/ 074
　　一、戒律与民俗相结合的行规　/ 074
　　二、富有地方特色的仪式活动　/ 079

第三节　世俗化的组织和传承方式　/ 104
　　一、灵活的组织形式　/ 104
　　二、严格的传承方式　/ 106

本章小结　/ 114

第三章　和合共生——道公文化对本土习俗的影响

第一节　道公对亡灵崇拜的影响　/ 117
　　一、壮族民间的亡灵崇拜　/ 118
　　二、亡灵崇拜与道公科仪的结合　/ 120

第二节　道公对先祖崇拜的影响　/ 134
　　一、文献记载的壮族先祖崇拜　/ 134
　　二、先祖崇拜的道化　/ 138

第三节　道公对师公的影响　/ 142
　　一、教义和神灵移植了很多道公元素　/ 143
　　二、符箓和咒语吸收了大量道公法术　/ 145
　　三、师公和道公共同主持大型仪式　/ 147

本章小结　/ 181

第四章　天人同理——道公文化对本土思想观念的影响

第一节　道公义理与灵魂观的结合　/ 185
第二节　道公礼仪对礼仪观的影响　/ 188

第三节　道公仪式对崇善观的强化　/ 190

第四节　道公科仪对审美观的影响　/ 210

本章小结　/ 214

第五章　道公文化多元通和模式的特征和启示

第一节　道公文化多元通和的鲜明特征　/ 218

　　一、主体性与多样性的统一　/ 218

　　二、相融性与差异性的统一　/ 219

　　三、民族性与开放性的统一　/ 220

　　四、神圣性与人间性的统一　/ 221

　　五、制度性与灵活性的统一　/ 223

第二节　道公文化多元通和模式的启示意义　/ 224

　　一、"交融性"的彰显促进了文化的互融共生　/ 224

　　二、"向善"精神增进了不同文明间的交流互鉴　/ 226

　　三、多元通和增强了中华民族的凝聚力和向心力　/ 229

　　四、民俗文化是教化人心、匡正伦理的重要载体　/ 231

本章小结　/ 234

结　语　/ 215

参考文献　/ 237

附录一　隆安县雁江镇道公林义文先生专访　/ 247

附录二　贵港市石卡镇壮族师公覃天忠先生专访　/ 250

附录三　广西非物质文化遗产：道公"九莲灯"　/ 254

附录四　壮族道教的多元通和模式及其启示意义　/ 257

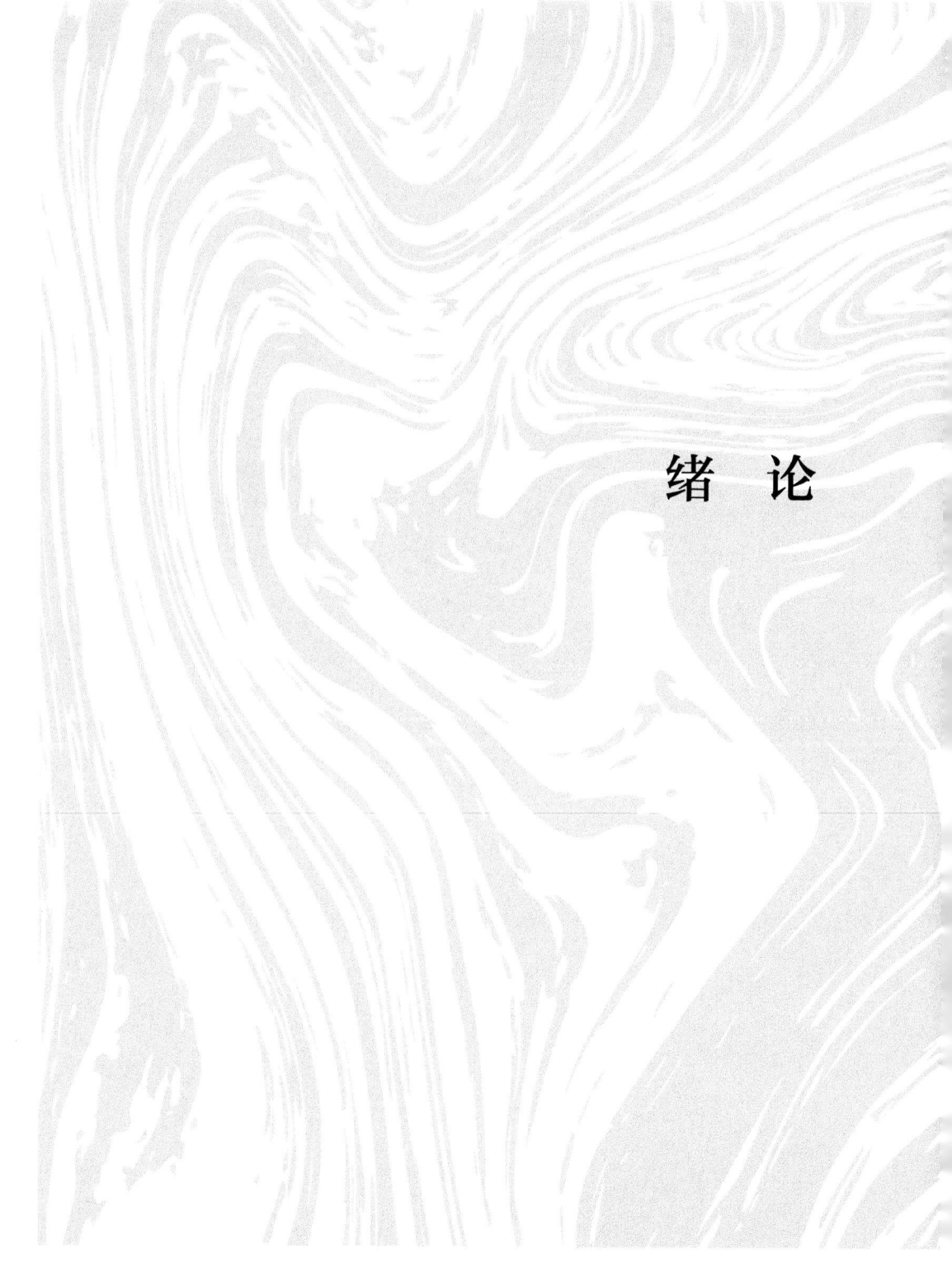

绪 论

绪 论

一、选题的背景及意义

民俗文化作为影响民族认同和民族关系的重要因素，在促进各民族交往交流交融方面发挥着重要作用。习近平总书记指出：古往今来，中华民族之所以在世界有地位、有影响，不是靠穷兵黩武，不是靠对外扩张，而是靠中华文化的强大感召力和吸引力。我们的先人早就认识到"远人不服，则修文德以来之"的道理。① 中华民族大融合采取的是"文化综合"，而非"文化替代"，加上中原地区经济文化发达，使各民族不断向中原汇聚，又不断向边疆辐射，最终形成了以中原文化为核心向外开放，包纳各民族文化，相互之间渗透融合的文化格局。这在壮汉文化交流中表现得尤为突出。自从西南少数民族被纳入中央管辖之后，道家思想便开始在广西加速传播，与当地文化相互融合。壮学专家顾有识曾提出："道公是汉族道和壮族巫相结合的产物。"② 本研究即以道公文化为研究对象，重点分析道公与广西本土民俗的相互关系，及其对当地人思想观念的深刻影响，总结道公文化的多元通和模式及其对认识当代文化生态问题的启示意义。

（一）深化地方民俗研究

长期以来，社会不少人认为道公习俗属于"封建迷信"，没有研究的价值。

---

① 《习近平总书记在文艺工作座谈会上的重要讲话公开发表》，《人民日报》2015年10月15日第1版。

② 顾有识：《壮族的文道教与武道教》，《广西大学学报（哲学社会科学版）》1995年第4期，第62页。

改革开放后,"民俗文化论"开始为社会所接受。人们逐渐认识到,传统民俗是文化的重要形式,理应有它正常的生存空间。从历史看,道家起初就是一个流布于底层社会的民俗文化,后来在魏晋南北朝时开始向教团化和上层化演变,但其广泛分布在乡野间的所谓"粗俗形式"从来没有消失。正如葛兆光所言:"历史上,道家思想在与其他文化形态的排挤和磨合中,把过去真诚的狂热与入神,转化为仪式、象征甚至演戏,把本来真实的信仰和虔诚,转化为远离世俗政治的清高、孤傲和洒脱,于是古老宗教性的内容就只能边缘化为民间活动。"①明清之后,道家逐步走向衰落,但"这也仅仅指的是作为精英文化的衰落。社会底层的影响不仅没有消失,反而以新的形式在民间迸发出来"②。道家思想自传入广西后,逐渐与当地民风民俗相融合,并积极吸收儒家和佛教的思想,成为壮族核心文化的一部分。牟钟鉴教授在讲到文化融合的"壮族模式"与"中国经验"时指出:"在当地民俗的基础上,几种文化混合,诸教并立,不分主次的'壮族模式',是'中国经验'在少数民族地区的生动体现。"③长期以来,学界将关注的重点集中于传统道家思想,对在民众中具有广泛影响的道公习俗关注不够,专门研究道公的成果更少。如果能做好这一选题,不仅对保护地方民俗文化具有重要意义,也能进一步探索传统民俗的现代生存路径,为深化民俗学研究作抛砖引玉之探索。

(二)为中华民族共同体提供实证支持

在中国这样一个多民族多文化的国家,文化共同体乃是中华民族共同体的重要基础。只有认清各民族的民俗文化,才能正确把握中国的文化生态,向世界展示"中国经验"。道家思想自传入广西后,经由地方民风民俗改造,

---

① 王卡主编,中国社会科学院世界宗教研究所道教研究室编:《中国道教基础知识》,宗教文化出版社1999年版,第329页。
② 葛兆光:《屈服史及其他:六朝隋唐道教的思想史研究》,生活·读书·新知三联书店2003年版,第130页。
③ 牟钟鉴:《传统民俗:保持多元通和宗教文化生态的基础》,《中国民族报》2009年4月8日第4版。

既保留了道家思想的原质，又产生了有别于道家思想的异质。"道家思想和古代壮族的文化有许多相似之处，所以道家思想传入广西后，很快就和当地习俗相迎合，满足了壮族社会的需要，从而促进了民俗和道家的相互影响、相互渗透，促进了道家思想在广西的传播及壮族民俗文化的发展。"①因此，仅从道家思想与壮族习俗的共同来源看，二者根脉相通。壮族普遍盛行的自然崇拜、亡灵崇拜、先祖崇拜，同道家的基本理念高度契合，使道家思想能够以较为温和的方式与壮族民俗相融合，成为壮族人所能接纳的文化形态。如壮学专家张声震所言："壮族的道和汉族的道有没有区别？有什么区别？壮族本土习俗是巫，那么什么时候接受了道呢？从文化现象上看，壮族信道这是事实，直到现在农村还有这个现象，因此道公文化也是壮族文化遗产的一部分。"②开展道公文化研究，深入分析道家文化转化的条件、成因、流变脉络及其对当地民俗和社会的广泛影响，将有助于从理论的高度揭示道公文化"多元通和"模式的普遍价值，为铸牢中华民族共同体意识夯实理论基础。

二、研究动态

对道公文化的研究，有一个从他觉到自觉的过程。20世纪90年代之前，属于他觉的阶段，研究者基本上是汉族或国外的学者。随着民族地区经济文化的发展，一些少数民族学者也逐渐加入研究行列。但总体来讲，专门研究道公文化的资料仍不多见，只能在一些文献中找到相应的片段和介绍。这与广西道教在近代受到严格限制不无关系。在1995年出版的《广西通志·宗教志》中，对广西道教的历史、分布、宫观、著名道士等进行了简要叙述。另外，王丽英在《道教南传与岭南文化》一书中对道教南传的历史及其社会影

---

① 玉时阶：《壮族民间宗教文化》，民族出版社2004年版，第95页。
② 张声震：《把壮族古籍整理出版推向系列化的新阶段》，《广西民族研究》1998年第2期，第35页。

响进行了分析，认为文化传播是一个渐进的过程，只能从历史长河中作宏观把握。孔德超的论文《文化传播视野下的壮族与道教的关系考》从文化传播的视角分析了道教传入广西的时间及壮族传统民俗与道教的互融关系，认为壮族传统民俗与道教的关系是双向渗透、相互影响的。袁名泽在《桂东南道教洞天福地考辨》中对桂东南三大洞天福地进行了考究，回应了长久以来学界对此存在的争议。杨文定的《广西左江流域民间文献所见佛道及民间信仰探微》用文献学的方法分析了佛道教与世俗社会的关系，认为"佛道融入当地主流社会，受到官方的认可和推崇，确立其在地方社会的合法地位乃至权威，呈现出鲜明的政治色彩。二者的离散，则使得其世俗化，并与当地民间信仰及民俗融合，演进为传统民俗"①。广西师范大学硕士生莫艺的毕业论文《广西客家道公群体研究——以博白县凤山镇为例》从人类学的角度，对广西博白县凤山镇客家道公的养成过程、仪式表演、组织情况、社会价值等进行分析，为学界提供了一份了解道公群体现状的民族志资料。因广西为少数民族聚居地，故关于道教与少数民族文化方面的研究成果相对多一些。如黄羽的《壮族道教"安龙"仪式音乐——桂中澄泰乡洋渡村"安龙"仪式调查报告》、周思洋的《非遗视角下广西上林县"师公舞"的传承现状研究》、黄小明的《仫佬族依饭节舞蹈与道教文化的关系——广西罗城仫佬族民间舞蹈现状考察》等论文，都分析了道教对广西少数民族艺术发展的影响。值得一提的是，在广西的少数民族中，道教对瑶族文化的影响甚大，关于广西瑶族道教的研究成果相较丰富。其中，刘保元在论文《茶山瑶的道教信仰》中指出，广西金秀茶山瑶几乎全民信仰道教，此外，广西全州东山瑶也笃信道教。张泽洪的《瑶族度戒仪式新探——广西贺州威竹村个案研究》《瑶族社会中道教文化的传播与衍变——以广西十万大山瑶族度戒为例》两篇文章认为，瑶族度戒是瑶族宗教道教化的反映。与瑶族相比，从笔者对广西南宁、崇左所辖

---

① 杨文定：《广西左江流域民间文献所见佛道及民间信仰探微》，《广西社会主义学院学报》2019年第1期，第73页。

县区部分人员的采访看，道公习俗在壮族社会，尤其是桂西南壮族聚居区的影响与瑶族一样大，但对其缺少全面深入的研究，实属憾事。

三、研究的核心范畴

道家思想传入广西后，不断与当地民风民俗相融合，产生了富有地域特色的道公文化，对民众的生产生活和思想观念都产生了深刻影响。研究的核心范畴主要包括如下方面。

多元通和：这是当代著名学者牟钟鉴教授对中国传统文化生态的理论概括。"其表现为多源性的综合，多样性的交渗，和谐共生，因中有革，开放包容，在多元发展中不断整合成轴心的系统，而轴心的系统对多元文化都有接纳、吸收和消化。同时神道与人道互相包含，重视神道的道德功能；用人道的精神去充实神道的内容，使神道沿着温和、稳健的道路发展。"[①] 这一多元通和模式在道公文化上有着很好的体现。第一，道公在保留道家主要思想的同时与当地民风民俗相融合，彰显了不同地区和不同流派的多样性特点；第二，各种本土民俗以和谐为主旋律，相互融合，和谐共存；第三，行规与社会伦理交融，注重发挥仪式的教化功能；第四，在坚持众善奉行的同时，其组织和传承也更加简便易行。

道公文化：这里指广西壮族的一种民俗文化。根据史料记载，道家思想从汉代便开始在广西传播，至唐宋时期达到顶峰，传播的范围也逐步扩展到整个广西。但因近代屡遭统治者的严厉打压，又受到壮族文化的涵化，所以道家思想在广西已无法保持原貌，遂转为地方民俗，在广大乡村继续发挥作用。梁庭望教授将民间道公描述为："是作为汉文化一部分传入的，由于汉壮两个民族都是农业民族，在文化上比较容易沟通，所以由于壮族文化的涵化

[①] 牟钟鉴：《传统民俗：保持多元通和宗教文化生态的基础》，《中国民族报》2009年4月8日第4版。

亦即转化，已改变若干原貌，变成与师公面貌相类似。道士与师公一样可以成家立业，平时务农，有仪式活动才是道公，无事就是个农民。其经书以汉文为主，常杂有壮族民歌格式的韵文。主持仪式时时常有师公同堂，各做各的仪式，互不干扰，互不排斥。这些道公以小团体的形式存在，没有统一组织。"①本书所研究的对象——道公文化，在当地土语中单称为"道"，从事该行业的人俗称"公道"或"艾道"。在本书中将其统一表述为"道公"，将从业人员称为"道公"。需要说明的是，笔者在此用广西壮族对该民俗文化进行地域和族群限定，并不否认其他族群和地域的共享性，在云南和贵州等地，实际上也共享着这一文化。

本土习俗： 这主要包括广西本土的亡灵崇拜、先祖崇拜和师公习俗三种习俗类型。广西民间亡灵崇拜虽然历史久远，但随着道公的兴起，早已与道公的科仪紧密联系在一起。其中最大的特点，就是凡与亡灵有关的仪式均已为道公的科仪，其求嗣、驱邪和招亡的仪式也多是由道公主持。在广西民间，先祖崇拜和师公习俗都有悠久的历史。道公兴起后，先祖崇拜因受道公的影响，树立了统一的至上神布洛陀，形成了系统的《麽经》和较完备的行规戒律，通过请师念经、祈祷祭祀等仪式，达到消灾免祸、匡正伦理的目的。同样，师公也大量吸收了道公的元素，按照道公的面目进行组合提升，请师、迎帅、禁坛、破狱、送神等都采用了道公的科仪，一些地方师公与道公甚至不分彼此，两者皆通。

四、研究方法和创新之处

本研究以习近平文化思想为指导，全面展现道公文化的深厚底蕴和启示意义。习近平总书记指出："中国文化源远流长，中华文明博大精深。只有全

---

① 邱永辉主编：《中国宗教报告2014》，社会科学文献出版社2015年版，第282页。

面深入了解中华文明的历史,才能更有效地推动中华优秀传统文化创造性转化、创新性发展,更有力地推进中国特色社会主义文化建设,建设中华民族现代文明。"历史和现实一再印证,守正才能不迷失方向、不犯颠覆性错误,创新才能把握时代、引领时代。研究道公文化绝非简单地回归传统文化,更不是要同传统文化彻底决裂,而是为了从传统文化中找寻新的精神力量,进而服务于中国特色社会主义文化的大发展大繁荣。本研究坚持古为今用、推陈出新,汲取道公文化所蕴含的丰富哲学思想、人文精神、价值观念、道德规范,推动道公文化的创造性转化、创新性发展,让这一古老文化展现出永恒魅力、绽放出时代风采。

  本书主要运用田野调查、文献研究和比较研究法来进行研究。首先,本书以田野调查作为主要研究方法,有针对性地选取道公班子和师公班子进行深入的个案式调查。在实地调查的过程中,主要用参与观察、访谈、笔录、拍照记录等方式,尽量做到全面准确反映道公现状。通过对道公、师公和当地文化名人进行深入访谈,获取大量一手资料,从而达到对道公及其与本土习俗关系进行全面解读的目的。其次,本书在涉及道家思想在广西的传播与转化时,积极参考相关历史文献、地方史志及地方档案等文献记载。此外,田野调查搜集到的经书、唱本、碑刻等都是重要的资料来源。通过将历史文献与田野调查中搜集的文献结合印证,对道家思想的传播与转化过程进行系统研究。第三,本书在重点考察道公文化的同时,运用比较研究法分析道公文化与道家思想及其他民俗的异同,从而更深刻把握道公文化的多元通和模式及其启示意义。

  就本研究来说,主要有两个创新之处。一方面,研究视角有所创新。纵观以往的相关研究成果,研究道家思想的相对较多,研究道公习俗的相对较少,而从多元通和的视域对道公文化进行专门研究的成果至今还没有出现,这对于本研究来说既是一种大胆的尝试,同时也是对学术价值的充分体现。文章从多元通和的角度展开分析,系统总结这种多元通和模式对处理当今文化关系的启示意义，这正是本研究的创新所在。另一方面，在研究内容上也有所创新。以往有关地方民俗的研究，多集中于民俗本身，对历朝边疆民族政策如何影响中原文化在少数民族地区的传播、外来文化对本土习俗和人们的思想观念造成了何种影响等问题都缺少深入研究。本研究利用丰富的文献资料，并结合具有说服力的各种案例，从微观和中观的角度进行研究，这样的研究既有宏观性又不失严谨性，不管是从研究内容还是研究方法来看，都具有一定的创新性。

第一章

因中有革

——道公文化的源流和产生

第一章 因中有革——道公文化的源流和产生

广西是壮族人的主要聚居地，而壮族又是中国少数民族中人口最多的民族。作为岭南地区的土著民族，壮族居住在我国广西、云南、广东、湖南、贵州等省区，基本连成片。据第七次全国人口普查统计，全国壮族总人口约1956.8万，广西就有1572.2万。①"壮族文化多元开放，没有统一的信仰，民间多崇拜天神、雷神、土地神、巨石神、树神、蛙神、花婆神以及祖先神灵等。"②汉代以后，佛、道等中原文化先后传入广西，随之改变了当地的文化生态，形成了以本土文化为主体，多元通和的文化格局。道家思想在适应时势变化的过程中，不断吸取当地民风民俗的营养，以道公习俗的形式对人们的生产生活产生影响，促成了外来文化与本土文化的深度融合。

第一节 道家思想在广西的传播

道公习俗是道家思想转化后的结果。道家思想作为中国土生土长的，以汉族为主体的多民族文化，是中国传统文化的重要组成部分。作为一种社会历史现象，道家思想来源也比较复杂。南怀瑾先生说："道家学术思想的内

---

① 广西壮族自治区统计局、广西第七次全国人口普查领导小组办公室：《广西第七次全国人口普查主要数据公报》，2021年5月13日。
② 田继周：《秦汉多民族国家的形成和汉族人们共同体的发展》，《云南社会科学》1986年第4期，第66页。

容，也就是中国文化的原始宗教思想、哲学思想、科学理论与科学技术的总汇，笼络贯穿中国文化上下古今的大成。"① "道"一词的本义是"道路"，后引申为"道理"，在先秦诸子中多有论及，然而将"道"视为万物之源，则是道家开创之功。老子所著《道德经》第二十五章云："有物混成，先天地生，寂兮寥兮，独立而不改，周行而不殆，可以为天地母，吾不知其名，字之曰道，强为之名曰大。"所以《魏书·佛老志》称"道家之源，出于老子"。当代学界普遍认为，古代原始的自然观是道家思想最初的源头。汉末道教的产生，尤其是当时流行的黄老思想和作为天师道前身的民间道教五斗米道的出现，乃是地区性民族文化汇合的结果。黄老崇拜起于战国。黄帝是中原人文始祖，为五帝之首，居中，尚黄，土德，代表着华夏族正宗文明。老子乃楚人，老学属于楚文化。黄老之学乃是华夏文化与当初作为蛮夷的楚文化的结合，长沙马王堆出土的战国时期的《黄帝四经》可作为代表。汉代黄老之学由政治学而变为养生学，再变为神道之学。黄帝成为道教祖神，老子成为太上老君。汉桓帝宫中立黄老浮屠之祠，太平道首领张角奉侍黄老道。太平道后来的中绝，并非黄老崇拜所致，而是它在政治上采取了与中央政权武装对抗的路线，遂遭到武力镇压。黄老之学与《周易》之学、炼丹祈禳之学相结合，催生出《太平经》《周易参同契》等早期道教经典，成为道家思想发展的重要阶段。五斗米道活动于巴蜀与汉中。第一代天师张道陵是从东部进入蜀中的，他创五斗米道，传子张衡，衡传张鲁，号"三张"。从其经典《老子想尔注》看，五斗米道的教义是用神仙方术解说老子，大量吸收了中原文化成果。《三国志·张鲁传》说"鲁遂据汉中，以鬼道教民""民夷便乐之"。《后汉书·灵帝纪》注引《刘艾纪》曰："时巴郡巫人张修疗病，愈者雇以米五斗，号为五斗米师。"后来张鲁袭杀张修，夺得五斗米教权，雄踞巴、汉三十年，使五斗米道达到鼎盛。末后张鲁投降曹操，五斗米道传入内地，并以天师道名义发

---

① 南怀瑾著述：《南怀瑾选集》，复旦大学出版社2013年版，第128页。

展起来。这说明五斗米道是老子之学与巴、汉一带民族的"鬼道"相结合而形成的,张修就是当地的巫师,"鬼卒""鬼吏"都是当地的称呼,病家出五斗米是当地的风俗。所以天师道是多民族文化融汇的产物。道家思想之所以能在广西广泛传播,并最终演变为道公习俗,与其原本就有多民族文化混血的基因是密切相关的。

一、道家思想在广西的传播过程

关于道家思想传入广西的时间,史书没有明确记载,学术界也一直存在争议。一是秦汉说;二是西晋说;三是汉末三国东晋说;四是唐宋说。就如王丽英在《道教南传与岭南文化》一书中指出:"事实上,这是一个很难定时定性的问题,因为文化的传播是一个渐进的过程,需要经过长期的渗透和浸润才能发生作用,道家思想的南传亦是如此,我们只能从历史长河中作宏观把握。"① 虽然这是王丽英基于岭南道教考察得出的判断,但也符合道家思想传入广西的情况。据旧《容县志》记载,汉朝时即有刘根、华了期、廖冲、廖平、廖扶等在容县都峤山修道。宋代张群房撰写的《云笈七签》也说,刘根在都峤山中修道,修成仙后白日飞升。② 这说明道家思想在汉代就已传到了桂东南容县一带,之后逐渐向壮族腹心地带传播。

(一)秦汉时期道家思想在广西的初传

秦王朝由于统治暴虐而国运短促,但它建立了统一的多民族国家,其领域北至阴山,南至岭南,西至甘青高原,东至东海,有广阔的疆域。"这一统一,虽仍以华夏族及其居住区为主,但却包括了南方百越系统和苗瑶系统的民族、西方部分氐羌系统的民族、北方部分阿尔泰系统的民族以及东北的部

---

① 王丽英:《道教南传与岭南文化》,华中师范大学出版社2006年版,第77页。
② 邓定旭主编:《都峤山史话》,漓江出版社1995年版,第44页。

分少数民族。先秦时期居于今山东、淮水流域的东夷，则已完全与华夏族融合了"①。虽然秦王朝地域广大、民俗各异、方言杂多，但各民族能够用统一的汉字作为信息载体和交流手段，并进而认同汉字承载的道家思想。汉承秦制，又吸取亡秦教训，文治与武功并重，遂建立起以地域为行政区划、以多民族异俗共存为特色、以宗法等级制度为基础的中央集权的统一大帝国。"这个大帝国，除了部分地区，几乎相当于我国今日版图，它所包括的民族除了个别的之外，也几乎是我国所有的民族或者是它们的先民。"②这个强大的汉帝国能够维持四百余年，除了政治、经济、军事上的优势因素以外，文化融合无疑起了重要作用。据史料记载，东汉末年就开始有不少道人纷纷南下，到岭南或炼丹或修仙。据旧《容县志》载，汉代即有刘根、华子期、廖冲、廖平、廖扶等人到容县都峤山修道，至今古迹犹存。如都峤山南洞的文昌岩、太极岩、仙人峡、仙寿岩、仙人桥、仙人床等，都和道家有关。难怪苏轼在《送邵道士归都峤洞天》诗里说："结茅都峤与仙邻。"这一时期移居广西的汉族人口来自全国各地，迁移的原因以军事原因和政治原因为主。因为广西位于岭南西部，远离中原中央政权中心，又是少数民族聚居的地方，长期被视为蛮荒之地。为扩大势力和巩固集权统治，历代封建统治者都以重兵镇戍广西，很多汉人因此移居广西。汉武帝曾派路博德、杨仆等人以楼船士二十余万人击越，平定南越，在岭南地区置九部，其中玉林、苍梧、合浦大部都属今广西境内。东汉初年，马援奉命率军南下平定反汉农民起义军，在广西境内沿江沿河处处留下马援部队的痕迹，其中尤以桂平容县为甚。马氏留驻的军队，被当地人称为"马留人"。桂平浔江有"马骝滩"，实为"马留"一词转变而来。当地出土的汉代陶器上刻有"陇西人××造"字样，足见这一带移民有的来自陇西地区。马援因征战有功被西汉朝廷封为伏波将军，如今桂北、桂东南一带尚留有伏波庙和伏波将军镇蛮碑。这些留戍岭南的兵将

---

① 翁独健主编：《中国民族关系史纲要》，中国社会科学出版社2001年版，第83页。
② 同上书，第84页。

中肯定会有一些人是道徒和追随者。

图1-1 龙州县利民街伏波庙（2019年10月5日拍摄）

（二）魏晋南北朝道家思想在广西广泛传播

魏晋南北朝时期是统一汉帝国瓦解后的政治分裂时期。晋统一时间很短，南迁后北方有十六国；南北朝时北方少数民族政权有魏、齐、周，南方汉族政权有宋、齐、梁、陈。这是一个中国多民族大迁移大融合的时代，"在北方，匈奴、鲜卑、羯、氐、羌的相当部分，通过这一时期，与汉族融合了；在南方，由于汉族的政治中心南移和大批汉人南迁，促进了南方社会的发展，对南方少数民族的影响也大为加强"①。可以说，中原的旱作农耕文化与南方的水田农耕文化交流，少数民族之间，及其与汉族之间，刚柔互补，文质共济，促进了中华民族全面素质的提高和文化内涵的丰富。由于统一政治、独尊儒术的结束，思想界获得了一次大的解放，玄学和道家思想因而大为兴盛。东晋时，葛洪听说交趾有丹，求为勾漏令，初成帝不允，经反复说明，并以

---

① 翁独健主编：《中国民族关系史纲要》，中国社会科学出版社2001年版，第263页。

为荣，成帝方应允，乃入罗浮修仙著书。清光绪《北流县志》对此说有载，今勾漏洞还存有葛洪炼丹遗址。南北朝时期，鲜卑、氐羌等北方和西北少数民族挺进中原，十六国里有十三个是少数民族建立的，几百年里烽火连绵，中原百姓为躲避战祸，部分人逃到岭南。至今在广西邕宁一带，有一部分讲平话的汉人，就是那段时期迁到岭南的汉族人后裔。这部分人当中定有道徒。这一时期，道家思想开始传至今桂东北。"1938 年在桂林北郊出土的《南朝宋·欧景熙地卷》碑，1962 年在桂林东郊老山南齐墓地出土的滑石地卷，分别记载有道家用以镇守四方的'青龙、白虎、朱雀、玄武'、'护卫神'和道家尊崇信奉的王侨、赤松子、李定度、张坚固的名字。"[1] 在宜州的白龙洞亦留有不少记载道家事迹的摩崖石碑。这些文物充分说明当时道家思想曾传播到这些地方。

（三）唐宋元时期道家思想在广西的兴盛

唐朝政治军事强大，经济相当繁荣，文化教育昌明，同时民族融合与对外开放达到了新高度，成为历史上难得的盛世。唐太宗有海纳百川的宏大气魄，反对汉族中重夏轻夷的民族偏见。他说："自古皆贵中华贱夷狄，朕独爱之如一，故其种落皆依朕如父母。"[2] 唐朝自贞观之治起迅速繁荣强盛，成就了一个空前伟大的王朝，其原因除了人们常说的重民、用贤、纳谏和建立较为先进的政治法律、科举取士等制度外，确定和实行和谐包容的民族政策是其中的重要一项，因此才能达到"中国既安，四夷自服"的稳定状态，使中国成为多民族宜居的家园，并成为邻国人士赞美向往的乐土。唐代同时是道教的隆盛期。李唐皇室认老子李耳为宗祖，欲借道来神化李姓皇族，以巩固李氏天下，多次为老子追加尊号，在全国遍立老子庙。玄宗尤尊崇《老子》，

---

[1] 广西壮族自治区地方志编纂委员会编：《广西通志·宗教志》，广西人民出版社1995年版，第181页。

[2] 〔宋〕司马光：《资治通鉴》，中华书局1976年版，第6247页。

第一章　因中有革——道公文化的源流和产生

尊称《道德真经》，列为诸道经之首，颁布天下，令士庶修习。在统治者的大力推崇下，道家思想在广西兴盛起来。当时广西有史料记载的道观即有十四座。这些道观广泛分布在今桂林、恭城、梧州、容县、灵川、阳朔、全州、博白、桂平、贵县等地。其中最有名的是今桂林市的天庆观（宋改名元妙观、五岳观），被明代文人刘镐称为广右最美的宫观，"屹然为祝圣道场之都会"（刘镐《五岳观碑》）。

宋辽时期民族关系的最大特点是民族政权的对抗与信仰的融合并存，文化跨越民族，成为维系中华民族的一条重要精神纽带。两宋朝廷羸弱，对北方辽金取守势，特别是南宋偏安，中原成了烽烟连绵之地，不少中原百姓被迫南迁，特别是对岭南多次的大规模"平蛮"战争，战后很多将士留守广西，从而加快了道家思想传播。1052年，壮族首领侬智高起兵占领邕城（今南宁），建立"大南国"，继而连夺九州，前锋直抵广州城下。朝廷震动，遂派枢密副使狄青统兵二十万南征，败侬智高。战后，朝廷对广西采取"以民官治理之，以兵官镇压之，以诸峒财力养官军，以民丁备招集驱使，上下相维"①的政策，士兵大部分因此留守广西。这些士兵当中，信道者当不会是少数。此时，道家思想在广西的传播进一步扩大到桂中的南宁、横县及桂东的灵川、临桂、平乐、兴安、融安、融水、桂平、贺县（今贺州市）、玉林等地。当时广西境内修建的道观，有史书记载的有三十八座，仅灵川一地就有七座。宋真宗钦定的道家张君房校正辑成的《云笈七签》中确定的"洞天福地"，小洞天三十六处中，广西有三处，即二十洞天都峤山洞天，又名宝玄洞天；第二十一洞天白石山洞天，又名秀乐长真天；第二十二洞天勾漏山洞天，又名玉阙宝圭天。这些洞天福地，由于历史悠久，久负盛名，引来不少道学家，这对后来道家思想在广西的传播和发展产生了深远影响。

元朝是蒙古族政权，在政治上建立了大一统的国家，对内固然有民族压

---

① 〔宋〕马端临：《文献通考》，中华书局2011年版，第619页。

道，但它是多民族结合的政治共同体，是中华民族的政治代表者，在文化层面上坚守传统的礼义，仍然以儒、佛、道为轴心文化，实行多元文化兼容并包的方针政策。元朝全真道开始兴盛。丘处机应邀，远赴雪山会见西征中的成吉思汗，劝其不嗜杀人、敬天爱民、清心寡欲，他用儒道的仁爱清静思想感化大汗，使之收敛征伐中的残暴行为，取得大汗信任，不仅拯救了无数生灵，也使全真道达到鼎盛。丘处机及其弟子在燕京建立"平等""长春""灵宝"等八会，又在各地大建宫观，使全真道深入民间。与此同时，江南正一道呈现繁荣景象。正一道天师总掌江南道教，张宗演、张与棣、张与材等数代天师皆受封于朝廷，张留孙、吴全节等高道的社会地位之荣耀不在天师之下。这一时期，道家思想进一步向桂西腹地传播，在大新、上林、永福、崇左等壮族聚居地都分别建有道观。

二、道家思想在广西传播的历史文化条件

道家思想是中国传统文化的一个重要内容。据史料记载，从东汉末年开始就有不少仙真、道人纷纷南下，到广西炼丹修仙。两晋时，鲍靓和葛洪在北流的勾漏山勾漏洞炼丹，名噪一时。道家思想之所以能在广西传播，跟统治者的民族政策及当地独特的地理、历史文化环境密切相关。

（一）政策宽松、位置偏隅为道家思想传播提供了良好的政治条件

中国封建王朝的民族政策深受儒家民族观的影响。儒家民族观重文化、轻血统，重礼义、轻地域。孔子认为，华夏比夷狄先进之处在于礼乐兴盛。他主张对于文化落后的民族，应以文明的方式进行感召，以仁德行王道。孔子说："四海之内皆兄弟也"（《论语·颜渊》），"远人不服，则修文德以来之。既来之，则安之"（《论语·季氏》）。因此，他赞赏管仲之仁："桓公九合诸侯，不以兵车，管仲之力也，如其仁，如其仁。"（《论语·宪问》）同时，孔子提

出"和而不同"的理念,用以处理多样性文化之间的关系,这为多民族文化的生存与发展开拓了广阔空间。费孝通先生曾说:"以儒家为代表的民族观,既具有民族优越感,有贱视夷蛮戎狄的一面,又具有兼容并包,促进民族接近与亲善的一面,而以文化放在区分华夷的首位,促进了民族间的认同。"① 在此思想的影响下,中国封建统治者极少对边疆少数民族采用文化上的专制和替代,对民族间的文化传播往往持肯定和支持的态度。再者,广西位置偏隅,远离政治中心,自三皇五帝时代起都属山高皇帝远的蛮荒之地。杜佑在《岭南序略》中记载,五岭之南,涨海之北,三代以前,是为荒服。传说中的五帝,虽都有史书记载或亲临交趾,或南抚交趾,但都是象征性的政治安抚,远未达到严格意义上将这一地区划为势力范围。可以说先秦时期,这一带仍属于少数民族部落首领各自为政,对于中原一带的政治中心来说仍属于鞭长莫及的地域。"佗之自王,不以礼乐自治以治其民,仍然椎结箕倨为蛮中大长,与西瓯、骆越之王为伍,使南越人九十余年不得被大汉教化。"② 秦汉以降,岭南辟为封建帝国的疆域,但由于交通阻塞,帝国的势力至多能在府郡周边起到有限的作用,其余大部分的山区,仍属于政治上的荒漠地带。而道家自产生到发展阶段,多属于一些追求思想自由,游离于国家政治之外的方士所追随。"道家是不依附于政权和国家的,所以它反而可以在没有国家的环境下更具创造力。"③ 正因为广西封建势力薄弱,儒家正统文化影响力不强,从而为道家思想的传入和发展提供了较为宽松的政治文化环境,使那些疏离正统儒学的"异端分子"得以在这块逍遥乐土上栖身养性,传播道家思想。广西亦成为道徒避身远祸,脱尘避俗的世外桃源。葛洪也正是在这样的背景下到北流勾漏山勾漏洞炼丹修道的。

---

① 费孝通主编:《中华民族多元体格局》(修订本),中央民族大学出版社2003年版,第338页。
② 〔清〕屈大均:《广东新语》一,中华书局1985年版,第232页。
③ 〔美〕许倬云:《中国文化与世界文化》,贵州人民出版社1991年版,第233页。

（二）山川秀丽、物产瑰奇为道家思想传播提供了良好的自然条件

"天下名山僧占多。"中国僧道，几乎都是一入道即走入深山幽谷的。广西奇山异洞正是道徒修身养性、羽化登仙的理想福地。按照语义的解释，"仙"即山中之人。许慎《说文解字·人部》说："仙，人在山上貌，从人从山。"古人认为栖身高山深林里的人就能长生不老，就会成仙。道教典籍中记载的道士都是在名山中得道升仙的。《真诰》卷十四称，庄子师长桑公子，授以微言，于抱犊山隐修，服北育火丹，白日飞升。天师道祖师张陵，也是因为"乐蜀之溪岭深秀，遂隐其山，苦节学道"①，最后得道升仙。汉代道教茅山派尊奉的三位祖师茅盈、茅固、茅衷三兄弟，长兄盈十八岁即弃家入恒山修道，后隐居句曲山（今茅山）得道，其弟二人后皆弃官入山寻兄，修道成仙。道徒迷恋深山，是因为高山胜岳集天地之灵气，采日月之精华，是高人云集的"仙境""洞天""福地"。八桂大地素有"山水甲天下"的美誉，喀斯特地貌山奇水秀，太多灵山，发地峭竖，林立四野，遍生奇洞，有"西融州之老君洞天，容之勾漏洞天，浔之白石洞天"②。这些地方自然成了道家修仙的圣地。晋代葛洪等人即在都峤山、勾漏洞修道多年，影响深远。宋朝文人凌景阳诗云："名山都峤宅神仙，万丈空岩有洞天。象教数尊存石佛，山源一脉引清泉。鹤来云盖疑凝雪，僧去香炉尚带烟。举月九霄云路近，升腾还咏紫芝篇。"③

---

① 《道藏》（第五册），文物出版社、上海书店出版社、天津古籍出版社1988年版，第407页。
② 〔清〕周去非：《岭外代答》，中国书店2018年版，第122页。
③ 邓定旭主编：《都峤山史话》，漓江出版社1995年版，第59页。

第一章　因中有革——道公文化的源流和产生

图 1-2　都峤山道教遗迹（2019 年 5 月 2 日拍摄）

广西盛产灵芝、丹砂、珍珠等珍贵仙药，为道徒炼丹提供了丰富原料。道家追求长生不老，服食仙药便是一个重要手段。以左慈、葛玄、葛洪为代表的丹鼎派，即主张修炼内、外丹成仙。葛洪在《抱朴子内篇》中对各种丹药的功能作了详尽的论述："朱砂为金，服之升仙者，上士也；茹芝导引，咽气长生者，中士也；餐食草木，千岁以还者，下士也""上士得道，升为天官；中士得道，栖集昆仑；下士得道，长生世间"。他把这些丹药归为三大类，上等为金砂类仙药，可以养命；中等为芝类仙药，可以养性；下等为草木类仙药，可以养病。上药金砂类，包括丹砂、金银、云母、珠玉等矿物质。这些提炼丹砂的矿石在广西随处可得，极为丰富。正如《丹论诀旨心鉴》所云："自然之还丹，生太阳背阴向阳之山，丹砂皆生南方，不生北方之地。"① 像容州、邕州、宜州、桂州、丹州都是盛产丹砂的地方，古籍多有记载。《岭外代答》中云："勾漏，今容州（即今容县），则知广西丹砂，非他地可比。"② 此外，云母、珠玉亦是上好的仙药，《抱朴子内篇》称："玉亦仙药……《玉经》曰：服

① 《道藏》（第十九册），文物出版社、上海书店出版社、天津古籍出版社1988年版，第344页。
② 〔清〕周去非：《岭外代答》，中国书店2018年版，第385页。

金者寿如金，服玉者寿如玉。又曰：服玄真者，其命不极。玄真者，玉之别名也。令以身飞轻举，不但地仙而已。"①岭南还盛产诸类仙药。"罗江之上多云母，日照之，宝光烨耀。"②"增城有大溪，出云母粉。"③合浦珍珠，世称上乘。葛洪就说过："凡探明珠，不于合浦之渊，不得骊龙之夜光也。"④至于灵芝类草木之药，更是岭南之特产。当年葛洪描绘他上罗浮山采药时采到的灵芝写道："赤者如珊瑚，白者如截肪，黑者如泽漆，青者如翠羽，黄者如紫金"。⑤屈大均更是盛赞："芝生罗浮最多，有二十四种。"八桂大地处亚热带，气候宜人，草木茂盛，物种繁多。"卷柏、茯苓、青精、黄独、宜男、益母，有繁其属。"⑥"篱陌之间，顾盼皆药。"⑦正因为盛产这些奇珍异物，使炼丹修仙的道徒对广西情有独钟。

（三）民风古朴、思想包容为道家思想传播提供了良好的社会条件

广西壮族人多以种植水稻为生，经过漫长岁月的不断探索，创造了丰富的稻作文化，并由此铸成了壮族人对外来文化很强的包容性。这是因为稻作农耕是一种周期性较长且生产环节繁多的生产劳动方式。首先，水稻生产的基础是稻田，稻田的选择是经过历史考验的，条件相对苛刻，须靠近水源，土质肥沃，日照充足，防洪排涝，早晚照看方便；其次是耕作制度的繁杂，从备耕、选种、浸种、播种、插秧、田间管理到收割收藏，中间经历十多套程序，历时三四个月；再次，耕作工具种类多，技术复杂、分工细致。此外还受风调雨顺等气候条件和病虫害、鸟兽糟蹋等外部环境制约。这种特殊的劳动生产方式，铸成了壮族人宽容慈厚的民族心理，而旧时以家庭为单位的

---

① 〔东晋〕葛洪：《抱朴子内篇》，张松辉译注，中华书局2011年版，第361页。
② 〔清〕屈大均：《广东新语注》，李育中等注，广东人民出版社1991年版，第443页。
③ 同上书，第497页。
④ 〔东晋〕葛洪：《抱朴子内篇》，张松辉译注，中华书局2011年版，第381页。
⑤ 同上书，第205页。
⑥ 〔清〕仇巨川：《羊城古钞》，陈宪猷校注，广东人民出版社2011年版，第96页。
⑦ 〔东晋〕葛洪：《抱朴子内篇》，张松辉译注，中华书局2011年版，第533页。

小农经济方式，又使壮族人形成了一种眷乡恋土的乡土观念和养儿防老、积谷防饥的家庭观念。它的最大特点就是追求生活安定。而道家消灾祛邪的主张，恰恰迎合了这种心理需要。因此，壮族人在看到道人布施仪式的种种做法时，就很自觉地吸纳过来为己所用。

壮、汉同属农业民族，信奉的神灵亦十分相似。壮家除了供奉本民族神祇，也有很多是从汉族传来的神灵，如在壮族的神坛上设有"大圣祖大道玄元皇帝太上老君之正位""敕封游天得道济世救民三界公爷位""侍奉川主土主药王三圣老祖之神位""圣母元君弟子九天玄女之位"等。这些都是道徒的尊神。壮家对三清极为崇敬，部分地方正月初一有"拜六神"（即灶神、檐头神、白虎神、河神、土地神、财神）和"接三神"（即三清）的习俗。人们在桌上供奉五味五果，烧香明烛，虔诚膜拜，以此祈求来年人丁平安，家业兴旺。这可以说是与道徒供奉着同样的神祇。此外，包括天、地、山、川的主神系统和灵官、太岁、功曹、土地、灶君、财神等行业保护神的杂神系统，壮家也与道家相通。至于壮族的古老图腾崇拜，至今东兰、凤山一带还兴祭蚂拐（青蛙）。出土的壮族铜鼓一般也都刻有青蛙纹饰。壮族巫师甚至把青蛙人格化编入唱本，祈求五谷丰登、风调雨顺。这种图腾崇拜和道家"道法自然"的宗旨十分契合，这为道家思想在广西传播提供了良好的人文环境。

广西壮族的寿诞习俗与道家的养生思想有很多相通之处。道家乐生畏死，《抱朴子内篇》明确说"生可惜也，死可畏也"，又说"人在世间，日失一日，如牵牛羊以诣屠所，每进一步，而去死转近。此譬虽丑而实理也"。[1] 面对死亡，道家往往"忿然恶死乐生，往学仙，勤能得寿耳。此上士是尚第一有志者也"[2]。为了追求长生不老，道家多隐居深山老林，采药、炼丹，或炼内丹，讲究饮食养生。这种养生之道与壮族的寿诞习俗十分相似。壮族人自古热爱生命，注重养生，饮食讲究少而精、素而淡。著名的长寿之乡巴马，当地的

---

[1] 〔东晋〕葛洪：《抱朴子内篇》，张松辉译注，中华书局2011年版，第282页。
[2] 王明编：《太平经合校》（上、下），中华书局1960年版，第161页。

百岁老人，平时粗茶淡饭，素食寡欲。这与道家主张斋戒，饮食有节十分相似。壮族多有祝寿反哺习俗，祝寿按年龄的递增分为几个阶段：49岁立"福"字；61岁立"寿"字；73岁立"康"字；85岁立"宁"字。自61岁开始，每次祝寿的场面十分隆重。家里设宴摆席，女婿必备筵送到外家敬奉。祝寿这一天，寿星穿戴起寿服、寿帽、寿鞋，其配偶也穿寿服，两人分坐在八仙桌两旁。儿孙们拜寿时，按次第向老人喂以肉丸等佳肴，故称祝寿反哺。年过花甲的老人，床头普遍放一个粮缸，叫寿米缸，吃了寿米，有添粮添寿之意。若老人久病不起，还需请巫婆、道公招魂，请木匠置新椅安放在公共场所让老人歇坐，以此补修阴功，以期病人转危为安。

图 1-3 孙辈给爷爷添粮喂饭
（2019年12月27日拍摄于横县百合镇田共村洞上屯）

广西壮族的丧葬习俗与道家的丧葬理论非常契合。壮族人办丧事有一整套严格的俗规，如含金、寿装、洗礼、入殓、守棺、诉祖宗、报丧、做开通冥路的引路道场等。这与道徒给亡灵主持仪式的规矩如出一辙。壮族早在万年前就有二次葬的习俗，人死三年后拾骨入金坛（陶缸），置于干燥山洞，按时纪念。后受汉族影响，择地圈坟。他们对墓地的选择十分讲究，一般老人的坟墓选址，都得请地理先生，按照亡人的生辰八字慎重地开课择吉，绝不马虎。地理先生择地则严格按"风水"学说理论进行，对山向、龙脉、水势、山势以及前案后倚等都有极明确的要求和说法，如"一要阴阳不混杂，二要坐向逢三合，三要明星入向来，四要帝星当六甲，四中失一还无妨，若是平分便非法"。这与晋代著名道学家郭璞在《葬经》中提出的"得水为上，藏风次之"的相地原则十分相近。《黄帝宅经》亦云："宅者，人之本。人以宅为家，居若安即家代昌吉。若不安，即门族衰微。坟墓川冈，并同兹说。"可见壮族的古老葬俗与道家的丧葬理论是相通的。

图 1-4　壮族二次葬仪式
（2020 年 3 月 11 日拍摄于扶绥县昌平乡合龙屯）

第二节　道家思想向道公习俗的转化

明清之后，道家思想在广西一度被诬之为封建迷信而加以禁止，但它毕竟早已成为当地文化的一个重要部分，深深地扎根民众之中，对人们的生产生活产生了潜移默化的影响。道家在迎合不同信仰者需要的前提下，大胆发挥，驰骋想象，不断摄入民风民俗的内容，实现了向道公习俗的转化。

一、道家思想向广西民间的扩散

明代，道家开始失去上层支持，加上自身的理论停滞，组织涣散，出现了向民间渗透的倾向。其内容多粗俗化，诵经拜忏斋醮度戒之事遍及乡野。清代统治者对道家采取了更为严厉的管束政策，太平天国将领石达开回师广西时，曾有诗云："毁佛崇天帝，遗民存古风。"这里的佛并非单指佛教，而是就太平天国所崇拜的天帝以外的神灵而言。但在广西很多地方，道家思想仍然有所发展。据《广西通志》载，仅镇安一地就建了道观35座[①]。至于道家尊奉的城隍、土地和灶神等在民间更是盛行，成为民间祭祀的主要神祇。

[①] 广西壮族自治区地方志编纂委员会编：《广西通志·宗教志》，广西人民出版社1995年版，第202页。

表1-1 清朝镇安府道教宫观坛庙一览表

名称	地点	建造时间	建造者	资料来源
关帝庙	时在天保县城东	康熙三十九年（1700年）	通判余光荧	乾隆《镇安府志》
真武庙	时在天保县东门	康熙四十年（1701年）	通判余光荧	乾隆《镇安府志》
火神庙	时在天保县城西	乾隆十年（1745年）	知府张光宗捐建	乾隆《镇安府志》
城隍庙	时在都康土州东南	无	无	乾隆《镇安府志》
真武庙	时在向武州治前	无	无	乾隆《镇安府志》
南岳庙	时在都康土州北门外	无	无	乾隆《镇安府志》
庆祝宫	时在天保城东街	乾隆十五年（1750年）	知府蒋调元偕汉土各属公捐建	乾隆《镇安府志》
关帝庙	时在上映土州治东北	无	无	乾隆《镇安府志》
南岳庙	时在天保县城西	无	无	乾隆《镇安府志》
城隍庙	时在归顺州城西	无	无	乾隆《镇安府志》
龙神庙	时在归顺州城东北	无	知州骆为香修	乾隆《镇安府志》
关帝庙	时在归顺州城内	无	无	乾隆《镇安府志》
真武庙	时在归顺州城西门外	无	无	乾隆《镇安府志》
玉皇阁	时在归顺州城北	无	无	乾隆《镇安府志》
城隍庙	时在奉议州城东南	无	无	乾隆《镇安府志》
关帝庙	时在奉议州城东南	无	无	乾隆《镇安府志》
关帝庙	时在湖润寨南	无	无	乾隆《镇安府志》
真武庙	时在湖润寨前街	无	无	乾隆《镇安府志》
南岳庙	时在湖润寨西北	无	无	乾隆《镇安府志》
城隍庙	时在向武州治东	乾隆二十一年（1756年）	州判张梓、土知州黄焕章移建	乾隆《镇安府志》
真武庙	时在向武州治前	无	无	乾隆《镇安府志》
南岳庙	时在向武州治西	万历年间（1573—1620年）	乾隆十四年（1749年）土知州黄焕章重修	乾隆《镇安府志》
城隍庙	时在上映土州治西北	无	无	乾隆《镇安府志》
关帝庙	时在下雷土州治西	雍正四年（1726年）重修	无	乾隆《镇安府志》
城隍庙	时在下雷土州治西	康熙四十九年（1710年）重修	无	乾隆《镇安府志》

续表

名称	地点	建造时间	建造者	资料来源
南岳庙	时在下雷土州北门外	无	无	乾隆《镇安府志》
真武庙	时在下雷土州治东	康熙二十七年（1688年）重修	乾隆十九年（1754年）知府傅坚捐建	乾隆《镇安府志》
城隍庙	时在小镇安土司治西	无	无	乾隆《镇安府志》
关帝庙	时在小镇安土司治东	无	无	乾隆《镇安府志》
玉虚宫	时在奉议州城东隔河	嘉庆十四年（1814年）	无	光绪《镇安府志》
灵应宫	时在镇安府城东	道光十六年（1836年）	郡人黄宗成募建	光绪《镇安府志》
玉虚宫	时在镇安府旺峒	道光十七年（1837年）	无	光绪《镇安府志》
三圣宫	时在天保县西门内	同治四年（1865年）	无	光绪《镇安府志》

1911年的辛亥革命使中国社会出现了自秦汉以来最大的变动，两千多年的君主专制被推翻，与此相适应的官僚制度、礼乐仪轨、明经科举皆被废止，中国开始由帝制社会向现代社会过渡。但是社会经济基础仍然是以手工农耕经济为主，资本主义商品经济还很脆弱，加上内部旧势力、旧传统强大，外部国际帝国主义控制和侵略，使中国社会充满了内忧外患，改革不能顺利进行，政治和文化激进主义便应运而生。在传统文化上，精英文化转变为弥漫分散的民俗文化；儒、佛、道组成的文化"铁三角"，俱被边缘化，不再起维护核心价值的作用；西方文化逐渐成为主流文化，为中国人提供新的核心价值。这一时期，道徒活动受到严格限制，甚至被禁止。1926年，广西省主席黄绍竑通令各县"捣毁偶像，以祛迷信"。一时间，宫观被改为学校，庙产没收充公，道具被收缴焚毁，道士下山改行。1931年，广西省政府发布《广西各县市取缔婚丧生寿及陋俗规则》，下死令规定老百姓办丧事不准请道公、僧尼斋醮度亡，革除游神、拜佛、道巫等活动。1936年又颁发《广西省改良风俗规则》，进一步严禁僧尼主持仪式，凡有违者一概没收法衣法器，处以重罚。

第一章 因中有革——道公文化的源流和产生

政府的行政干预，使传统道教难以为继，道观多废祀，道士锐减至不足百人，多属无所退路的老弱病残者。但在壮族乡间，民间道公仍然流行。在邕江上游的平果、田林、百色、龙州、扶绥等地，老人去世时，主家都会请道公主持仪式。根据《广西壮族社会历史调查》第七册记载，平果县乐绕山区几个乡的陇人，主要信道，做道的人相当普遍，仅陇匠乡的陇感屯就有道公 25 人，包括老道公 13 人和新学的 12 人。陇感屯共 92 户，平均不到四户便有道公一人。这个地方打斋需做三四天的仪式，有的是为了保证庄稼的丰收、人财两旺及报答父母的恩德功劳。当地普遍相信人死后会进入地狱，受苦受难，不能登上天堂，作为子女，有责任为亡亲解除灾难。所做的仪式程序与其他地方的仪式大同小异。场道布置挂有十殿和玉清、上清、太清三宝以及邓赵马关四大将等神像。西林县维新乡的殡葬仪式是：人死后，将遗体换上寿衣停在床板上，然后请道公到附近的山上去领魂开路。在路上给鬼烧些纸钱，以免它们来抢死者的钱财。一般人家都是请五六个道公为死者念经开路，道公超度一般要一至两天，这时儿女跪着，心神要集中。出殡的时候，由道公击鼓奏乐相送。比较富裕的家庭请的道公多达十几、二十几人，做的仪式时间有六七天之长，仪式的规模也隆重得多。在百色两芭村，在老人去世时，也是请道公来做开路，有四五个道公领着孝子吹奏哀乐在附近山头和屯边转一遍，认为这样死者的阴魂就再没有任何鬼神拦阻了。入殓的时间由道公和麽公商量决定。丧事期间，一般人家请五到六个道公来打道场，超度亡灵，其时孝子们跪着敬听化纸，每次都得谢道公一次。出殡时，道公在前，孝子在中间，由长子或长女持幡。

据《广西壮族社会历史调查》第五册记载，道公活动在田东县檀乐乡也非常活跃。全乡计有 186 个道公，100 多名道童。1958 年，收缴的道具（铜鼓等）594 套，道书 4402 本。[①] 东兰县那烈乡曾经是广西右江革命根据地，

---

① 广西壮族自治区编辑组：《广西壮族社会历史调查》（第五册），民族出版社 1986 年版，第 129 页。

是红七军创建人韦拔群烈士的故乡,民国时期,富家死人,总要开道场,杀牛宰羊宴客,戴大孝"三七"二十一天。新中国成立后,仍有道公主持仪式的活动。值得注意的是,与越南接壤的金龙峒傣人,本来早期信仰的是佛教,民间尚存本民族特有的"坊公"和"魁公"。而居住在金龙峒武联乡的侬人(壮族人)则没有"坊公"和"魁公"。由于长期的文化交流和各民族的相互影响,有些原为侬人所特有的风俗,也为他族所吸收,变成本民族的风俗。正如一傣人的老者说,"在很久以前,我们傣人是不信道教的,更没有'道公'这个名词,后来看到邻居的五联乡的侬人做起道来很好看,傣人便有人喜欢学道了。"① 于是傣人便拜壮族人为师,学道教。但是因傣人"坊公"和"魁公"是念越南的经书,而壮族人念的是汉文的经书,这就给傣人学道带来很大的困难,所做的仪式也不是很地道。所以傣人若是有仪式,多请道公或壮傣道公合作。这说明道家思想在壮族民间有极为广泛的影响,它甚至可以超越语言和民族的障碍,在具有异国风情的边境地区广泛传播。

  道公习俗在红水河流域的广大农村更为普遍,尤其以大化、都安、马山、忻城等地为最。新中国成立前,每个乡都有三到五个道公班子。老人去世后,一般都要请道公或师公替死者超度亡魂。道公只为老死或在家病死,即所谓的"好死"者做超度道场。死殇在外或意外夭折,即所谓的"恶死"者,一般须请师公来为死者做替度仪式,举行念经、斩牲、上刀山、过火炼等仪式。整个仪式下来少则一两天,多则十几天。富裕人家,父母死后不仅出葬前要打斋,到三年满孝除灵时,还要请道公来家里替亡亲念经。当地人十分注重礼数,凡是有做道场仪式的,只要有些沾亲带故的,都要送上一份奠礼,有的送白米一袋、黄豆十多斤,有的送一锅酒、一只鸡,有的直接封钱几十到上百元。若属女婿、亲家之类的至亲,则礼数更重,须送乳猪一只、挽布一条,钱另外。因此,这一带的仪式做得极为隆重,道公在人们的心目中也极受尊

---

① 广西壮族自治区编辑组:《广西壮族社会历史调查》(第七册),民族出版社1988年版,第133页。

敬。① 这种事情在20世纪50年代还十分普遍，但到六七十年代，活动几乎销声匿迹，80年代后随着宗教政策的逐步落实，道公班子的活动又开始活跃起来。如今仍有活动的班子基本上是20世纪80年代初恢复的。以都安县地苏镇为例，这个镇总人口约3万人，壮族人口约占80%。17个村委会，现在仍有活动的道公班子6个，一般每年每个道公班子有四到五场仪式。2019年11月13日这一天，在地苏镇的大定、南江两个行政村，就同时有道公班子举办大斋道场。规模较大的是大定村那龙屯大斋道场，共有7位亡灵超度（即为7位非正常死亡的亡人超度），这些亡灵分别来自本县的安阳、澄江、大兴等乡镇。年龄最大的74岁，因外出打牌死于脑出血；最小的只有12岁，溺水而亡。这场大斋道场共做了五天五夜。仪式的最后一天斩牲替度，充满了神秘的色彩，也把仪式推向了高潮，引来邻近村庄数百村民的围观。另一个道场规模稍小，有4位亡灵。同一个时间段，在一个乡镇里有两个道公班子举行大斋道场，一是说明道公目前在农村活动还十分活跃。二是说明道公在民众中影响还很深。传统民俗向来就有强烈的现实性品格，道公在主持仪式时又吸收了佛教的因果报应和涅槃的教义，故在民间广为流传。主动前来参加仪式的事主，普遍相信他们的亲人之所以非正常死亡，是因为生前犯有这样或那样的罪孽，他们死后灵魂不得回归天堂，加入祖宗的行列，只有通过主持仪式，将他们的亡灵超度出苦海，他们的灵魂才能安生，并且可以斩断孽根，从此不再有殃鬼前来骚扰阳间的亲人。三是说明农村的宗教环境相对宽松，不再有干预仪式的情况发生。由此可见，宗教对社会的影响，不仅直接表现为信众的皈依，而且表现为对社会风俗和人们日常生活习惯的广泛影响。

柳江流域的河池、象州、武宣一带的道公班子，多属道公的释迦牟尼派。这个派别的经文与其他地方经文的名称基本一致，都是用汉语书写、汉语诵

---

① 广西壮族自治区编辑组：《广西壮族社会历史调查》（第七册），民族出版社1988年版，第147页。

吟。法场所挂的十殿、四大功曹、龙柱等神像,与其他地区的道公班子所挂的也大致一样,所用的法器、仪式的程序大致相同。唯独不同的是,神坛上供奉的神像不是道教的三清神像,而是释迦牟尼如来佛、阿弥陀佛和观音等三圣神像;道公所穿的不是绣有阴阳鱼和八卦图的道服,而是里面穿着和尚僧衣,外面披着唐僧去西天取经时所披的袈裟。道公戴的帽子是唐僧所戴的莲花帽,道童戴的是孙悟空等人所戴的前边写有"佛"字的佛帽。其经文亦多处提到"佛祖""我佛""奉佛""南无阿弥陀佛"等佛名。在田野调查中,笔者反复就其到底是属道教还是佛教的问题,请教了这一带比较有名的两个道公,他们自己也说不清其中的缘由,只是用"这是祖传下来的叫法"敷衍。他们主持仪式时所用的符箓咒语、仪式的程序,以及教人向善、感恩戴德的教义等方面大体与道教相同,而且不要求道公出家,平时道公在家就是农民,和普通农民一样,居家过日子,不必遵守清规戒律。所以,他们还是属于道教,属道公的释迦牟尼派。事实上,壮族是一个富有进取性和开放性品格的民族,自古以来,不仅与汉族和其他民族长期杂居,和睦相处,而且善于吸收融入其他民族的先进文化。况且在中国历史上儒、佛、道三教之间不仅可以和平共处,而且在理论上关系日趋密切,最后达到你中有我、我中有你的程度。三教合流,三教归一的观念深入人心,普及于大众,成为人们的习俗和风气,这也是壮族民俗文化的鲜明特点。柳江流域的壮族与汉族杂居居多,这里的道家在明清时期开始式微,而佛家则相对兴盛,道家思想在传播过程中,一些道公班子有意增加一些佛教的内容,以回避上层的清剿,佛规道随也是情有可原的事。

道公在广东清远民间也同样流传。据《连山壮族史料专辑》载:"壮族老人死后,通过开道场主持仪式,架起金桥、银桥(含'天桥''地桥''人桥''人鬼桥''亡桥'),可仗慈悲之力,超度天堂。"① 超度即给亡人开路升天。

---

① 清远市政协、连山县政协文史资料委员会编:《连山壮族史料专辑》,方志出版社1994年版,第83页。

道师受请入门时,死者的子女跪于大门前,对道师敬酒三杯。道师入屋设神位坛,供奉上清、玉清、太清画像。

除了壮族聚居区外,道公习俗在许多壮汉杂居地区的民间也很盛行。如在黔桂铁路沿线的金城江镇、怀远镇、六排镇这些汉族居多的城镇里,家里有老人去世或亲人非正常死亡,丧家多到乡村延请道公去打斋念经。一般是打三天,富有的家庭打七天,穷家则亦有一天就出柩的。打斋意在表示给死者开路,使之安然归度阴间,未成年人死的一般只请道公来"念经打叮叮"了事,而没有闹锣、钹鼓、笛等。在《广西壮族社会历史调查》第一册中,有一段文字清楚地描述了道公与汉族道公的不同,很能说明汉壮文化之间的相互影响,现抄录如下:"据说在清朝以前,他们敬奉的宗教及宗教活动中则有若干不同的地方,即是:一、道公在以前主持仪式丧事活动时,只穿一件素袍就念咒语,不打锣,不敲鼓,不吹笛,而汉族的道公则穿起很漂亮的长龙袍,敲起锣鼓,吹着笛子,等等。传说在很久以前,壮族与汉族的道公都是向太上老君学道而后才成名,但汉族道公早去一步学,太上老君就把龙袍、锣鼓、笛子送给了汉族道公,而壮族人则迟了一步,只有一件素袍送给壮族人道公。因此,汉壮道公在做道时穿的道袍就各不相同。二、壮族人道公都是讲壮话来念经,汉族道公则是用普通话。三、壮族人道公在送丧的那天首先念一道经文咒语,然后才杀羊、鸡祭奉,与此同时又重念一遍。而汉族道公只念一道经文,不用宰牲祭奉,出丧后,才杀羊、鸡待客而罢。据说这是壮族人道公供奉的是吃荤牲的佛门来超度死人的,因而有此区别。四、壮族人道公只送死人的灵魂到梅山院而止,汉族道公则送到西方极乐世界,据说因为以前太上老君送给壮族人道公的经文、咒文太少,而送给汉族道公的经书咒书多,故汉族道公有本领送死者的灵魂到较远的地方去。民国初年以来,道公逐渐同化于汉族道公,仅有的某些区别也很少存在了。"[1]

---

[1] 广西壮族自治区编辑组:《广西壮族社会历史调查》(第一册),民族出版社1984年版,第217页。

总之，道公在壮族民间非常盛行。近代以来，道家曾一度遭受批判和禁绝。直到改革开放后，随着政策的放宽和调整，道公迅速恢复。随着市场经济的发展，人民群众物质生活水平得到普遍改善和提高，城乡居民的精神文化生活日趋多元化，道公作为传统民俗的一种，将会沿着它自身的轨迹继续发展。形成这种局面的原因是复杂的，也是多方面的。首先，道公曾经一度被诬为封建迷信，认为它荒诞、粗俗、悖乱不经，而加以禁止，但是它的存在是有其合理性的。毋庸置疑，现代人观察它，不难发现它的粗俗与非理性，但它毕竟是一个重要的民俗文化形式，现实世界是它产生、发展的酵母和温床。它经过历史的冲击和考验而经久不衰，正说明是下层民众寻求适合自身心理需求的文化依托的结果。因此，只要人类还有生老病死的现象存在，道公在民间就有存在的可能性。只不过随着时代的发展，它的外在表现形式会有所变化。

二、道家思想转化为道公习俗

就文化意义而言，道公习俗与道家思想之间没有不可逾越的障碍。壮族是一个兼容性很强的民族，在壮汉文化交流中很快接受了与本民族古老民俗相接近的道家思想中的斋醮仪式、神仙体系和仙学理论。与此同时，道家思想在民间扩散的过程中，逐步实现了向道公习俗的转化与重构。参照道家思想转化的演变过程，人们不难发现其在如下几个方面明显受到壮族文化，尤其是本土习俗的影响。

首先，信奉的对象明显增添了壮族内容。三清尊神（元始天尊、灵宝天尊和道德天尊）原本是道家的最高神灵，然而它的神仙谱系又是庞杂众多的，即在这个最高神之下，又有无数的大大小小的神灵。一方面，它不断地造神，把其中许多神传布到社会上，逐渐成为民间的神，如太上老君、玉皇大帝、吕祖、真武大帝、九天玄女、西王母、盘古真人、太元圣母、三十六天罡、七十二地煞、四方四神等；另一方面，它又不断从壮族民间吸收新神，如布洛陀、雷神、莫一大王、甘王、三界公、山魈等，编入其神仙谱系之中，并为之塑像建庙，顶礼膜拜。这就给道家思想在壮族民间传播造就了良好的条件，也是道家思想对壮族产生广泛影响的原因。在一些道公班子供奉的神坛上，甚至只冠以"三清堂"三个字，没有列上三清尊神的圣名，却列有莫一大王的名字。

其次，超度亡灵所诵经文增加有壮族感恩道德教育之类的唱本。在给亡人做超度亡灵、开通冥路仪式时，当念完所有宝忏经文，做完所有程序内的仪式后，道公亲自率孝男孝女到灵柩前跪拜，诵唱感恩唱本，给亡人斟酒致奠。唱曰："羊有恩爱之礼，酒有奠谢之杯，千盏万盏不如捧杯，千杯万杯不如奠谢之杯。"接着斟一杯唱一轮，一直唱到十轮。然后又用壮话唱十首告别歌，斟酒十杯。如第一首歌云："初盏酒，孝事哀，吓魂六部勾呕丕；坤动坤累丕那，浪祖做下者作冷。"（壮语意为："敬杯酒、叫声哀，只恨六部勾魂去；断肠裂肝赴黄泉，儿女与妻丢后边。"）歌词一首比一首凄凉恸人，加上哀婉的唱腔，道公拖着长长的颤声，句句慢板，字字哽咽。整个道场被搅得哀声四起，悲哀至极，孝男孝女则以头跄地，捶胸顿足，号啕大哭。歌罢即起棺送灵。虽然按道教仪式程序，已"偃旗息鼓"，而加上这一壮族奠酒情节，却把仪式推向了高潮，确实感人至深。此时此刻，即使过去与亡人曾经有过什么过节或恩恩怨怨的亲朋邻居，心中的芥蒂也随之烟消云散，起到荡涤灵魂的功用。如有不孝之子，道公还令其"打篓"（一种卜卦形式），直卜得阳卦为止，表明已得亡亲原谅。道公所用的经文大都经转化改造，非道教原经文，这在道观里做的仪式上是不允许的。类似此种转化摘曲，各种仪式都有三五处。

第三，道公在操办丧事、超度亡灵等仪式中吸收了许多壮族古老丧葬民俗。在壮族人民祭祀各种神灵时，常延请道士画符念咒，或用符水治病、禳灾消难。在广西境内普遍存在请道公举行"安花架桥""安社安神""驱瘟神保平安"等宗教活动。如"驱瘟神保平安",这是壮族一种古老的宗教习俗。当村里人畜病灾流行时,人们认为是瘟神入村作祟。村老就组织众人延请道公到村子里举行"驱瘟神保平安"的仪式。先在村里居中活动场所烧上一大锅桐油,然后挨家挨户驱瘟。每到一家,道公口中念念有词,然后含一口符水向烧得滚烫的油锅里喷,锅里顿时烈焰腾空;再抬着油锅逐个房间、每个角落都进一遍;最后在每户的前、后门分别贴上盖有"三清三宝"之印的黄色符签,以示严禁瘟神再次入侵。每家都驱赶完毕,再由道公用茅草结一草缆,横系在通往村外的各交通路口,以防止瘟神再次入村。余下符水,男女老少都喝上一口以保消灾祛病。这个油锅,就是从壮族的巫术中移过来的。传统的道士操办丧事、超度亡灵仪式有两种,一种是在道观里主持仪式,另一种是在亡人家里做。道士只需身穿道袍,头戴道冠,颈挂念珠,手执如意,坐在丘台,口念超度亡灵经即可。民间道公在给亡灵主持仪式时,除了按道教正常程序念经打醮外,还吸收了壮族原始丧葬仪式的成分,如增加开坛请经、祭经书请圣水、请师荐兵、出将入坛、请社王、砍殇、破狱、上刀山、过火炼、祭幡送师等环节。这完全是借道士做道场的形式,行壮族古老丧葬习俗之实,因而深得壮族群众的认可。

最后,人员和组织结构发生了变化。张道陵最初创立天师道时,其道士已有较为严密的组织和严格的戒律,如有鬼卒、治头、仙官、阴官、祭酒等级别。到张鲁时,进一步明确分工,细化为鬼卒、从事、书吏、治头、祭酒、大祭酒、功曹、督察、领神、主簿、校慰、将军到师君等一系列等级森严的道士教阶体制。各种人员在主持仪式时,都履行不同的职责,分工极为细密。而壮族的道公,则没有明显的级别,一般每个道公班子6到10人。除一个领班称法师外,一般都称"道公"或"道童",壮族人通称他们为"道公"。尽管他们之间的本领各有千秋,但却无等级之别,在主持仪式的过程中无贵贱之分。仪式虽有分工,一切皆由法师统一安排,但无主从之分,按程序进行。仪式结束,所取的酬劳,除了法师多领一份回去敬祖师之外(其实也是一起受用），其余全部一视同仁，平均分配。平时，道徒之间也均以"道友"相称。遇到道徒家有白事，道公班子义务去诵两夜经。这与壮族"有福同享、有难同当"的平等观念十分吻合。此外，道公班子没有严密的组织形式，遇到外出主持仪式，人手不够，可以临时从别的班子借调。这在道观里是不允许的。在壮乡，各道公班子都是独立存在的，不发生横向联系，没有地区性或全民族性组织。

  道家思想转化重构为道公习俗，主要有两个方面的原因。一是来自政治的干涉和查禁。从历史上看，明代朝廷在利用道家时，加强了检束和限制，使道家失去了有力的政治支持，开始出现向民间渗透的倾向。到了清朝，统治者倾向黄教（即藏传佛教）而轻视道家，对道徒采取了更加严厉的抑制政策，道家思想进一步转化，它的内容开始充入壮族传统民俗的内容。道观也大量开始向农村延展，道家尊奉的城隍、土地和灶神开始在壮族民间盛行，成为民间祭祀的重要对象。民国时期，道徒活动在广西受到严厉的限制，甚至是禁止。1926年，广西省主席黄绍竑通令各县查禁道士，政府发布政令取缔道教。没收田产，占领宫观，遣散道徒，没收法衣法器，禁止活动，使已经粗俗化、世俗化的道家更加奄奄一息。但这只是对道观有效，对民间无能为力，致使道士不得不到壮族民间寻找立足之地。新中国成立后，广西除仍有几名道士从事道士职业外，其余全部遣散。以后的一系列政治运动，特别是"文化大革命"期间，道家更是被视为封建迷信，属打击的对象。一些道士甚至被列为四类分子，遭到批判斗争，严加管制。道观被拆的拆、毁的毁，几乎荡然无存。至此，道士近乎销声匿迹。少数边远山区管束不甚严的地方，尚有些大胆的道公，应群众的要求，秘密做一些道教仪式，以满足群众的需要。

  另一个原因是道家自身为生存而转化。首先是受儒家、佛教入世观念的影响。中国人向来有强烈的现实品格。先民们崇拜神灵，主要不是为了追求来世，而是为了求神灵保佑，帮助解决民生问题，消灾免祸，治病祛难，人丁兴旺，家道中兴，所以极富功利性。老百姓祭拜天地山川、日月风雨，目的是求得风调雨顺，获得丰收。历代封建统治者之所以重视佛道，是由于其有推进道德教化和稳定社会秩序的功用。儒家强调"祭神如神在"，目的是改善民风，即所谓"祭者，教之体也"。中国化的佛教，主张佛性自有，佛在我心中，不假外求。在这种强大的人文精神的影响下，道家也开始趋向功利性、世俗化。其次，由于政府的抑制政策，导致道士经济来源严重不足，道士虽然养身修道，追求神仙，但仍然无法脱离人间烟火。在道产被没收，生活来源没有保障的情况下，为补充经济来源之不足，道士也被迫把为民众主持仪式当作一种谋生的手段。这就逼迫道士在为世俗服务时，自觉吸纳壮族文化的成分，以迎合壮族人民的需要。再次是民间道公队伍中不断有壮族人加入，改变了道士队伍的成分。无数的壮族下层知识分子加入道公队伍，定会带来不少壮族思想观念，不断地改造着道教，使之越来越符合壮族世俗民情的要求。明代以降，道家理论的严重滞后和衰落，地方道观缺少精通道家理论的高道指导，加上佛教观念的冲击，19世纪以来，"虽然还保有道教观宇与若干道士，仿效佛教禅宗的丛林制度，各别自加增减，设立规范，得以保存部分道家的形式，但已奄奄一息，自顾不暇，更无余力做到承先启后，开展弘宗传教的事业了。何况道士众中，人才衰落，正统的神仙学术无以昌明，民间流传的道家思想，往往与巫蛊邪术不分，致使一提道士，一般观念便认为与画符念咒、妖言惑众等交相混杂，积重难返，日久愈形鄙陋。"[①]一些地方的道士，从不事修炼、不登坛念经诵咒，而专营仪式以博相当收入糊口，根本不知道为何物。

　　从根本上来说，道家思想转化为道公习俗是适应民众需要的结果。道家思想是农业民族的文化，壮族也是农业民族，在意识上比较容易相通。壮族先人以农耕为生，这种生产需要有稳定的肥沃的田块，有稳定的灌溉水源，

---

① 南怀瑾著述：《中国道教发展史略》（第五卷），复旦大学出版社2007年版，第591页。

有较高的气温和日照,一句话,壮族的稻作农耕需要有稳定的社会生活环境,不能像游牧民族那样追逐水草,在茫茫的大草原上浮游。要有稳定的生活,人就需要平安健康,温和细致,相应的六畜也要求兴旺。人与人之间的关系自然也要求和谐,否则就无法保证稳定的社会环境。人还要与大自然和谐,使自己的生活空间山青水绿,鸟语花香,绿野如茵,风调雨顺。道人消灾祛邪,重人贵生,视生如同天地,期望获得大自然之灵气而长生,这样的宗旨稍加调整,即可满足壮族人的心理所求。壮族人没有出家的传统,正一道正好满足这个传统的要求,于是明清时期就有少数壮族人入教成为道公。壮族人虽然受道家思想的影响,但真正受戒成为道公的并不多,一个行政村通常也就十来个人。他们不去道观,也没有道观可去,于是在民间组成了道公班,通常一个行政村一个。这个过程是自然形成的。主要是壮民比较大的仪式,若只请一位道公难以完成仪式,便邀请若干人参加,道公班由此而逐渐形成。这样的纯壮族人自己组成的道公班,他们不可能按道士的本来面目来进行仪式。一是他们中绝大多数人汉语水平不高,不可能弄清道家经典(壮族人当中文化水平比较高的向来看不起道士,极少成为信徒),需要重新按壮族人的意识编就。二是他们的仪式主家是壮族人,必须按壮族人的风俗和传统行事,如果仪式有违壮族人的习俗,那他们就无法继续。这就使得道公必须使道家思想转化。三是这些道公本身是壮族人,民族意识的惯性使他们很自然地以壮族人的行为方式进行活动。四是道公最初是汉族道士的徒弟,在广西这个壮族人较多环境下的汉族道士,能够理解和接受道公的行事方式。他们自己也处于窘境,也无力顾及道家思想的转化,更多的时候是把转化看成道家的自然延展。在这个背景下产生的民间道公,其面目与道观里的道士有相当的差别。实际上,活跃在壮族乡村的道公早已与本土师公所差无几。

道公习俗可以说是连接过去与现在的重要文化纽带,对于增强当代社会中的文化认同具有重要意义。道公习俗蕴含着丰富的历史和文化内涵,展示了中华民族的精神风貌和价值观。通过传承和弘扬道公民俗,可以让人们更加深入地了解和认同中华文化,增强民族自豪感和归属感。一方面,道公习俗有利于促进社会和谐。道公的许多理念,如尽孝、向善、敬业、守信等,已经成为社会共识,有助于促进社会和谐。道公主持的仪式不仅让人们感受到肃穆的氛围,也提供了一个凝聚人心的平台,让人们在共同的活动中增进感情,加强交流,促进社会的团结与和谐。另一方面,道公民俗是中华文化的重要组成部分,批判性继承道公民俗,有助于中华文化的传承与发展。在当代社会,通过创新的方式方法和现代化的表达手段,可以让传统民俗焕发出新的活力,为中华文化的传承注入新的动力。同时,也可以让更多的人了解和欣赏中华文化的魅力,推动中华文化的国际传播。综上所述,道公民俗在当代社会具有重要的价值,不仅有助于增强文化认同,促进社会和谐,还能传承与弘扬中华文化。我们应当珍视这一传统民俗,通过创新的方式方法和现代化的表达手段,让其在当代社会中焕发出新的活力。

本章小结

在本章中，笔者利用地方志、文人著述、碑刻、调查资料等，梳理了道家思想在广西传播和转化为道公习俗的历史。通过梳理可以看出，广西偏隅的地理位置、奇秀的自然环境、古朴的民风民俗，都为道家思想传播提供了优越条件。历代统治者"以文化夷"的民族政策、众多道学家的推崇和历代大规模战争移民，都极大地推动了道家思想的传播。明清之后，因受到严厉的政治管束和文化激进主义的冲击，再加上自身理论发展的停滞和衰落，道家思想逐渐向民间扩散，与壮族民风民俗深度融合，以道公习俗的形式在广大壮族乡村继续发挥作用。在道家思想转化为道公习俗的过程中，从本土习俗中吸收了布洛陀、雷神、莫一大王等神灵，所诵经文中加入了大量壮族感恩唱本的内容，仪式活动多采用壮族古老丧葬民俗的形式，其人员和组织结构也随之发生了显著变化。这种转变不仅较好地适应了时局变化，还在最大程度上满足了底层民众的精神需求，使道公习俗正式成为本土文化的一部分。

多元融合

——道公文化的构成体系

第二章　多元融合——道公文化的构成体系

任何习俗都有一套体制把它巩固下来，以便得到其全体成员的一致遵从。①《广西壮族社会历史调查》的相关记录和最近几年社会科学工作者的田野作业所收集到的材料表明，道公习俗是转化了的太一道和正一道。太一道由金代初叶萧抱珍创立于卫州（治所在今河南卫辉市），据《元史·释老传》载："传太一三元法箓之术，因名其教曰太一。"该教以老子之学修身，又以巫祝之术济人，"祈禳诃禁，罔不立验。"王恽《秋涧集》载："太一教法专以笃人伦翊世教为本。"道公对太一道的教义继承的不多，更多的是融入了壮族传统民俗的内容，唯有推崇法箓之术和专以笃人伦翊世教这两点得其真传。在主持仪式时，多推崇法箓之术，将重人伦、讲孝道作为根本宗旨。正一道，亦称"正一派"，是符箓各派的总称，主要奉持《正一经》，崇拜鬼神、画符念咒、驱鬼降妖、祈福禳灾等。考察民间道公给亡人做法事的全过程，基本是按照正一道的宗旨行事。壮族作为一个兼容性很强的民族，在承袭道家思想与本民族古老习俗相接近的斋醮仪式、神仙体系和仙学理论的同时，对义理、组织和仪式等进行了全面改造，使其构成体系呈现多元融合的鲜明特点。

---

① 宗教词典编辑委员会编、任继愈主编：《宗教词典》，上海辞书出版社1981年版，第16页。

第一节　多元化的义理和信奉对象

"义理（doctrine），是指对其信仰、信条和教诲的一种理性的理解和概念的阐明，是关于信条和教诲的一种系统性的知识。"① 与之相对应的是信奉对象。正因为道公义理是融道儒佛和本土习俗为一体的思想体系，所以它的信奉对象也是多元的，既有道教的三清尊神，又有佛教的西方三圣和壮族本土习俗所尊崇的布洛陀、姆六甲、莫一大王、甘王等地方民俗神。

一、多元糅合的道公义理

道公义理既有中国传统儒家讲求忠孝伦理的内容，又融入了道教的崇善观和佛教的轮回观、报应论，还包含有壮族原始的亡灵观念。在《心经海会宝忏》里，更是借佛祖之口说出了道公习俗的根源："佛言：好一个三清祖师，好一个太乙真人，果然是真祖临凡，真祖乃是心字"，"一气三清变人伦，水火既济下凡笼，心心变化人不识，性命阴阳在怀中"。诸如此类的经文是佛中有道，道中含佛，相互杂糅，难分泾渭。概括道公的义理，可将其归纳为以下几个方面：

---

① 宗教词典编辑委员会编、任继愈主编：《宗教词典》，上海辞书出版社1981年版，第22页。

（一）虔心奉神观

"心诚则灵"可以算是各种宗教少有的共同准则。佛教有一心念佛往生佛国的法门。《杂阿含经》三十三讲：

> 念如来事：如来、应供、等正觉、明行足、善逝、世间解、无上世、调御大夫、天人师、佛、世尊、圣弟子如是念时，不起贪欲尘，不起嗔恚愚痴之心；其心正直，得如来意，得如来正法，于如来所得随喜心。随喜心已，欢悦；欢悦已身，猗息；身猗息已，觉受乐；觉受乐已，其心定；心定已，彼圣弟子于凶险众生中无诸挂阂，入法流水，乃至涅槃。①

念佛讲求的就是一个诚心，专心致志，心无旁骛。道家为了达到长生不老，羽化登仙的目的，不仅有自身的养生思想，而且形成了许多集中身心的修炼方法。如《太平经》提出的"守一"和"存思"法门，教授的就是排除外界干扰的方法。道公通过吸纳佛教诚心念佛的思想和道家专心修炼的法门，形成了自己的虔心奉神思想。这个虔心奉神有两个层次：一是在语言行动上敬畏神明，不能有任何冒犯和亵渎，甚至不能有任何冒犯和亵渎的邪念，因为神灵无时无处不在窥视着人们的言行。所谓"诚心不可欺天地，举念还当畏鬼神"，这与壮族淳朴的民风是相吻合的。壮族人从小就教育子女，在家要敬祖。逢年过节，杀鸡宰鸭要先敬祖宗神灵，然后才能自己享用。不得随意砍掉或折断社庙附近的一草一木。第二层意思是要求道公和事主在举行仪式时一定要虔诚，不能有丝毫马虎，否则就不会收到任何效果。一是牺牲玉帛，弗敢加少，必以足。即道公主持仪式用的牲畜家禽、布帛等物要有质量和数量上的保证，不得有以次充好、短斤少两的情况。二是严守戒律，不敢怠慢，

---

① 宗教词典编辑委员会编、任继愈主编：《宗教词典》，上海辞书出版社1981年版，第673页。

必以诚。无论道公和事主都要斋戒，不得吃荤，不得男女同房等。三是诵经作法，弗敢马虎，必以信。即主持仪式时道公诵经唱忏，斋醮科仪，要专心致志，不得敷衍了事。声音要洪亮，动作要规范，精神要饱满，不能随便加一字或减一字。在《金刚宝忏》里，有十八层地狱的说法，说道公如果读经不虔诚，将受到神的惩罚。其经云：

  饮酒诵经，含血地狱；食荤诵经，粪坑地狱；念经无心，剜心地狱；诵经反言，割舌地狱；念经乱身，火坑地狱；方便不净，秽污地狱；念经不拜，缩脚地狱；念经思味，鼻蛆地狱；诵经不净，百病相侵。

相反，人们只有虔诚奉神，才能得到真神护佑，消灾解厄。如《观世音菩萨救苦经》云：

  此经大圣，能救狱囚，能救重病，能救千灾百难苦。若有人诵得一千遍，一身离苦难；诵得一万遍，合家离苦难。……勤诵千万遍，灾难自然得脱。

《三官赦罪真经》亦云：

  道君曰："集会三元，天地水官，三界四府，众圣曹官考较司，同诸仙圣众，讲说经法，救拔众生，放大光明，照见天下，万国九州之地，江湖海河之内，阎浮世界之中，受苦众生，造恶非善，广结怨仇，多行不足，财交不明，不敬天地……不敬父母，叔伯六亲，奸盗邪淫，不忠不孝，非礼非仪……天不容，地不载……故作自因，得此苦报，恶难临身，无处解释。"于是天官劝诫："若有善男信女，皈依三元，斋戒三年圆满，命道转诵此经三五十遍，千五百遍，踊跃忏悔，悔过怨尤。"那么道君曰："即有天官赐福，地官赦罪，水官解厄，于是告下三元。"

此处经文通过天尊、道君、天官、地官、水官之口，诉说受苦众生皆因身负宿对，罪根未释，必招瘟惹灾，或百病缠身，或灾祸接踵，或寿夭非命。死后必囚地狱，遭受千般磨难，万种极刑。为开宥宿对，断绝罪根，必须持诵此经，并于三元之日（正月十五、七月十五、十月十五），拜请太上老君召请诸神，向三清尊神及三官诸神上奏章，谢罪救宥，方能消灾解厄。人们对神灵的虔诚度，会直接影响仪式的效果和自身的福报。所以，道公在主持仪式时，都不敢有半点疏忽，稍有闪失就会被视为欺师灭祖，遭受报应。笔者在隆安县雁江镇做田野调查时，听林义文道公讲到这样一件趣事。在一次道场仪式的最后一天，发生了两个小插曲，一是破狱时，少了一个亡灵模拟像，而亡灵像是经过三位道公清点过的；二是砍牲时发生的，那天共砍三只羊，但刚砍了一只，砍刀就崩一大口，经过打磨方能重新开始。询问巫婆，巫婆说因为道公没有向法坛附近的一座寺庙祭献供品，得罪了一方神仙。经采取补救措施，后边的上刀山、过火炼等环节，都平安无事。我们知道这也许是个偶然状况，但法师们都吓出了一身冷汗，事主们也都忐忑不安。因此，虔心奉神是道公和信奉者都必须遵守的一条原则。

（二）生命轮回观

道公的生命轮回思想是从佛教的轮回说和道家关于生命形态转化论中得到启发，结合壮族投胎转世观念逐渐形成的。"生死轮回"本是古印度婆罗门教的主要教义之一，认为四大种姓以及"贱民"，在轮回中是生死永袭不可改变的。佛教将其沿袭并加以发展，主张在业报面前，众生一律平等。据《阿含经》第六卷、第二十卷的说法，下等种姓今生积"善德"，下世即可升为上等种姓,甚至升到天界;而上等种姓今生有"恶行",下世亦可降为下等种姓,以至下地狱,并由此说明人间不平等的原因。类似佛教的轮回思想,在道家经典中不难找到移花接木的痕迹。如《太真玉帝四极明科经》卷一说:

> 善恶因缘,莫不有报。生世施功布德,救度一切,身后化生福堂,超过八难,受人之庆,天报自然。

《太上洞玄灵本行宿缘经》也讲:

> 罪福之报,如日月之垂光,大海之朝宗,必至之期,万无一失也。

这些都说明道公伦理确实吸纳了不少佛教的观念。此外,道公义理中的轮回观念还与其"延年益寿,羽化登仙"的根本宗旨密切相关。"道家一向关注生命问题,甚至可以说道家的一切伦理是建立在对生命认知的基础之上。"① 老子《道德经》开卷说:

> 道可道也,非恒道也。名可名也,非恒名也。无名,万物之始也;有名,万物之母也。又说:道生一,一生二,二生三,三生万物。万物负阴而抱阳,中气以为和。

这不仅承认生命的普遍性,而且提出了生命起源的共同性问题。道家认为,生命的存在是神与形相辅相成的结果。生命不单是以身体的形态存在,还以精神活动为标志。外在于"形",而内在于"神",形与神是生命不可或缺的两个基本要素。《太上老君说事心经》说:"心为神主,动静从心。"这里

---

① 詹石窗:《道教哲学新论》,《三生万物——老子思想论文集》福建省闽学研究会专题资料汇编。

把心看作是神的载体。《西升经·神生章》说：

> 盖神去于形谓之死，而形非道抱不生，形资神以生故也。有生必先无离形，而形全者神全，神资形以成故也。形神之相须，犹有无之相为利用而不可偏废。惟形神俱妙、与道和真。①

这旨在说明人只有通过修炼，才能达到形神俱妙、与道合真的终极目标。葛洪在《抱朴子·内篇·黄白》中也说：

> 飞走之属，蠕动之类，察行造化，既有定矣。及其倏忽而易旧体，改更而为异物者，千端万品，不可胜论。人之为物，贵性最灵，而男女易形，为鹤为石，为虎为猿，为沙为鼋，又不少焉。至于高山为渊，深谷为陵，此亦大物之变化。②

在葛洪看来，生命既具有变化的普遍性，又具有转化的实在性。生命形态既可以从低级向高级转化，又能够从高级向低级回落，如果没有修行，最终不能保持人类生命的形态，而且可能沦为异类。根据这种神为形主，万物转化的思想，就不难理解在道公经文里有许多劝人戒杀的内容。如《戒杀文》中提倡六不杀：一曰生日不宜杀生，二曰生子不宜杀生，三曰祭先不宜杀生，四曰婚礼不宜杀生，五曰祈禳不宜杀生，六曰营生不宜杀生。劝诫人们：

> 见白骨而必埋，见字纸而必焚。除挡道之瓦石，剪碍道之荆棘。勿网走兽，勿弹禽鸟。勿踏虫蚁，勿毒鱼虾。勿折方长，勿食牛犬。

---

① 《道藏》（第十一册），文物出版社、上海书店出版社、天津古籍出版社1988年版，第506页。
② 〔东晋〕葛洪：《抱朴子·内篇》，王明校释，中华书局1985年版，第284页。

这样就可以做到祸患不生，牢狱可免。在法坛上悬挂的十殿图像，更是用生动的形象，勾勒出人若不善待生灵，就有可能遭受来世投胎成为猛兽、飞禽、虫豸等的恶果。值得注意的是，在道公举行仪式时常有斩牲、宰鸡敬神的做法，似乎与重生戒杀的教义相违背，这种相矛盾的地方在道公中很多见。这是因为道公深受民间巫术的影响，是多元融合的结果，故与道家思想有了很大的不同。

道公的轮回观除了承袭佛、道的思想外，还受到壮族投胎说的深刻影响，认为死者的亡灵必须找到替身，自己才能转世投胎，没有替身就不能投胎于世。比如湖水死者亡灵必须拉一活物下水溺死，他才能转世投胎，否则就无法再次投胎于人世，永做落水死的孤魂野鬼，尤其是死伤在外，或夭亡的人。道公的大斋道场，就是为非正常死亡的孤魂野鬼做的仪式。所以壮话又叫"道遂"、做"替"、做"断"，意为找替死鬼。在大斋道场的最后一天，即安排每位亡灵骑着一只羊或一只鹅（男性骑羊，女性骑鹅），赶赴斩生场，举行替度仪式。法师在替度前高呼："此羊不是非凡羊，常年四季走高山，孝男有钱买得你，替度亡人脱幽关。"亡灵是女的则呼："此鹅不是非凡鹅，常年四季游溪河，孝男有钱买得你，替度亡人过奈河。""因离阳间饥着寒，替度亡人脱幽关，老者得达逍遥路，幼者随佛往西方，早往西方路，愿度不愿度？"众人应："愿度！""早往西方去，愿替不愿替？"众人应："愿替！""愿替谁人？"道场执法司："愿替先故×××一位魂灵。""愿替就一次砍，一刀断，断不断？"众人喊："断！"于是刽子手一刀下去，羊即成为名正言顺的替罪羊。从此，孤魂野鬼即可在道班法师的引领下上刀山，过火炼，超升仙界，修成正果。这里，道公不仅仅是用生死轮回观念影响人们的思想，还通过这种活生生的，具有壮族原始宗教特征的替度仪式使之形象化，让人们看到了直观的替度效果。

（三）重孝报恩观

壮族民间一直有所谓二十四孝圣贤的说法。《解冤释结经》把"前亡后化、诅咒宗亲""亲眷久在冥司，未能荐拔"看作是人生的三十六种罪过之两种。道公义理中的重孝报恩思想首先源于道家重视孝道的传统观念。基于"要修仙道，先修人道"的思想逻辑，道家起初就把尽孝作为思想教育的基本内容。道家尊祖老子在《道德经》中说："六亲不和，有孝慈。"还说："吾欲独异于人，而贵食母。"葛洪在《抱朴子·对俗》中也说："欲求仙者，要当以忠孝和顺仁信为本。"因此，道士十分重视孝道，特别是不出家的道士，一般都有良好的孝行。道公因而把尽孝作为能否入道的一个基本条件。此外，这是深受儒家传统孝道观影响的结果。《尚书·尧典》云："克谐以孝。"《中庸》亦云："夫孝者，善继人之志，善述人之事者也。"《论语》中的此类论述则更多，如"今云孝者，是谓能养"，"孝悌也者，其为人之本与"。在长达两千多年的中国封建社会中，"孝"与"忠"是人们日常行为的最高准则。受其影响，道家《太平经》《太上老君说报父母恩重经》《净明忠孝全书》等经书都是讲关于尽孝的道理。纵观道公经文，这种重孝报恩的观念可以说是贯穿始终。其中最能体现这种重孝报恩观念的当是《报恩报答真经》和《兰盆血盆宝忏》两卷。《报恩报答真经》开卷就说："这炷信香，报答上苍。天地盖载，养育之恩。"接着展开叙说天地皇父母等之恩德：

一报天地盖载恩，二报日月照临恩，三报国王水土恩，四报父母养育恩，五报祖师传法恩，六报护法引进恩，七报坛那多陈供，八报八方施主恩，九报九祖生净土，十报我佛升天界。

不难看出，这里把报父母恩拓展到天、地、君、亲、师、友等诸多方面，表明了道公的政治倾向和世俗理想，既体现了其多神论特点，也不排除其对封建政权的依附需要。因为自明清开始，道徒活动遭受到不同程度的检束，如果经文中没有颂扬皇权、阿附当局的内容，以此博得封建统治者的青睐，是很难生存下去的。《兰盆血盆宝忏》则集中地表达了父母的养育之恩。经曰：

娘受怀胎一月初，未知腹内事如何；唯恐本身生疾病，半忧半喜怕心粗……娘受怀胎十月圆，此时生产苦难言；痛来痛得无躲避，如刀割腹取心肝；儿在腹中寻门路，娘亲疼痛汗淋漓。

这里将母亲孕育生命之辛苦展现得淋漓尽致，很是感人。重孝报恩的观念在道公科仪中表现得也十分明显。如前所述，壮族人在父母去世后，一般都要请道公前来做一两晚道场，以表孝心。即使是亲人新故时因为客观原因做不成道场，在守孝满三年除灵时，也要补做一次道场。在开通冥路、大斋道场、除灵等仪式中，法师会要求孝男孝女严格按道教科仪的规范程序，披麻戴孝，行三跪九叩的大礼。此时此刻，孝男孝女即使是与父母生前有过任何过节，在这种隆重而虔诚的氛围之中，心中的怨恨也会冰融雪化，荡然无存。一些不肖子孙也能因此幡然醒悟，痛改前非。由此可见，道公的伦理教化功能是非常明显的。

（四）崇善嫉恶观

道公将道家"劝善"论与壮族亡灵崇拜相结合，形成了独具特色的崇善嫉恶思想。道公常用通俗的语言来说明这一基本教义，如"做好升天，做坏雷劈"，"恶人有恶人收，恶鸡有夜猫勾"。在道公的经卷中，也都反复宣扬这种善恶有报的观念。如《十王拔罪妙经》开头就说：

善恶二字由人造，善恶中间各自行；善是天堂恶是狱，铁面阎王不顺情。阳间有钱买得命，阴司不受半分毫。阎王注定三更死，谁肯留人到五更。

《启运慈悲高王宝忏》亦云：

> 为人莫要起奸心，损人利己不可行；纵使奸贪人不见，难瞒头上有天神。劝尔修来年年修，过客光阴不久留；善在生前谁觉好，恶于死后始知愁。

这种崇善嫉恶的思想，可从道家思想中找到根源。《太平经》吸纳并发展了《周易》关于"积善之家必有余庆，积不善之家必有余殃"的思想，提出了"承负论"，认为：

> 承者，乃谓先人本承天心而行，小小失之，不自知，用日积久，相聚为多，今后生人反无辜蒙其过谪，连传被其灾，故前为承，后为负也……负者，乃先人负于后生者也；病更相承负也，言灾害未当能善绝也。①

这里所讲的"天道承负"，不仅指前人有过，由后人无辜受过，还指世间万物，欲多则生奸邪。前者是就一个家族而言，后者则是就自然与社会的变化来说的。这一道家伦理观经过诸多道学家的弘扬与发展，到了唐末时期更加趋于成熟，一些专门讲善恶报应的经籍相继出现，如《太上感应篇》《太微仙君功过格》《文昌帝君阴骘文》《吕祖说三世因果》《关圣帝君觉世真经》《丹桂籍注案》《除欲究本》《指淫断色篇》《石音夫功过格》等。这些典籍对当时的教化起了独特作用，因而获得了统治者的大力支持，得以流布井市。道公

---

① 王明编：《太平经合校》（上下），中华书局1960年版，第70页。

无疑会受到这些劝善典籍的影响。

道公的崇善嫉恶思想除从根本上继承了道家思想的"承负论"外，还有鲜明的壮族特色。一是将善恶观与壮族的民风民俗相结合，把宗教伦理落实到人们的日常行为规范中，要求从生活起居做起，从身边的事做起。如《灶王新经宝忏》说：

> 凡人灶上，不得乱烧鸡毛狗骨。头发秽污柴薪等物，刀斧不净，亦不得搁灶上。不遵者皆触犯灶君，逐渐增祸于家中，使其经营不利，田产无收，大畜不旺，百事难成，盗贼多侵，疾病多生，皆因触犯所致。

《血盆宝忏》在说到女人何以不得超生时，亦列举了一连串的劣迹：

> 女百般恶孽，油头粉面，油盐等罪。胯能说言，倚势降人，骂其公婆，作毁失身，锅前灶后，赤身裸体，披头散发，血污身形，家缺供奉，伤犯灶君，冲动土地，作毁祖宗，邪妖呈与，欺法乱伦，不敬三宝，污其水府龙神，滚荡绝死蝼蚁，抛散五谷，养杀畜生，栏养猪圈，牛马牲灵，鹅鸭鸡犬，飞禽走兽，鱼鳖虾蟆蟹，供彼朋亲贤愚。

在《血盆产难真经》里甚至批评了妇女将经血污物拿到河边洗濯的行为。经云：

> 只是女人产下，血露秽污地神，若有秽污衣裳，将去溪河洗濯，水流污漫，误诸善男信女，取水煎茶，供奉诸圣，致言不遵。

第二章 多元融合——道公文化的构成体系

正如壮族社会历来都禁忌在灶膛中焚烧鸡鸭鹅毛之类的腥臊之物;视咒骂公婆,作毁丈夫为恶妇;禁止妇女将沾有经血的污物到处乱扔,更不能扔到河里。由此不难看出,道公的这些经文,与壮族风俗对人们言行举止的要求是何等一致。就是从今天的荣辱观和环保意识讲,也不乏可取之处。二是强调神明监督检束的作用。壮语有句诅咒恶人的话叫作:"鬼勾你,天灭你。"道公在宣扬善恶报应时,特别重视神明的监督作用。"就个人而言,善恶观一般是通过内心自我认识和观念不断升华,逐步达到自律的效果。儒家的道德教化基本上是从这个意义上来进行社会教化的。道公将儒家的伦理教化观念与上古的'神道设教'思想相结合,力图通过神明监督来强化伦理规范。"①正如《吕祖说三世因果》中诗云:

> 世间难得是人身,位列三才具五行;为圣为贤须在己,成仙成佛总由人;存心不可欺天地,举念还当畏鬼神。

道公既全盘继承了这种神明监督说,又将这种神明监督作用泛神化,从最高层次的三清尊神到一般的世俗神,从宇宙万物的自然神到家庭中的列祖列宗诸神,都被赋予了对人们道德行为的监督责任。如《血盆产难真经》中列举难产而亡的妇女之劣迹后,写道:

> 天大将军留下名字,付在善恶簿中,候百年命终之后,受此苦恼。

这句话强调了有劣迹的人,不但寿夭,就算是死后到了阴间地府,也将受尽折磨。道公开丧仪式所悬挂的十殿神像以挂图的形式,形象地描述了有

---

① 詹石窗:《道教哲学新论》,载《三生万物——老子思想论文集》,福建省闽学研究会专题资料汇编。

劣迹的人在阴间地府受到种种酷刑折磨的惨象。这种被夸大了的神明监督观念，与文明社会的科学思想固然有冲突之处，但用唯物史观看，对净化灵魂，震撼贪婪之心，仍有其独特的社会作用。

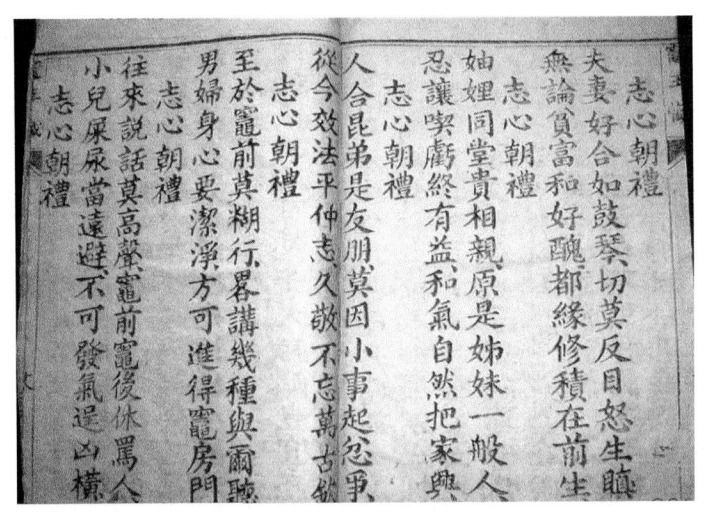

图 2-1　道公经本关于伦理教化的内容
（2019 年 6 月 17 日收集于隆安县雁江镇和济村）

　　从义理可以看出，道公既源于道家思想，又与之有明显的区别，已经转变为带若干原生特点的传统民俗，具有多元融合的鲜明特征。道公文化和道家思想有承袭关系，其主要思想都可以在道家经典如《道藏》《太平经》《度人经》中找到来源，但其经文和仪式显然不是对道家思想的简单移植，而是根据壮族文化的特点和民间的需要重新编就，内容来自壮族的社会生活，适应了壮族的民俗和民族风情。虽然道家思想也吸收了佛的一些内容，但道文化在其中是占绝对优势的，比较纯粹。道公则不同，其义理以道为主，融合了儒、佛和壮族传统民俗的内容，诸思想浑然一体。正如道公经文所体现的，其科仪经籍是仪式的导引，按正一道的教义予以安排，并广泛吸收佛教的内容，显示出道、佛的主干地位，而在宝忏部分，显然是来自壮族民间的种种禁忌。为了适应壮族人喜爱民歌的特点，许多的经文都采取了五言或七言的韵文体，有的经文甚至是汉壮结合，念一段汉文，唱一段壮歌，壮汉交替，相互映衬，饶有趣味。

道公作为一种活跃在南方乡村的民俗文化，是中华文化的重要组成部分。在新时代，要对道公文化进行批判性继承，让其思想智慧更好地服务社会，利益大众。道公所倡导的济世利人的社会责任感、慈爱和同的处世方式、顺应自然的行为原则、崇俭抑奢的生活信条、清静恬淡的精神境界、天人和谐的生态理念等，都是中华文化典型特征，体现了中国人的思想智慧，但义理中也难免会有与当代社会不相适应的地方，必须作出符合当代中国发展进步要求的阐释。我们要对道公义理进行系统的整理，深入挖掘有利于社会和谐、时代进步、健康文明的内容，以"当代中国发展进步要求"为尺子，作出恰当的阐释。特别是要发挥好社会主义核心价值观的引领作用。社会主义核心价值观，既是中国特色社会主义伟大实践在精神层面的结晶，也是中华文明长期滋养的结果。社会主义核心价值观反映着当代中国社会发展进步的方向，是实现中华民族伟大复兴中国梦的精神基础。要将社会主义核心价值观融入对道公义理的阐释中，为实现中华民族伟大复兴的中国梦贡献智慧和力量。

二、信奉对象的多样化

历代道徒都十分重视自身神仙系统的构建。后来随着道家思想的不断发展和传播，吸收和改造的神灵也愈来愈多，最终形成了一个十分庞杂又井然有序的神灵体系。钟国发曾将道教神灵分为五大类：第一类是以"三清"为代表的至尊神；第二类是玉皇大帝、"四御"、西王母等代表中央神权的神灵；第三类是星君、地官、水官等神界官僚职能神；第四类是关圣君、天后、财神等民俗神；第五类是传说中的仙人、先哲、祖师等。[①] 道公的信奉对象是一

---

① 钟国发：《道教神灵谱系简论》，《传统中国研究集刊》2006年版，第51—81页。

个十分庞杂的系统，以笔者对左右江流域壮族聚居区的民间道公考察情况看，道公家神龛上供奉的神灵大体可以分为以"三清"、释迦牟尼佛为首的道佛教神灵和以阎王、布洛陀为代表的民俗神两大类。

表 2-1　左右江壮族聚居区道公家庭神龛神灵情况表

所在地	神龛神灵
南宁市隆安县雁江镇	（上）太清仙境道德天尊、玉清圣境元始天尊、上清真境灵宝天尊。（下）当年瘟主周大王部天瘟之神、无上洞涧遣鬼三昧天尊、当年太岁庚子至德天尊、各家香火通众福神、当处土地里域众神、本县城隍大王正直之神、盖天雷祖长生大地帝、九天应元雷声普化天尊、恒山北辰大帝土府皇君、南无诸佛海会菩萨、北极镇天真武玄天上帝、南无大慈悲观音菩萨、关天盘古神农皇帝、无上十方道经师宝天尊、昊天金阙至尊玉皇上帝、万天星主北极紫薇大帝、讃教北极四圣灵应真君、玄中主教五大法师真君、主坛三元三品三官大帝。（图2-2）
崇左市天等县上映乡	（左）师派道派列位宗师真君、侍奉本宣通天元皇司命宣福灶君、万世道宗本师玄中主教五大法师真君、祖师六合无穷高明大帝、前传后授阴阳列职宗师。（中）守龛福德土地兴旺万岁老神、正一郑赵马关四大元帅千神将、承天效法厚生东南三帝高真、虚无自然金阙至尊三清上帝、崇奉万年香火道天帝佛圣师列位高真、太上昊天通明至尊三皇上帝、三元师本命天曹香堂万吏。（右）上宫托花送花托生送生父母位、黄家堂上历代列派始高曾祖宗亲之位、侍奉九天卫房花王圣母唐朝玄妙夫人位、上宫南唐太白六国天婆圣母位、花曹会内一切无量养育父母位。（图2-3）
百色市平果县太平镇	上宫南唐六国花王圣母元君。守宅福德土地旺相财神、万天星主紫微长生大帝、北极镇天真武玄天上帝、僧佩箓中助道行官将吏、祖师三天扶教普玄大法宗师、本龛香火道释儒三教高真、祖师六合无穷高明大帝、西乾东土始祖禅师真君、南无大慈大悲观世音菩萨、正一郑赵马关四大元帅、任家堂上历代一派宗师。（图2-4）

第二章 多元融合——道公文化的构成体系

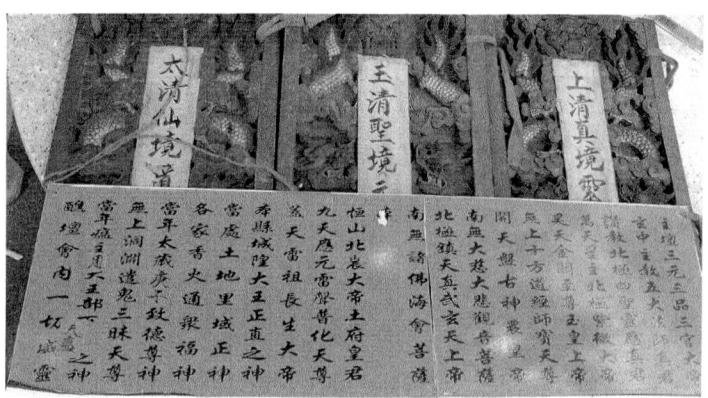

图 2-2 隆安县雁江镇和济村林姓道公家神龛（2020 年 12 月 23 日拍摄）

图 2-3 天等县上映乡广原村黄姓道公家神龛（2019 年 3 月 5 日拍摄）

图 2-4 平果县太平镇龙竹村韦姓道公家神龛（2019 年 3 月 11 日拍摄）

（一）以"三清"、释迦牟尼佛为首的道佛教神灵

在长期的民族融合中，汉族文化始终居于主导地位，这种优势决定了道公的信奉对象主要来自道教和佛教的神灵系统。其中为首的就是道教的最高尊神——"三清"，即元始天尊、灵宝天尊和道德天尊三位尊神。现今道公班子的香火堂，多数冠以"三清堂"之名，三清的排列跟汉族道教一样，均以元始天尊居正中之位，灵宝天尊居左侧位，道德天尊居右侧位。逢初一、十五早晚都要焚香祭典，逢年过节或神诞日更是大祭特祭。在为亡人举行斋醮科仪时，亦必悬挂三清神像在法坛正中高处。然有不同派别亦悬挂不同神像，如释迦牟尼派则挂西方三圣像。在经文中也多处提到三清尊神，每开坛请师，必先请三清尊神，可见三清尊神在道公中的至尊地位。其次是在道教神灵中位次仅次于三清的"四御"，包括昊天金阙至尊玉皇大帝、中天紫微北极太皇大帝、勾陈上宫南极天皇大帝和承天效法后土皇地祇。他们辅佐三清尊神主宰天地万物，各有分工，各司其职。虽然道公主持仪式时不挂四御

第二章 多元融合——道公文化的构成体系

神像,但在道公经文中多处提及。在所有科仪中,凡请师科,均要请到四御。如《耍坛经》云:

左请乾来右请坤,神前香火启纷纷;神前香火纷纷启,香烟传到玉皇门。上请玉皇张大帝,下请地府十阁君。

《伸法经》亦云:

三十三天你去请,玉皇高尊你去迎。三十三天请三清,玉皇台前请老君。

这些经文都清楚明白地告诉人们,四御是道公供奉的主要神灵,是所有科仪必须请到的四位尊神。第三是负责值年、值月、值日、值时的四大功曹。每当举行法会时,都将四大功曹的神像悬挂在法堂的大门内侧。在道教中,功曹不仅协助玉帝掌管功劳簿,协助帅驭看护法场,各种"上达天庭"的表文也是由其负责呈送。《请神经》云:

传度恩师差下四值功曹打马去何州,打马去何县?打马到昊天通盟宫中迎请三十三昊天至尊金阙玉皇老祖,北极紫微元卿大帝,二十八宿十二宫辰傍能正照,一切星斗上罗三十六罗,中罗二十四罗,下罗一十二罗,十二太岁元满,十二海会天兵,欢欢请来住下金车,喜喜请来住下玉马。

道公既做人神交流的仪式,理所当然要按照道教神仙系统备齐包括四大功曹在内的神兵神勇,来完成各种差事。道公尊奉的除了上述神仙外,还有张天师、三茅真君、许真君、葛仙翁、二徐真君、王重阳、张三丰等祖师真人及各道公班子直接师承的历代师父。历代师父虽非宗师,确是各道公班子的实际传教人,因此在神坛上也都供奉着这些师父的神位,称"历代真传文武道教门师"。这些人如已仙逝,称阴师;如还健在,则称阳师。每次主持仪式请师时,都要列上他们的法名,一并敬请。

图2-5　道公坛场
（2020年12月23日拍摄于隆安县雁江镇和济村忑更屯）

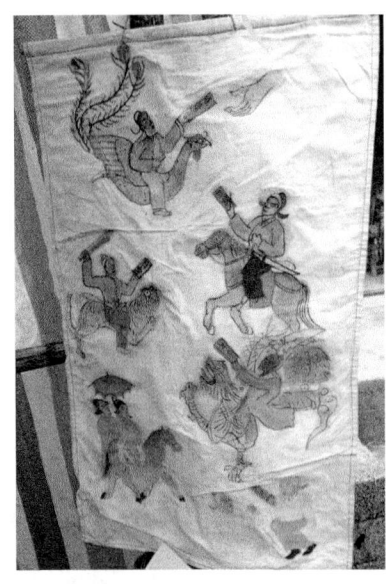

图2-6　四值功曹神像（隆安县覃德恒道公藏）
（2019年8月拍摄于隆安县城厢镇东义村）

第二章 多元融合——道公文化的构成体系

图 2-7 斋醮仪式插有祖师牌的香碗
（2019 年 8 月拍摄于隆安县城厢镇东义村）

佛教传入广西，至少可以上溯至东晋。据《南朝梁会要》载，咸安元年（371 年）交州人董宗之采珠没水底，得佛光焰，台以施于像。当时的交州治所在广信（今梧州市），可见东晋时梧州已立有佛像。但当时佛教的影响还不大，真正产生较大影响是唐代以后，其活动中心在桂东北。现桂林市的蒋家岭、观音峰、骝马山一带，尚存唐代摩崖佛像十余龛两百多尊。史料还记载了柳宗元曾在柳州河南岸修复大云寺，四处收罗僧侣，住寺讲经布教的事迹。始由政府给僧尼无偿提供食用，后又以官府名义给寺院拨给山林土地。柳宗元的《复大云寺记》载：

辟地，南北东西若干亩，凡林木若干本，竹三竿，圃百畦，田若干畦。

由此可见，当时佛教传播得到了政府的有力支持和倡导。当然，佛教之所以被道公所吸纳，主要是因为其主张的因果报应、清心寡欲以及戒贪欲、戒偷盗、戒邪淫、戒妄语等教义与壮族民俗有很多相通之处。在道公的经文中提到佛教诸神的地方，比比皆是，在仪式科仪中，也有多处以祭拜佛教神为主的活动。特别是道公的释迦牟尼派，他们的经文中道教神很少出现，更多的是围绕佛主主持仪式，法坛正中悬挂的是慈祥的释迦牟尼坐像。这种看似十分矛盾的现象，只能用道公是多元文化来解释。

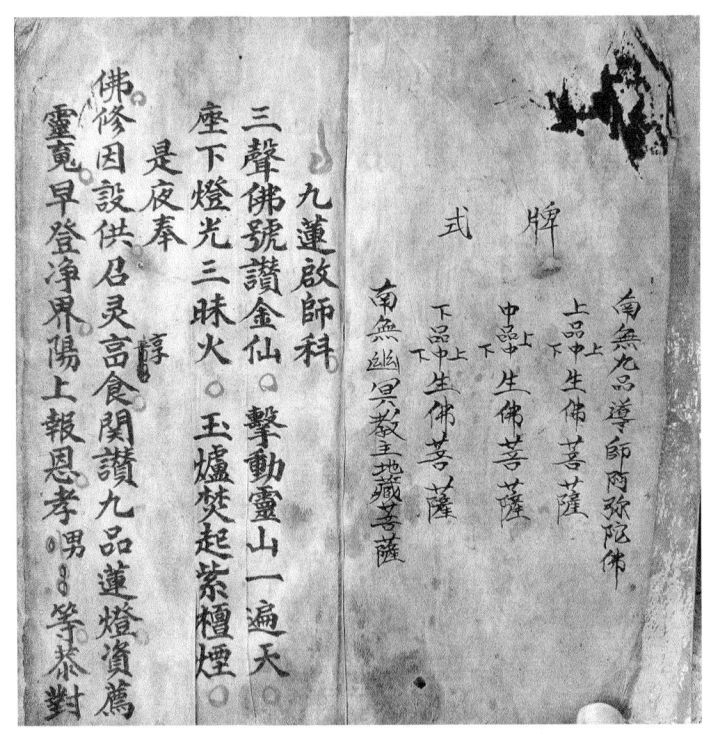

图 2-8 《九莲启师科》中关于菩萨牌式的规定
（2019 年 10 月 17 日收集于隆安县雁江镇和济村）

除了释迦牟尼佛，道公还十分崇拜大慈大悲的观世音菩萨、接引众生往西天净土的阿弥陀佛、救苦救难的地藏菩萨和负责法坛守护的韦驮。在道公法坛上专门设有"大慈大悲、救苦救难南无灵感观世音菩萨"之牌位，逢每月初一、十五都要给菩萨进香荐供。在经文中也常呼唤菩萨的名号,甚至安排以请其为主专场科仪。特别是释迦牟尼派,举行仪式时,分别将观音菩萨和阿弥陀佛的神像悬挂在佛祖左右,供奉在法坛上。道童们主持仪式时,手持菩萨的净水瓶,翩翩起舞,洒净法堂,沐浴亡灵,俨然一副大慈大悲解救众生的气派。另外,因道公所做的仪式主要是帮助死殇亡灵脱离地狱苦海,往生极乐世界,所以也十分看重地藏菩萨。虽然在主神坛上没有悬挂他的神像,但专门有一本《地藏经》和一本《地藏宝忏》。在举行大斋道场时,还会专门搭建一座地藏菩萨宝坛,并请他主持破地狱事宜,由他率领诸神兵神勇攻破地狱东南西北中各门,打开牢狱解救出被关押的冤魂饿鬼。然后为亡灵们沐浴洗身,安放在灵堂中,准备接受斩牲替度,上刀山、过火炼的洗礼,最后超升西天极乐世界。不难看出,由于传说中地藏菩萨不辞艰险解救亡灵脱离苦海,迎合了壮族传统伦理观念,因此他深受壮族人的信仰和崇拜。此外,在道公举行仪式时,尤其是举行大斋道场时,法堂大门会悬挂一位身着古装武将服,手持金刚杵的威武大将神像,这便是佛教护法神韦驮。韦驮的前身是印度教三大神之一湿婆的儿子塞建陀,原是天神军队的统帅。韦驮与哼哈二将、四大天王一起,担当起佛寺的卫戍工作,但各有分工。韦驮是专管守护佛祖灵塔的。道公引进佛教理念,供奉韦驮菩萨,主要还是沿用佛教的理念,让他充当法堂的守护神,严禁任何孤魂野鬼、妖魔鬼怪进入法场,扰乱法场秩序,同时兼管经书、法器,以示威严。道公信仰的佛教神,主要是以上四位,其他诸神只在《诸佛议》《千佛洪名宝忏》等经文中提及,犹如对待道教神中的祖师真人一样无具体的称谓。

(二)以阎罗、布洛陀为代表的地方神灵

道公的仪式中,不管是开通冥路、斩牲替度,还是除灵斋醮,都是借助神的力量以解救亡灵早日脱离苦海,超升极乐世界为最终目的,主要的对立面是阴曹地府,因此不可避免地要与冥界鬼神打交道。阎罗乃冥界赏善罚恶

之王，通过他来为亡灵洗清罪孽，好从地狱中解救出来，达到超升极乐世界的目的。虽然在主持仪式时，没有悬挂阎罗的神像，但在道公经文中多处提及。在大斋道场的最后环节，即所有亡灵都顺利得到解救，等待随佛往生西天时，会安排一场审五鬼的闹剧，由道童扮演刀斧手到荒郊撒饭，引诱作祟饿鬼前来就食时擒拿归案（事前用稻草扎成五个分别穿上白、黄、黑、青、紫五色，画上鬼脸的小稻草人，代表五方恶鬼），交给判官审判，意在说明那些非正常死亡的亡灵生前就是因为与这些恶鬼狭路相逢，被摄走魂魄而致死。冤有头，债有主，如今在阎王殿前审判这些作恶多端的恶鬼，让他们受到应有的惩罚，最后还象征性地砍了一条小狗的头，以示严惩不贷。此种情节虽有娱乐性倾向，然其内容和程序基本是按阎罗审案的情形设计的。

在道公主持仪式的法场大门外，还悬挂有一幅凶神恶煞的鬼王像，这便是钟馗。钟馗既不是佛教神灵系统的神，也不是与道教有关的神灵，而是地道的中国民间传说中的打鬼驱邪之神。据沈括《梦溪笔谈》载，唐明皇曾于病中梦见一牛鼻子小鬼，身穿红衣，一只脚穿靴子，另一只脚赤着，一只靴挂在腰间。这个小鬼偷走了杨贵妃的紫香囊和唐明皇的玉笛。唐明皇大怒，大声呵斥。这时一大鬼头顶破帽，身穿蓝袍，束角带，速将小鬼捉住，剜出小鬼的双眼，并将小鬼撕成两半生生吃掉。唐明皇忙问大鬼姓甚名谁，大鬼跪奏："臣乃终南进士钟馗，因应举不捷，触殿阶而亡，死后为鬼王，誓除天下恶鬼妖孽。"唐明皇大梦醒来，病霍然痊愈，乃召大画家吴道子依梦中所见，画《钟馗捉鬼图》。图画成后，唐明皇瞪眼看半天，说道："先生莫不与我同做一梦，何以画得如此形象？！"于是重赏了吴道子，将此画悬于后宰门，用以镇妖驱邪。由于唐明皇的推崇，钟馗得以确立头号打鬼门神地位。民间旧俗多在除夕和端午节悬挂钟馗之像，谓能打鬼驱邪。道公除了在法场大门外悬挂其像，所有科仪及经卷并无提到其名，这多半是受民俗影响的结果。

除了上述冥界鬼神外，道公作为一种深受壮族本土习俗影响的传统民俗，抑或说是被壮族习俗改造过的民俗文化，在它的神灵系统中必然有一部分壮族神灵。这主要有布洛陀、莫一大王、社王、灶王等。

布洛陀在麽教经书里是壮族的男性始祖,据说他的出生是在山脉、河海、湖泊出现之后。由于河流冲击山脉成一个山洞,他便从这个洞走出来。和他一同出现的四位兄弟,老大是雷王,他是老二,老三是蛟龙,老四是老虎。布洛陀安排天地万物,造太阳月亮星星,教捕鱼、狩猎、造火、种植,造动物及家畜,并造万事之间的各种秩序。他最大的功绩是人兽分家。因为他用火把雷王烧黑,雷王跑到天上不敢到地面来;用火烧得蛟龙焦头烂额,逃到水里不敢上岸;用火烧得老虎满身斑痕,不敢走出森林,人类才能在大地上安身生活。显然,布洛陀大神来源于氏族时代的部落领袖,由神话传说中创世祖先演变而来,原本属于原始宗教中祖先崇拜的信仰层面。但是,随着壮族古代社会从氏族部落阶段向相对统一的民族地方国家制度发展,壮族麽教逐步把布洛陀确立为该教的至上神,成为壮族民众和麽教信徒顶礼膜拜的偶像。在各地壮族布麽传承的麽教经书中,不管是用于何种麽教仪式,几乎每一章经书的开头都先重申"三界三王制,四界四王造",强调布洛陀的开天辟地创造人类万物之功绩,彰显其地位之尊贵和神圣。而每当经书中叙唱到需要解决的难题时,则必须"去问布洛陀,去问麽渌甲",然后是"布洛陀就答,麽渌甲就说",于是问题迎刃而解,人间和美如初。广西田阳县坤平乡布麽黄跃飞收藏的《麽兵棹座启科》"浪麽布洛陀"一章是这样唱的:

> 三界是三王安置,几样是几个王创造。
> 又说布洛陀,又讲麽渌甲,
> 懂得整合管理天下,祖公会想会算,
> 所有天下地方民众,前辈人男女老少,
> 哪个人不请教过?哪家人不询问过?
> 问祖公才成为君子,问祖公才成为主人。
> 安排鬼神吃供品,安排鬼神吃肉,

> 千个鬼神是祖公安排，万个鬼神是祖公造，
> 千条河溪是祖公造，万方百姓是祖公管，
> 聪明不过城隍，乖巧不过盘古，
> 聪明不过圣人，他们还是来请教布洛陀。

由此可见，布洛陀在壮族原生型传统民俗麽教经书里，是其主神，请神时就得先请他，以后才请到别的神祇。但在道公所做的大型仪式中，只在《诸神赞》中提及，没有专门的经文和科仪。可见在道家文化转化的过程中，还未很好地消化，尚未明确其位置，只是笼统地认为布洛陀是壮族始祖神，不能不请。此外，道公还供奉有壮族的地方保护神莫一大王。道公唱本《三请还愿经书》专门写道：

> 泰奏到河池亭州公华大庙，拜请敕赐通天圣帝莫一大王。

据刘锡蕃《岭表纪蛮》载，莫世忍随文征战，亦以战功为刺史，于明洪武年间受封庆远南丹军民安抚司。这种将历史上有功德之人视为保护神的做法，各民族大同小异。

社王和灶王分别是壮族信奉的护村神和守家神。过去壮族村寨都立有社庙，一般都建在村头大树下。全村人在每年春秋社日都要集体祭祀社王。农历二月初二春社许愿，祈求社王保佑风调雨顺，五谷丰登，六畜兴旺，老少平安；八月初二秋社还愿。道公所举行的大小仪式都有祭社王这一程序，而且是安排在请祖师完毕，立即去祭本地社王，所谓"人到村头问村主，鬼到村头向社王。"不祭社王，亡人灵魂就无法进法坛。这里的社王都是本村神，而非后土。另外，壮族每年腊月二十三有祭灶王的习俗，祭以三牲及饴糖，谓饴糖胶嘴，使灶君无法奏人之过。道公在这些民间习俗的基础上，整理有《灶王府君真经》和《灶王宝忏》各一卷，在举行仪式时，除了用三牲果品祭

祀之外，还要安排专场祭灶王诵经拜忏，以示虔诚，确保仪式成功。

纵观道公的信奉对象，可谓是道教神、佛教神和壮族地方神和谐相处的多神大家庭。道公由道家思想转变而来，所以道教的"三清"尊神稳居于最高位。同时，为了满足底层民众超度亡者的需要，又必须加入一些佛教的神灵，担负起引领亡灵摆脱苦海的职责，再加上受到壮族民俗的深刻影响，自然要把地方神和历代祖师纳入自己的神灵系统中。这种多神共奉格局的形成，除了有其深厚的历史文化背景外，还与壮族宽容进取的民族性格息息相关。正如覃乃昌教授所说："秦汉以来，壮族不仅与汉族和其他民族长期杂居，和睦相处，而且善于吸收融化汉族和其他民族先进的文化，用以丰富自己，既对汉文化有认同感，又在与民族的互化过程中求得自身的发展。"[1]

---

[1] 覃乃昌：《壮族稻作农业史》，广西民族出版社1997年版，第338页。

第二节　地域化的行规和仪式活动

道公的行规和仪式虽有不少是直接继承道家而来,其中也不乏佛教的影子,但作为一种传统民俗,承传年代如此久远,流传地域如此广阔,其地域特色是一个重要原因。正如马西沙先生在《中国民间宗教史》序言中说到传统民俗与正统文化之间的关系时讲的那样:"显而易见,这两者在历史的长流中不停地演进、转化中,多方面都有着千丝万缕的联系,而且存在着对抗、改革与创新。一方面反映了新旧关系的变动,也反映了世俗世界对民俗本身的影响,反映了社会不同阶层在精神层面上的不同意向与追求。"①

一、戒律与民俗相结合的行规

道公作为一种地方传统民俗,行规戒律虽然很少有专门的文本,也缺乏严明的执行方式,但其散布在众多经籍中的内容还是十分明确的。一是用来规范思想言行的戒律,二是各种仪式禁忌。

道公用以规范自身言行的戒律,既接受了佛教、道教的相关戒律,又融入很多壮族传统行为规范。佛教主张以信为本,以戒为师,认为佛教存世两千五百余年,其中奥妙就在于持守了佛祖释迦牟尼"以戒为师"的遗教。《摄

---

① 马西沙、韩秉方:《中国民间宗教史》,上海人民出版社1992年版,第6页。

大乘论》云:"戒为无上菩提本,长养一切诸善根。"佛教认为做坏事是犯戒,不做好事也是不持戒,以此要求信徒禁止做一切恶事,更要积极做一切善事。在净化自己的同时,也要积极利益他人。道教总体上借鉴了佛教戒律,并汲取儒家名教纲常观念制定了"五戒""八戒""十戒"和其他戒律。其中的"五戒",即指"老君五戒",第一戒杀,第二戒盗,第三戒淫,第四戒妄语,第五戒酒。《太上老君戒经》中说:"是五戒者持身之本,持法之根。善男人,善女人,愿乐善法,受持终身不犯,是为情信。"可见道教将持戒看成是修道的根本,也是道众安身立命的根本。道公以超度亡灵为天职,因此十分讲究戒度以修行自身。"戒住则僧住,僧住则法住"是道公为人处世的座右铭。一方面,道公接受了道教和佛教的相关戒律,要求信众要严守良心,诸恶莫为、戒偷戒毒、戒赌戒嫖,把是否具有高尚品德作为班子吸纳新成员的重要标准。同时,道公在戒律中加入了很多壮族传统行为规范的内容,要求信众在家要尊神敬祖,敬长慈幼,勤俭持家,尽力尽责;在外要讲情重义,忠厚老实,宽容谦让,乐善好施。对于道公,但有仪式,不论刮风下雨,不论三更半夜,不论报酬厚薄,都要随请随到,不讲条件,平时禁吃五味(狗、羊、鹅、斑鸠、猫)。所以在壮族乡间,道公人品历来被人们称道,被看成是为人处世的表率。

  道公戒律一般包含在其众多的经籍中,但也有极个别道公班子有专门的文本流传。如笔者在隆安县雁江镇和济村李承栋道公处,就收集到一本《祖传训诫》,开卷就用三字经形式写道:

> 尊天地,敬日月;慎国法,依王道;
> 孝父母,尊兄长;上谦让,下和睦;
> 好事行,恶事止;成人学,破人断;
> 高知危,满知溢;静常安,俭常足;
> 慎无忧,忍无辱;去奢华,务真实;
> 掩人非,扬人德;行方便,和邻里;

亲贤善，远声色；贫守分，富施惠；
行平等，休倚势；常克己，莫嫉妒；
心要足，除狡猾；逢冤解，积人行；
许不违，话有信；念孤寡，济贫困；
救危难，积阴德；行慈惠，休杀生；
听忠信，莫欺心；依此行，可超生。

莫道造恶不报，直待恶贯满盈；
莫道修善无应，直待善果圆成；
若有人间私语，天上听若雷霆；
不可欺心暗室，神目如电光荧；
一劝敬重天地，心香一炷晨昏；
二劝孝敬父母，堂前生佛二尊；
三劝皈依三宝，佛佛道教同伦；
四劝修齐布施，报答四重深恩；
五劝善男信女，持斋念佛看经；
六劝州县官吏，治民如水之清；
七劝救济孤滞，四生大道苦伦；
八劝富家布施，架桥砌路修田；
九劝九流技艺，三六九字同伦；
十劝广积阴德，富及子子孙孙。

以上两段的内容较为宽泛，似不专为道徒所拟。但文字工整严密，对道徒言行做了具体规范，故被该道公班奉为戒律，每逢接纳新徒，即令众弟子诵读。

道公的第二类教规即各种禁忌。禁忌是一种带有普遍性的文化现象，国际学术界称之为"Tboo"或"Tabu"。按许慎《说文解字》的解释,"禁从示,林声,吉凶之忌也","忌,憎恶也,从心,己声。""禁忌"合成一个词,即表示根据神灵的憎恶来决定自己的所作所为,哪些该做,哪些不该做;哪些能做,哪些不能做。能即"行",不能即"止"。在宗教学意义上,禁忌本质上是人们信仰和崇拜神秘异己力量和神圣对象的一种宗教行为,体现为对自己行为上的限制和禁戒规定。道教禁忌是在我国上古原始宗教禁忌的基础上发展起来的。原始人类在与自然界作斗争以求生存和发展的过程中,由于认识和能力的局限,将遭受这样或那样的损失和失败归因于触犯神灵发怒而罹祸。"在原始社会中常流行各种不成文的习惯性宗教规则,规定经过何种仪式方可接触禁忌,未经仪式而接触者须受何罚,以及经过何种仪式可以洗除玷污等,于是产生了禁忌。"① 正如当代英国著名宗教学家凯伦·阿姆斯特朗所说:"禁忌规定一方面是为了避免危险,同时又是社会成员必须无条件执行的无上命令,是人对神圣承担的义务。"② 在她看来,禁忌是原始宗教的重要内容,不仅具有习俗的性质,还具有"法"的功能,人们必须在日常生活中无条件恪守,违者将要遭到神灵的惩罚。道教禁忌的内容正是随着道教组织的形成和发展而不断得到充实完善。最早的五斗米道崇拜北斗星,从而定下禁止人们北向理发、便溺、脱衣等规矩。《老子想尔注》提出"不食五味以恣"的道戒。在长期的历史进程中,道教禁忌往往与民俗活动结合在一起。民间岁时典礼禁忌中,就有不少道教禁忌的内容,如正月初九是道教玉皇大帝诞辰日,禁忌将不净之秽物拿出室外和屠宰家禽;农历二月初二是龙抬头的"中和节",禁忌推磨;农历五月十三日是道教俗神关圣帝降神日,禁忌磨刀;农历五月十六日为天地玄气造化万物之日,禁忌酒色;农历六月二十四日是雷神诞辰日,禁忌食荤,屠宰罢市;农历七月十五日是中元地官诞辰日,禁忌出门远行,等等。这些岁时典礼禁忌,民间社会和道教组织都奉行,也分不

---

① 白振声:《民族现代化与禁忌习俗》,《民族学研究》1995年第6期,第48页。
② [英]凯伦·阿姆斯特朗:《神的历史》,蔡昌雄译,海南出版社2001年版,第69页。

清是谁受谁的影响。

道公在禁忌方面，除继承了道教所奉行的内容外，更多的是融入了壮族民间习俗的内容。这主要表现在两方面：一是日常生活的禁忌，二是主持仪式时的禁忌。日常生活方面大体又可归纳为语言类、行动类、饮食类三大类。如语言类：忌在大年初一、初二说不吉利的话，忌在寺庙、祖宗神坛前说脏话、粗口话，忌在大庭广众谈论有关鬼神的事等；行动类：忌在寺庙里、神坛前吐痰、小便，忌砍伐社庙附近的树林，忌用脚踢寺庙里的建筑物和神像等；饮食类：道徒忌吃狗肉、羊肉、鹅肉、斑鸠、猫肉等五味，忌食笼里死鸡，忌食夹生饭等。这些禁忌与壮族民俗禁忌大同小异。唯有禁忌食五味是道公至关重要的一条，据说道公如果犯了这种禁忌，主持仪式就不灵验，因此做大斋道场时，即使砍了许多羊和鹅，道公也只好白白分给附近村屯民众食用，道公班子成员是绝对不能沾边的。与日常生活中的禁忌相比，主持仪式时的禁忌相对就严格得多。无论大小仪式，道场在禁坛以后就开始封斋，即不准吃肉类和动物油等荤菜，做多少天道场就封多少天，直到开斋为止；禁忌在外出主持仪式前三天内和主持仪式期间男女同房，否则要出大事；主持仪式期间禁忌女人乱摸法师所用法器；做大斋道场时封刀后禁忌任何人乱摸刀口（指用来架刀山梯步级和砍羊用的刀），一般都用黑布包好放进皮箪中捆好。做大斋道场，道公用稻草结扎亡人像时，禁忌外人看见，往往躲到无人处扎；封斋时禁忌任何人翻看法师埋在神坛前垫桌子四角的符箓；做大斋道场斩牲结束，事主手捧亡灵像离开时，禁忌回头看；上刀山时，必须脱掉鞋袜；诵经时，必须专心致志，不能有半点疏忽或偷工减工漏掉部分；道公封坛、封刀、封水所念的咒语、签文、符箓、秘诀只传给接班的人，不能私授任何人；道公做法时所用技法（如七十二莲花指法、上刀山、过火炼、封水倒悬水瓶、脚穿着烧得通红的犁头走路、一刀砍断羊头，符文写法等）不得私授任何人。这些禁忌都是所有道公班子共同遵守的，不同派别的班子，还会有一些特殊的禁忌。道公将这些禁忌作为教规严格遵守，一是有意给仪式蒙上一层神秘的云雾，增强其庄严肃穆和神灵应验的气氛；二是借用潜意识宣扬其法力的威慑作用。此类做法虽与当今的实验科学不符，甚至是背道而驰，但对于道公长期延续是非常必要的。

二、富有地方特色的仪式活动

"仪式，是对科仪的统称，其所指的内容当比'功德'所指的要小。功德相当于斋醮，而仪式则相当于科仪。"① 道公是集道儒佛巫等诸多思想为一炉的地方传统民俗，既没有道观和寺庙，也没有出家弟子，更没有像佛教徒和道教徒那样按规定的时间在寺庙和道观里，按程序举行礼仪。道公在有人请的时候，就随叫随去为人操办超度亡灵之类的仪式，平时无事就在家务农。因此道公的仪式活动无非是道公借用道教斋醮科仪的形式，为人操办的仪式活动。仪式规模大小和持续时间长短主要由事主根据自身的经济状况决定，一般进行一个昼夜，稍大的三、五、七个昼夜不等。规模和时间确定之后，再由首领法师决定派多少位道公共同去完成此项仪式。一般来讲，规模越大，持续时间越长，需要的道公就越多，因为仪式中不仅要设置法坛和使用锣鼓伴奏，还要手持各种法器进行通宵达旦的表演和诵经，这些仪式都需要道公们分工合作来完成。但也不能多多益善，因为这里边牵涉到仪式结束后所得报酬的分配问题。道公仪式种类繁多，主要包括开丧（为亡灵开通冥路）、做斋（驱邪、酬神）、跳南堂（小孩多病、青年婚庆、老人寿日、父母入土大孝期满或夫妻无嗣之家，祈求神灵禳灾赐子，感谢神灵恩惠的仪式）、调香火（以姓氏房属为单位进行的大型祭祖活动）、游神（在某神诞日，从庙中抬出该神的塑像或画像，沿街坊、村落逐一游祭）等活动，其中以开丧仪式最为频繁和复杂。2020年5月15日—16日，笔者前往隆安县雁江镇和济村忎更屯，

---

① 陈耀庭：《道教礼仪》，宗教文化出版社2003年版，第71页。

对该屯道公林义文主持的开丧仪式进行了现场观摩和记录。2020年11月23日，笔者又应林义文之邀前往该镇红良村汪莫屯观察开丧仪式，并对相关道公进行了深入采访。现以笔者实地观察到的开丧仪式为例进行分析。

（一）仪式背景

隆安县属南宁市所辖，位于南宁市的西南部、右江下游两岸，辖城厢镇、那桐镇、乔建镇、南圩镇、雁江镇、丁当镇、屏山乡、布泉乡、都结乡、古潭乡10个乡镇，全县总面积为2306平方千米，户籍人口41.75万人（截至2023年年末），聚居着壮、汉、苗、瑶等12个民族，其中以壮族人口为主。隆安资源丰富，区位优势明显。全县耕地面积40.48万亩，林地102万亩，宜牧宜农草坡地47.51万亩，发展农林牧业前景广阔。境内主要储藏有煤、锑、铅、锌等9个种矿。著名土特产有板栗、荔枝等，享有"水果之乡"的美誉。旅游景区有省级风景名胜、南宁市十大景观之一的龙虎山自然保护区、屏山仙痕溶洞群、榜山文塔等自然景观和人文景观。南昆铁路、南（宁）百（色）二级公路、南（宁）百（色）高速公路、右江航道等穿境而过，是大西南铁路、公路、水路的交通枢纽。

笔者进行考察的具体地点是雁江镇和济村忎更屯。雁江镇位于隆安县北部，地跨右江两岸，东界城厢的敏阳，南界与城厢、南圩两镇相连，西、北部与平果县接壤，总面积121.57平方千米。自古以来，雁江镇壮族民间丧事中就有请道公主持仪式的习俗。两百多年前的1774年，由于这里水陆交通便利，地理位置独特，雁江镇开圩，很快便成为隆安县远近闻名的商埠，被褒称为"小南宁""小香港"，商业贸易活动比较发达。外地人到此做生意的同时，也带来了诸多民俗文化，如丧事习俗，一些丧事习俗为当地道公采纳并运用。

雁江镇传统民俗职业者有道公、师公和巫婆。道公主持的开丧仪式也称超度仪式或开冥路道场，壮语叫"故给陆"（Guh hailoh），意为打开道路的道场。当地大凡36岁以上（壮族认为人满36岁，死后可以上香火台）的人，在家里正常病死、老死，都得请道公做一到三晚的开丧仪式，念上百卷经超度，以期为新亡人灵魂开通由地狱去往极乐世界的冥途。

（二）仪式过程

从笔者两次对开丧仪式的观察看，整个仪式主要包括请师请佛、发关拜表、祭拜天地、请水回坛、净坛封斋、诵经唱忏、斩牲替罪、上刀山过火炼、祭棺荐亡、送佛拆坛等十道科仪。

请师请佛：这是开丧道场的首项仪式。之前须按法坛的规格布置好庄重的法坛及法坛内外所有的摆设，挂好神像，摆好供品，准备好三牲，焚香明烛，孝男孝女合家亲眷集聚法坛前。待时辰一到，林义文法师一声高喊："一二三四五，金木水火土；若要请师到，起手动锣鼓。"于是锣鼓喧天，螺号齐鸣。随后众法师齐诵《请师经》，恭请祖师，上至元始天尊、灵宝天尊和道德天尊的"三清"，下至前传后教的师父，包括还活着的阳师。请师时在法坛前的神案上供上熟鸡一只、猪肉一刀以及酒饭等。还有活鸡一只置于案台下边，待仪式结束后带回去敬祖师，请师意为请祖师来指导仪式的举行，以顺利办好开丧仪式。请罢祖师，接着是请佛，因为佛不吃荤，便撤掉鸡、猪肉之类的供品和酒饭，摆上瓜果五供。然后诵《请佛经》，请三宝，从释迦牟尼到阿弥陀佛、观世音菩萨等，请诸佛降临法会盟证，超度亡灵上西天。

发关拜表：法师将事主的愿望和请求写成表文，诉诸神灵。法师诵《引路表文》，由孝男跪着手捧簸箕，内盛些许白米，按天德利方决定朝拜方向祭拜（哪个月利哪方即拜哪方）。诵毕将梵表放在簸箕中，意在召请诸佛到来领亡灵上西天。表文是"以事人之道事天地神祇"。事先已按格式写好，待到用时填上事主姓名及亡灵情况即可。表文开头是说明此表文乃道家善士××代事主上奏；正文是向神灵陈述事主身份及何时何地为何人举行道场，赞颂接受表文神灵名号及神迹功德，祈求神灵接受请求，开恩赐福，超度亡灵早升仙界；落款为年月日。从文体和语言角度看，所采用的是比较严肃庄重的骈文形式和接近白话文的文言文，读了令人产生肃然起敬的敬畏心理和深邃神秘之感。表文是交由四大功曹传送的，因此还要诵功曹牒文。诵毕，化冥币和表文。以下为《引路表文》全文：

引路表文　伏以

冥逢渺渺，凭佛力以逍遥；引路茫茫，赖成恩而快乐；德重如山，感孝情而永别；恩深似海，历古而不忘。口诵蓼莪之章，生我劬劳难报。钦秉

释迦如来，金轮门下，应缘弟子奉命仁天，叨行加持，为度亡仪式，善士××代为孝男诚惶诚恐稽首俯伏百拜上言

即有婆婆世界，南瞻部洲，奏为今据中华国广西省××县××乡（镇）××村××屯所属××社王祠下

奉佛修供，秉烛焚香，为开通五方冥路，阳上孝男×××，右暨合家眷等，即日沐手焚香，一心皈叩，冒干

佛座证盟，愿舒慧目之光，俯察凡情之恩，谨伸意者，伏维先（新）故父（母）一位灵魂，原命生于××××年××月×日×时，建阳寿×有××岁，盖谓风前之烛，难保久远之光；瓦上之霜，岂有常存之生。不幸殁于××××年××月××日××时，在堂内（正）寝告终，倏归泉路，迭入幽冥。三魂一去不回，七魄千秋而永别。孝等痛念父（母）兮，无由可报答，是以虔诚备五供，宝烛凡仪，谨卜于本月××日，恭就家堂，开坛进表，迎请

佛驾光临，证盟功德。接引亡人，早往西方，三条幽路。法师指引，交付亡者，谨明在心。上有一条登三十三天界，中有一条即往西方，下有一条透入地狱之门。若遇关津卡口，恶鬼凶神，魑魅魍魉，不得阻误亡魂，若有违者，定奏三宝如来，证盟作主。法律诛斩魍魉凶神，祈保亡灵早登净土，得赴明邦，谨具表文百拜上奏南无西天教

主,度亡阿弥陀佛菩萨,青莲座下,呈进伏愿大放慈悲,提携亡灵,早登龙华胜会,荐亡以后,更祈家门清吉,老幼人眷均安,阴阳两利,富贵双全,蒙佛祖之鸿恩,孝情不尽,哀求须致,谨表上叩,以闻

××××年××月××日吉时表文上申

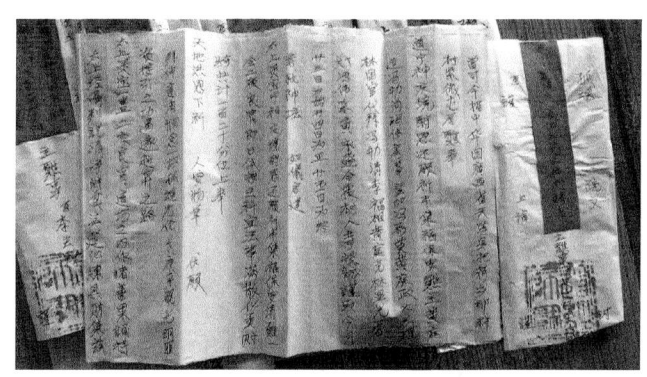

图2-9 引路表文
（2020年5月15日拍摄于雁江镇和济村忑更屯）

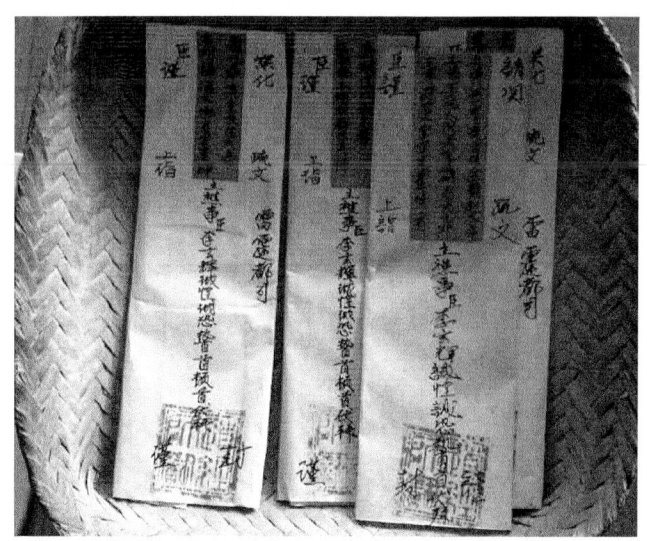

图2-10 表文封套
（2020年5月15日拍摄于雁江镇和济村忑更屯）

祭拜七佛天地：七佛即毗婆尸佛、尸弃佛、毗舍婆佛、拘楼孙佛、拘那含佛、迦叶佛和释迦牟尼佛等七位佛祖，请他们降临法会，证盟仪式。法师率领众人移步庭院祭拜天地，选一个平展的地方，供上五碗米、五杯茶，摆上五供瓜果，明烛焚香各五支，然后吟诵《谢天地》"一报天地盖载恩，二报父母养育恩，"向东南西北中五个方位朝拜，行三跪九叩大礼。从《谢天地》的经文看，又没有太多涉及天地神祇的内容，而是将纸帛冥财银锭，在天庭位前火化，奉与东方阿众佛、南方宝成佛、西方无量佛、北方成就佛和中央毗卢佛。"愿慈悲垂加护，一谢天恩及地恩，二谢国王水土恩，三谢日月诸圣恩，四谢爹娘养育恩……请佛荐亡者早升天去。"

图 2-11　祭拜七佛天地
（2020 年 5 月 15 日拍摄于雁江镇和济村忑更屯）

请水回坛、净坛封斋：壮族有"过火则好，过水则净"的民俗。凡参加送葬仪式回来的人，都要在事先焚烧的火堆上跨过去，在事先备好的一盆水中用柚子叶象征性地洗一下手，意在去邪除魔，平安无事。在道公的道场上，尤其重视净坛、斋戒沐浴。净坛须用请回的圣水，由掌坛法师率众道徒及事主敲锣击鼓，到本村码头或泉水处，做请水科仪，用活鸭一只、熟鸡一只等供品在水边供上，诵《请水经》，然后将请水表文置稻草上放入河中一同燃烧火化，由法师象征性地从河里用净水瓶取回些水，作封斋、净坛用。封斋意在禁止阴间各种妖魔鬼怪随意闯入法场破坏仪式，防止任何有恶意的人蓄意干扰仪式。由法师念罢《请师经》后，在锣鼓声中，法师念封斋咒，由道童踏着鼓点，跳着三罡步，用清瓶中之圣水洒向法坛各方向各角落，然后将一只盛满圣水的宽口瓶用白布一方扎住口子，倒悬于法坛中央，直至道场结束，滴水不漏。接着念咒，将五张符箓分别压到法坛前地毯的四个角和中央。最后要道场内所有人员，包括来帮忙的杂工，都象征性地喝上一小口揉有柚子叶的圣水，并且从此开始到仪式结束前，不准吃荤菜，男女不得同房，这叫斋戒。

诵经唱忏： 这是仪式的核心步骤。主持仪式的目的就是通过诵经唱忏代亡灵忏悔，洗去罪孽，了却恩冤，然后随神佛轻松去往极乐世界。经过前面的几道程序后，表明所请的祖师佛祖神灵都被操办仪式的事主的虔诚所感动，该请到的神灵都会降临来证盟法会。于是由法师举行请经科仪，诵《请经经》。早上请的是经，晚上请的是忏。经与忏是配对诵唱的，诵什么经就唱什么忏。所请的经忏视事主的请求和时间而定。如果超度的是一位亡灵，一般一天一晚可诵二百至三百卷。所谓卷，即每种经诵一遍为卷。一般诵的经文有《心经海会真经》《三官赦罪真经》《灶王消灾真经》《太阳真经》《报恩报答真经》《解冤解仇真经》《高王救劫真经》《十王超升真经》《法华经》《观音救苦救难真经》《观音梦授真经》《弥陀接引真经》等十多部，男的加诵《金刚经》，女的加诵《血盆产难真经》。一般一个道场诵多少经，须用诵经牌列请供在法坛上公示。法师诵经唱忏不齐读一本经，而是分头诵唱，不然完不成定额。但诵经唱忏有严格的要求，要端正坐直，不可东倒西歪，东张西望；要心平气和，清静无邪念；要用心来念，一个字一个字吐音清清楚楚，不得随意加字减字漏字；要声音响亮，流利顺畅，不得随意停顿，等等，否则心不诚则神不灵，祖师会怪罪。诵经唱忏毕，要举行缴经和缴忏仪式，十分虔诚严肃，不得有半点马虎。从事主的角度来说，诵经的卷数越多，表明对神越虔诚，对已亡故亲属越孝敬，自己也会获得更多的保佑。所以有条件的家主，都愿意为自己的亲人多诵些经卷。从道公的角度来说，读经的态度越认真，所做的仪式越成功，道公班子的威信也会越高，所以道公们读经都十分用功，不敢敷衍。法师诵唱的方法和调子各地都不甚相同，可以说是各师各教，八仙过海各显神通，各具特色。但总体上说，各种腔调都十分和顺悦耳，具有迂徐雍容的风格。由于经文大部分来自经典，不少译名都比较拗口难读，有的经文是用半文言写的，读起来比较费劲，因此许多道公班都采用加衬字或拖音尾的办法加以调整，使之更符合节拍，听起来也更优雅。

图 2-12　念诵道经
（2020 年 11 月 23 日拍摄于雁江镇红良村汪莫屯）

斩牲替罪： 壮族古老宗教观念认为，殇死现象有一脉相承、遗祸后代的规律，因此，凡给非正常死亡的人超度亡灵时，必须举行砍殇仪式，意为砍断殇脉，斩断冤孽，杀死殇鬼，勿使灾精延及后代。一般男性亡灵用羊替，女性用鹅替。此举在道教、佛教典籍中均无记载，倒是在犹太教、基督教《圣经》中记载有"替罪羊"的故事。据《旧约圣经·利未记》载："古代犹太教以每年住棚节前五天为赎罪日。是日清晨，由大祭司举行赎罪祭，杀公羊两头，一为赎自己和众祭司之罪，一为赎民众之罪，并洒羊血于约柜赎罪板上。最后大祭司把双手按在另一公羊身上，诉说自己和民众所犯之罪，表示全民族的罪过已由该羊承担，然后把羊逐入旷野沙漠，意为众人之罪已由此羊负去，故名替罪羊。"① 道公是否从此得到启发，不得而知。但是羊在古代是六牲之一，从周代开始即有用以祭祀月神的羊牲，与祭日神用的牛牲相对应。祭祀山神亦多用羊牲。许多少数民族宗教中都有用羊祭祀社稷等神灵的。道公砍羊则不是单纯的祭祀用，而是当替罪羊用。斩羊牲时，先由法师在刑场临时搭建的神坛前诵《替度经》，奏表文，祭砍刀等刑具。孝男手持灵位牌，扶着亡灵模拟像骑在羊背上等候受刑。行刑时辰一到，刽子手将亡灵的生辰八字用木棍塞进羊的嘴巴里。掌坛道公高唱："此羊不是非凡羊，常年四季走高山，孝男有钱买得你，替度亡人脱幽关。""因离阳间饥着寒，替度亡人脱幽关，老者得达逍遥路，幼者随佛往西方。""早往西方路，愿度不愿度？"众人答："愿度！""早往西方去，愿替不愿替？"众人答："愿替！""早往西方去，愿替替谁人？"众人答："愿替先故××早往西方仙界。"掌坛道公于是发令："愿替就一刀砍，刀断，断不断？"众人答："断！"此时刽子手举起手中大砍刀，手起刀落，一只硕大的羊头被一刀砍断。掌坛法师将羊头交事主用一瓦罐装好，拿到荒郊掩埋，孝男放一挂鞭炮，带上亡灵像及灵位牌跑回灵堂安放。这一科仪颇具戏剧性，前来观看的群众很多，人们一是看热闹，

---

① 宗教词典编辑委员会编、任继愈主编：《宗教词典》，上海辞书出版社1981年版，第993页。

二是抢被砍的羊回去一饱口福。事主和道公都禁忌吃替罪羊，只好无偿分给乡亲父老。羊必须一刀砍断，殇脉才断得干净，仪式才算成功。如一刀砍不断，俗谓孽根未断，仪式还得重新做过。

上刀山过火炼：这是道公在斩牲替度之后安排的一场重要科仪，亡灵虽有替罪羊替度，但从地狱到西天仙界仍有漫长的路要跋涉，其间仍充满艰难险阻，要经过上刀山、过火炼、闯十殿、过奈河桥，方能到达极乐世界。这刀山即第一个险恶的关口。查《佛学大辞典》"刀山"条云："刀山，刀剑之山。地狱之难处也。《千手经》曰：'我若向刀山，刀山自摧折；我若向镬汤，镬汤自消灭。'《往生要集》曰：'牙如剑，齿如刀山。'"① 显然刀山属地狱中一个十分险恶的山口。道公从什么时候开始把它演化成科仪，无从考证。但清人杨恩寿在《坦园日记》中有载："同治四年（1865 年）十一月，（在北流市）……午后，万人祈醮坛有巫师演刀山法，缚薄刃如梯，老巫戟手指画，按级而登，足趾不损；老巫下，众人随而上，皆若升梯状。"② 由此可知，上刀山之法至迟在清同治年间已流行于南方民间。做法也已基本定型，即用刀刃作梯，先是法师爬，然后众人跟着爬。但笔者查阅道教的"三斋七品"，乃至《道门科范大全集》《太上黄箓斋仪》等典籍，均无刀山法之记载。这显然不是从道教那里继承来的，而是与壮族古老宗教仪式有关，古代巫师早有用刀剑作为镇魔驱邪的法器，壮族民间亦有狮子上刀山的游戏。上刀山当是道公借用佛教刀山之说和古老宗教观念与壮族民间习俗结合演绎而成。其意义有三：一是借以说明地狱之苦和挣脱地狱之难；二是显示道公法力无边，敢于率众上刀山，过火炼，大有"我若向刀山，刀山自摧折；我若向镬汤，镬汤自消灭"之英雄气概；三是考验孝男有没有带领亡亲上刀山，脱离苦海的勇气和毅力，有没有甘冒被锋利的刀刃割断脚也要把亡亲的灵魂背上刀山，脱离苦海的决心和胆略。这确实需要有足够的胆识和勇气。正如《坦园日记》所描述的那样，

---

① 丁福保编纂：《佛学大辞典》，文物店出版社 1984 年版，第 137 页。
② 《壮族百科辞典》编纂委员会编：《壮族百科辞典》，广西人民出版社 1993 年版，第 339 页。

刀山有九把磨得锋利的刀剑，刀刃向上，缚成刀梯，约三四米高，事前经过封刀的法力处理，在每把刀刃上都贴上薄薄的一张符，上刀山之前，道公又念刀山符，在上刀山之人的脚板底画上符，印上三宝大印，然后由道童背着祖师灵位牌先上，跟着各孝男背着亡亲灵位牌上。道公上刀山时，为了显示刀刃的锋利和法力的广大，还特意在每把刀的刀刃上垫上一扎符纸，当道公的赤脚踩上去时，符纸被刀刃平整割断分为两片，如雪花飘然落下，而赤脚却安然无恙。如果说道公是精通什么轻功之类的法术而无碍，那么无论是大人小孩、男人女人，从未经过任何训练，赤着脚踩着锋利的刀口，登上几米高的刀梯也安然无事，确实有些令人费解。这一科仪很具有观赏性，上刀山这一天，远近的许多村民都跑来观看，看着一个个背着亡亲灵位牌的孝男跟随道公爬上刀梯，围观者无不毛骨悚然，为之捏一把汗。过火炼，又称过火海，是道教炼度科仪的核心部分。成书于五世纪以前的《灵宝无量度人上品妙经》中即有"死魂受炼，仙化成人"之说。佛教密宗也有水火之说，佛典谓地狱曰火途，畜生曰血途，饿鬼曰刀途。又有火车地狱，此地狱有铜镬，纵广四十由旬，中满盛火。伊斯兰教亦有火狱之谓，认为这是一个充满烈火的火海，居于其中的人，颈系枷链，受大火烤炙，受尽痛苦和折磨。它有七层，是叛教者和经末日审判后确认的作恶者后世生活的归宿。道公举办仪式悬挂的十殿画像，其中就有亡魂颈系枷链受大火烧炙和放入蒸笼中蒸，鬼卒在灶门猛捐大火的情景。道公过火炼应当是吸收佛道等宗教的火狱之说，加以改造而形成的科仪。过火炼安排在上刀山之后，紧接着进行。过火炼之前，先由事主在道公指导下挖一个深约一尺、宽约三尺、长约一丈二尺的土坑，在坑内填满木炭并燃烧成熊熊烈火。待火势稍弱，法师开始在地藏坛前诵《雪山经》，并用雪山咒做法，说是将雪山神请来为熊熊燃烧的火炼降温。此时每隔几分钟，道童又在火炼上丢张符（实际上是探火势），时辰一到，由道公手持一只活鸡，道童持一只活鸭，从不同方向交叉走过火炼，随后由一道童撑一把雨伞，手捧祖师牌位，率领着手捧亡亲灵位牌、打着赤脚的众孝男走过火炼。尽管炭火已有些黯然，但温度还是很高，而众人却安然无事。

图 2-13　过火炼
（2020 年 11 月 23 日拍摄于雁江镇红良村汪莫屯）

祭棺荐亡：这是给新故亡灵主持仪式的最后几道程序。经过一两天早诵夜忏，完成了所许愿诵经的卷数后，开始荐亡，意为向诸佛众神引荐新故亡灵，诵《荐亡》。法师边给亡灵奠酒边唱经，先是代表法师致意，接着是代表孝男致意。唱词通俗易懂，凄凄楚楚，扰得整个道场哀声四起，十分感人。《荐亡》唱词如下：

　　　　叹父第一句，儿脸红似火。
　　　　咱父病不好，立即报舅舅。
　　　　见父要断珠，内心很着急。
　　　　叹父第一句，儿脸红似火。
　　　　上村嘱伯母，下村嘱姨妈。
　　　　咱父病不好，立即报舅舅。
　　　　叹父第二句，担心心已浮。
　　　　开口问咱父，我扔你们了！

男孩和女孩，如何救父亲？
叹父第二句，担心心已浮。
女儿回家里，眼泪自己流。
开口问咱父，我扔你们了！
叹父第三句，问不应不认。
父亲死归阴，心痛到心头。
男孩心也急，女孩心也烦。
叹父第三句，问不应不认。
父死儿心乱，全家哭出声。
父亲死归阴，心痛到心头。
叹父第四句，担心满肚子。
儿灵桌下哭，声声唤父亲。
父亲死床上，洗身母担心。
叹父第四句，担心满肚子。
兄弟拿进棺，请师度亡灵。
儿灵桌下哭，声声唤父亲。
男孩和亲生，死收集行当。
挺身两手垫，要木板垫尸。
要布匹盖脸，眼泪流不停。
男孩和亲生，死收集行当。
叔父也来探，伯父也来看。
挺身两手垫，要木板垫尸。
我父生男孩，得送终挺身。
我父生女孩，棺材下鸣咽。
十年才来想，儿会记恩情。
我父生男孩，得送终挺身。

报丧人来到，也呜呜地哭。
我父生女孩，棺材下呜咽。
叹父第五句，灵桌前下跪。
赔父亲恩情，放声呜呜哭。
亲戚来上香，孩子心凉透。
叹父第五句，灵桌前下跪。
因天上除簿，不得活千年。
赔父亲恩情，放声呜呜哭。
叹父第六句，肚落珠纷纷。
棺材在房中，子孙齐守孝。
穿白衣行孝，眼泪扑簌簌。
叹父第六句，肚落珠纷纷。
杀只鸡祭头，眼泪扑簌簌。
棺材在房中，子孙齐守孝。
叹父第七句，扔下子孙去。
做工回到家，叫哪个做父？
父死在房中，孩子失声哭。
叹父第七句，扔下子孙去。
进到家门口，叫我父不应。
做工回到家，叫哪个做父？
叹父第八句，如小牛离母。
下雨打大雷，水淹我父亲。
父还在房中，带孙轻轻讲。
叹父第八句，如小牛离母。
瓦房你不住，出屋外去睡。
下雨打大雷，水淹我父亲。

叹父第九句,丢米粒不吃。
往后春又春,丢小儿不管。
道拿幡逍遥,招父进阴府。
叹父第九句,丢米粒不吃。
三只佛救苦,召父亲上天。
往后春又春,丢小儿不管。
叹父第十句,萤火虫满天。
送父到仙山,千年不回来。
送父亲上山,当雷王山魅。
叹父第十句,萤火虫满天。
拿壶酒带路,父走儿心凉。
送父到仙山,千年不回来。
送父到山上,泥盖脸长草。
四块板入坑,丢下小孤儿。
家苦也不争,辛苦了孤儿。
送父到山上,泥盖脸长草。
扔贵儿贱儿,到露天去睡。
四块板入坑,丢下小孤儿。
小儿和大儿,哭找我父亲。
节气日子里,别人屋檐站。
到吃饭时间,在门口等你。
小儿和大儿,哭找我父亲。
在热天雨天,没有人照顾。
节气日子里,别人屋檐站。
儿叫父不应,到别人家问。
从今天往后,不见父亲脸。

戴大小斗笠，到露天去问。
儿叫父不应，到别人家问。
从今天往后，不知哪天回？
从今天往后，不见父亲脸。
从今天往后，不见父亲面。
如走村赶圩，去一会就回。
从今天以后，哪天才回来？
从今天往后，不见父亲面。
三更醒过来，想到眼泪流。
如走村赶圩，去一会就回。
到节气日子，女儿回娘家。
提肉进厅堂，没讲眼泪流。
咱父如果在，出门口来接。
到节气日子，女儿回娘家。
睹物思父亲，想到父讲话。
提肉进厅堂，没讲眼泪流。
烧一对衣服，眼泪纷纷落。
烧衣服给鬼，让他换新装。
妇女和男人，脱彩衣求福。
烧一对衣服，眼泪纷纷落。
咱活在天下，身臭凡间气。
烧衣服给鬼，让他换新装。

如果说前边所有道场科仪大部分是借用道教形式和佛教经典进行的，那么这一场则完全是按照壮族原始丧葬习俗来组织仪式。因此在整个仪式中，这是一场很典型的壮族化了的道场科仪。从形式上看，它学习了道教黄箓斋施食科仪形式。道教经典《灵宝领教济度金书》称:"诸鬼神久处幽阴,形体饥渴,想念世间饮食,无顷刻忘。故施食一事,所以慰其想念,济其饥渴。"①施食科仪就是向各类孤魂饿鬼布施经过施法变化的法食以超度亡魂。道公在学习道教施食科仪时,在保留了向各类孤魂饿鬼布施情节的基础上,增加了向亲人亡灵奠酒告别的仪式。这使科仪更加拉近了事主家眷的感情距离,通过给亲人奠酒这一举动,在情感上起到了一触即发的功效。从内容上看,它又学习了佛教的焰口说。佛教也有施饿鬼之说,即焰口。查《佛学大辞典》"焰口"条云:"焰口饿鬼名。阿难独坐静室,其夜三更,见一饿鬼,名焰口,身体枯瘦,咽如针,口吐火焰。告阿难曰,劫后三日汝命尽,将生死饿鬼中。阿难恐,问免苦之方便。饿鬼曰,汝明日为我等百千饿鬼及诸婆罗门仙人等,各施一斛食,且为我们供养三宝,则汝得增寿,我得升天。阿难以白佛,佛即说陀罗尼曰,诵此陀罗尼,能使无量百千施食充足。"②尽管在学术上关于施饿鬼之说是否是受佛教的影响还有不同的说法,但是道公在消化吸收两教施布说的教义时,又加上了壮族道德教化的内容,即"羊有恩爱之礼,酒有奠谢之杯"。在奠酒词中,经文用回忆亡灵 生的大手笔,概括了人世的方方面面和各种恩恩怨怨,今天终于可以撒手人寰,泯灭恩怨了。"鸟之将亡,其鸣也哀;人之将死,其言也善。"在这样的一种氛围之中,让人的灵魂受到一次净化,懂得感恩,学会宽容,芥蒂之心冰消雪化,怀念之情油然而生。每每到奠酒之时,即使是个性再刚毅的人,也无法控制住自己的情绪,喉头哽硬,眼泪夺眶而出,这充分体现了道公道德感化的力量。奠酒词如下:

> 孝男跪敬酒,提来满瓶酒。
> 跪在灵床前,哭我父三声。
> 盏盏都倒满,瓶跟瓶拿来。

---

① 《道藏》(第八册),文物出版社1989年版,第820页。
② 丁福保编纂:《佛学大辞典》,文物出版社1984年版,第137页。

孝男跪敬酒，提来满瓶酒。
叮嘱众师道，暂别打鼓铃。
跪在灵床前，哭我父三声。
请父喝这杯，三清来证明。
请父喝这杯，三清来引路。
妇女和男人，卸彩行孝义。
请父喝这杯，三清来证明。
师和道超度，送上天庭路。
请父喝这杯，三清来引路。
敬第一杯酒，洒多少泪水。
父死进阎罗，闭眼扔亲人。
也想做工吃，天上要得急。
敬第一杯酒，洒多少泪水。
死丢下田地，留池塘稻田。
父死进阎罗，闭眼扔亲人。
在狱灶烧衣，眼泪纷纷落。
死后丢孩儿，进阴间不回。
妇女和男人，卸彩衣求福。
在狱灶烧衣，眼泪纷纷落。
师和道超度，送上天庭路。
死后丢孩儿，进阴间不回。
请父喝这杯，泪下溪不回。
请父喝这杯，对不起父亲。
妇女和男人，卸彩衣行孝。
请父喝这杯，泪下溪不回。
师道来超度，送上轮回路。

第二章 多元融合——道公文化的构成体系

请父喝这杯，对不起父亲。
敬第二杯酒，眼泪淋淋下。
死后丢孩儿，进阴间不回。
送上天堂路，叫孝男来跪。
敬第二杯酒，眼泪淋淋下。
在狱灶烧衣，眼泪淋淋下。
死后丢孩儿，进阴间不回。
被绑或戴枷，就找钱去赎。
父死进阴府，各处不见名。
赶集或串村，今晚就回来。
被绑或戴枷，就找钱去赎。
因北斗七星，天上除命簿。
父死进阴府，各处不见名。
请父喝这杯，送上金桥路。
请父喝这杯，去逍遥快乐。
父来到田野，鼓锣嘈杂响。
请父喝这杯，送上金桥路。
师和道超度，送上金桥路。
请父喝这杯，去逍遥快乐。
叮嘱众男孩，别忘父母情。
母千抱万护，从没忘记你。
咱父死进棺，造车祭赔情。
叮嘱众男孩，别忘父母情。
母睡在湿地，子睡在干地。
母千抱万护，从没忘记你。
叮嘱众子孙，整装跟公婆。

烧纸钱送行，过后会还恩。
交亲戚朋友，个个都成家。
叮嘱众子孙，整装跟公婆。
你们用钱财，以后别相骂。
烧纸钱送行，过后会还恩。
叮嘱众隔壁，家当要分明。
判决要公平，双方心才愿。
别让小吃亏，别让大上当。
叮嘱众隔壁，家当要分明。
一家靠家长，三祖凭阴阳。
判决要公平，双方心才愿。
叮嘱众男孩，死后不得回。
家人别吵闹，影响村里人。
田地父分好，有人多人少。
叮嘱众男孩，死后不得回。
家当你们承，父母手脚造。
家人别吵闹，影响村里人。
叮嘱众媳妇，要善侍公婆。
富家或贫家，别亏待公婆。
用多少钱财，放多少酒肉。
叮嘱众媳妇，要善侍公婆。
用心做斋事，守善才是好。
富家或贫家，别亏待公婆。
媳妇别骂母，母娶媳妇来。
一送养身钱，二来养你夫。
媳妇如多嘴，不停说婆婆。

媳妇别骂母，母娶媳妇来。
如果婆婆骂，是偶尔生气。
一送养身钱，二来养你夫。
叮嘱众女儿，别留话心中。
往后生小孩，别忘父母恩。
听到父要走，放声呜呜哭。
叮嘱众女儿，别留话心中。
你们到巷外，孩子纷纷来。
往后生小孩，别忘父母恩。
嫁到好人家，年年一担礼。
嫁到恶人家，挖岳父要财。
爱就包粽子，勤就做汤圆。
嫁到好人家，年年一担礼。
午饭晚饭时，大咧咧来到。
嫁到恶人家，挖岳父要财。
嘱干子亲生，吵别骂岳母。
妇女嘴巴利，岳母不跟来。
坏多少尿布，烂多少垫子。
嘱干子亲生，吵别骂岳母。
偶尔骂一句，她就不停闹。
妇女嘴巴利，岳母不跟来。
嘱认儿亲儿，父爱多不少。
爱就爱一辈，别做未了情。
道士开命书，求取姓名讳。
嘱认儿亲儿，父爱多不少。
大小竹叶子，多少都用了。

爱就爱一辈，别做未了情。
母亲坐月子，吃有千般忌。
现在她过世，咱要跪赔情。
吃什么杂毒，母就自己瘦。
母亲坐月子，吃有千般忌。
芥菜她忌食，牛肉她忌口。
现在她过世，咱要跪赔情。
别和母吵嘴，母生儿辛苦。
别和母争吵，母生儿辛苦。
要去田和地，背多背带腐。
别和母吵嘴，母生儿辛苦。
坏多少盆布，烂多少盆垫。
别和母争吵，母生儿辛苦。
我父今晚走，别李花桃花。
我父今晚走，别兄弟姐妹。
花儿长菜园，分叉开两簇。
我父今晚走，别李花桃花。
孤儿留伯父，小儿留伯母。
我父今晚走，别兄弟姐妹。
我父今晚走，留门给姑父。
我父今晚走，让房中荒芜。
妇女和男人，死了不再回。
我父今晚走，留门给姑父。
丢孤儿在后，成稗草树丛。
我父今晚走，让房中荒芜。
叮嘱众孩子，你们别吵架。

同一母所生，有贵也有贱。
如果有事情，同用心打算。
叮嘱众孩子，你们别吵架。
兄长来打算，弟妹来出力。
同一母所生，有贵也有贱。
嘱亲戚朋友，父成害羞人。
没有眼睛看，去巡六夜圩。
妇女和男人，死后不回来。
嘱亲戚朋友，父成害羞人。
北斗星除名，才前晚过世。
没有眼睛看，去巡六夜圩。
嘱岳父岳母，别说我忘记。
父死进阴间，从没忘记过。
也想做工吃，因为天上害。
嘱岳父岳母，别说我忘记。
父亲死就算，还要看舅舅。
父死进阴间，从没忘记过。
今天棺在家，子孙一起跪。
明天棺入地，到节气才回。
父死不得回，没地方问他。
今天棺在家，子孙一起跪。
子十分爱父，烧金钱赔义。
明天棺入地，到节气才回。
敬第三杯酒，断房上栏下。
叮嘱众亲人，别断了恩情。
师和道超度，送上天堂路。

敬第三杯酒，断房上栏下。
父死进阴间，没有来往话。
叮嘱众亲人，别断了恩情。

奠酒结束，接着由法师念起棺咒。法师一手拿只公鸡，掐鸡冠，用血在棺木上画符，一手拿三支点燃的香，咒曰："此鸡灵，此鸡灵；今日用此鸡起棺亲，当初董元有钱买得你，也是用师起棺亲；今日孝男有钱买得你，也是用师起棺出门庭。吾奉太上老君急急如律敕令！"再用鸡血于棺木四角画"佛"字，将鸡交给助手。法师接着将手中三支香一一掷地。掷第一支，念："第一支香发送亡人出门去，事主永远得安康。"掷第二支时念："事主五谷堆满仓。"掷第三支时念："发送亡人出门去，事主财宝进满堂。"接着用法剑击破事先置于棺头的一只盛水的碗，大声喊道："时刻已到，临发亡人去泰山安乐，请尔亡人快乐而去！"众人起棺吆喝出门，众道公锣鼓喧天，齐送到墓穴，绕墓穴一圈即回。整个仪式的一招一式都按壮族的丧葬习俗进行，既庄重得体又井井有条，既发挥了宗教的道德感化作用，又体现了壮族古老的丧葬习俗。

送佛拆坛：法师领众道公诵《送佛讚文》，将仪式所形成的文检、师父牌位、香梗等，在锣鼓声中送到大门外，一概焚烧。法师高声诵道："今日功课完满，各有周隆，来则有请，去即有送，来时有请之意，去之有送之礼，去有奉送真言，谨当执诵《送佛读文》。"至此仪式结束。道公回家后，将所得礼物供奉祖师，总结一番仪式得失，各自散去。

（三）开丧后的思考

道公开丧仪式的整个过程，也是道公所有仪式的基本程序。相较道家思想，道公仪式具有"道形佛义壮底"的显著特征，即道公仪式的许多科仪基本上是借用道教科仪的形式，注入许多佛教教义，套在壮族传统习俗的基础上，逐渐演化而成。如前所述，它的许多科仪都来源于道教黄箓斋。而在仪式中所诵的经文和忏词大多数又是佛教经文。但这些科仪和经文又不是完全照搬照抄道教和佛教的经典，而是各取所需，为我所用。它的许多经文、文检以及科仪都融入了壮族古老丧葬习俗的内涵，使道教和佛教经典转化成为具有壮族文化特征的经文，如《金刚妙箓真经》《奠酒壮歌》等；使道教科仪转化成为壮族人喜闻乐见的科仪，在形式上最明显的是斩牲、上刀山、过火炼等，既保存着道教炼度、施食等科仪的形式，又加入了佛教关于地藏王"地狱不空，誓不成佛"的内容。而这些内容和形式又完全是按照壮族的丧葬观念加以改造创新，形成一种既能显示无边法力又为群众所喜闻乐见的仪式。这种"化"的作用，使得不同地域、不同支系对其产生心理的认同性。许多经文、唱词乃至音乐腔调、舞蹈都尽量"转化"，在仪式科仪的每个细节中，都处处突出亲情，渲染亲情，激发亲情，使其产生感情的亲近性。由此就促进了人们行动的积极性，事主在仪式过程中，全凭自觉主动，即使是平时亲人与亲人、邻居与邻居间产生过这样或那样的隔阂与过节，在仪式期间，都能以大局为重，不再计较。即使是平时做事很不自觉的"懒汉"，仪式期间，做事也十分主动，甚至大献殷勤。基于这一点，道公文化无疑是一种有利于建设和谐家庭和社会的精神动力。

第三节　世俗化的组织和传承方式

与道教严密的组织结构相比,道公的组织形式和传承方式更加世俗化。道公没有明显的级别,仪式虽有分工,一切皆由首领法师统一安排,但无主从之分。道公班子也没有严密的组织形式,遇到人手不够,可以临时从别的班子借调。各道公班子都是独立存在的,不发生横向联系,没有地区性或全国性组织。道公收徒,对品行要求较为严格。青壮年男子命带"魁罡"或被法师选中,可拜师加入道公班子,跟班数年学成后,经过"度戒"才能成为法师,取得另立门户的资格。这种世俗化的组织和传承方式,使道公从繁缛的道教程式中解放出来,最大限度地满足了底层民众朴素的信仰需求,对保证道公习俗的长期延续具有重要作用。

一、灵活的组织形式

组织是高于普通群体的一种共同体的存在方式,它一般是人员组成的专门的部门、机构,或是有意识建立起来的各种团体,是共同体最核心的构成部分。社会团体正是通过组织持续而强韧地向社会传递着它实际的影响力。与道教相比,道公的组织形式相对灵活。每个道公班子六至十人不等,有首领法师一名,俗称"掌鬼头道公",壮语称"道葛",一般道公称为"公道"或"艾道",通称法师。虽然没有固定的职务,但是班子内部分工还是十分明确的。首领法师在道公班子中起着主导作用，因之其能力要求最为全面，既要精通仪式的业务知识，还要具备干练的办事能力，除了能按部就班指挥仪式正常进行外，还要因时因地因人灵活处理不同道场的各种特殊情况。此外，他还须具备娴熟的交际能力，善于同各色人交涉，处理各种人际关系。只有这样才能提高班子的知名度，扩大业务范围。平时他还负责对整个班子成员的业务培训和吸收新道徒，协调班子成员之间的各种关系。因此，首领法师的人选十分重要，可以说其水平高低，对一个道公班子有着举足轻重的作用。其次是道书，即道公班子的文书，他的职责是负责各种仪式的文书抄写工作，包括法坛的牌位符箓的抄写及制作。除了文书的抄写工作外，在仪式过程中，也协助首领法师处理一些事务，参与诵经唱忏并司锣。在某种程度上讲，文书可以称为道公班子的二师父，除了要精通业务外，还要具备一定的文化水平，能理解和讲解经文，草拟一些仪式的通用文书和联语等，还要会写一手漂亮的毛笔字。文书小道场需要一人，大斋道场则需要二到三人。下来是引魂童子，负责在法坛前手持铜铃引领孝男跪拜请师、敬祖、净坛封刀，总之是在法师的指点下具体执行各项仪式。一般要安排较灵巧、聪明的年轻人充当。除了要求口齿伶俐、腿脚灵便、反应灵敏外，还要能歌善舞。道场仪式中的所有舞蹈都是由引魂童子一人包揽。一般引魂童子就是首领法师的接班人，通过大大小小的仪式来考察、培训引魂童子，因此在重大仪式中的一些符箓咒语，法师只传授给他认为可以继承首领事业的引魂童子。如在大斋道场中的净坛、封刀、上刀山、过火炼等重要环节，都是由法师在庄严的道乐声中，耳提面授给引魂童子去执行。再下来是司锣二到三人，大斋道场则是四到五人。司锣的职责主要是打击道乐、诵唱经文，在首领法师的安排指导下，从事些该做而能做的事。一般要求要有一定的文化，能识字诵经，精通道乐，懂得在什么场合打击什么道乐。以上人员就组成了一个功能齐备的道公班子。

道公班子在做大斋道场时，还须与师公和巫婆通力合作。师公主要负责给主人做改、起灵、安灵，也有的是由道公兼做师公的工作。巫婆是专为事主问神问鬼的。如在道公请灵后，事主要去问巫婆，他家亡灵是否请回来了，如不回来，道公须重新念经请灵，直到请回来为止。一般来说，三套班子都是各司其职，配合默契，相互补台。但也有配合不好的情况。笔者在田野作业时，曾采访过隆安县雁江镇的何仕方道公，他说2016年10月，他们在镇上做大斋道场时，曾遇到一个不配合的巫婆。当道公按程序接回亡灵后，事主为了证实自家亡灵是否真的回来了，于是去问巫婆。那巫婆回答说回是回到半路了，可是又被土匪头蓝士这个恶鬼拦住路，不让回来（蓝士乃新中国成立前右江地区的大土匪头，后被我人民政府镇压）。巫婆说得活灵活现，连续几次都是这样说。事主没法，只好又央求道公设法再去请一道。于是道公只好再次制隔疡令，用白鸡去半路祭奠恶鬼，三番五次都没有成功。最后经查问底子，了解到该巫婆不是正规设坛过的，最后只好罢免了她，另请了一位经验丰富的老巫婆，才得以顺利完成仪式。

二、严格的传承方式

道公传承的要求较为严格。青壮年男子需经法师"喂饭"（受戒剃度）后才能成为道公。道公班子吸收新成员，一般有两种情况：一种是经过算命，认为徒弟本身命中注定必须参加道公组织。男子长大成人以后，偶遇这样那样的病灾，家里人拿他的命庚给算命先生，算命先生认为这孩子命带"魁罡华盖运"，必须去学做道公，方能消灾保命。魁罡乃古代天文学中二十八宿之一"魁星"的俗称，名为"魁宿"。道教尊其为主宰文章兴衰的神。清代顾炎武在《日知录·魁》中这样写：神像"不能像奎，而改奎为魁，又不能像魁，而取之字形，为鬼举足而起其斗"。故魁星神像头部像鬼，一脚向后翘起，如"魁"字的大弯钩，一手捧斗，像"魁"字中的"斗"字，一手执笔，意为用笔点定中试人的姓名。华盖运按测字算命运先生的解释是，人有华盖星犯命是运气不好。因此在乡间仍有此种说法,命带"魁罡华盖"必须学道或学麽。现年已七十九岁高龄的何仕方老道公就是属这种情况。他说自己九岁时,得了一场病,他父亲拿他的生辰八字给算命先生测算,说是他命带"魁罡华盖",必须学道。于是他父亲带他到邻近的马山县加贵乡应法真道公家,边读书边学道。直到他二十四岁度戒,可以另立门户了,才离开师父。据说属此种情况学道者,日后可成大器。

图2-14 何仕方道公(2020年3月拍摄)

另一种情况,是法师根据需要选择徒弟。一般选择心地善良,为人正直厚道,不赌不嫖,具有一定的文化水平,有了后代的青壮年男子作为培养对象。道公收徒对品行要求严格,但对所送的礼品要求不高。徒弟只需带公鸡一只或猪肉一刀、一两瓶酒、一些香纸,到师父家祭拜法坛饮符水即可。拜师后,由法师传授经文,熟悉各类经文的诵读方法和使用场合,传授各类响器的打击方法和使用场合，并严格遵守本教戒律，在学道期间不吃五味（狗肉、羊肉、猫肉、马肉、斑鸠肉），不杀生、不吸毒、不赌、不嫖。经过一段时间的练习后，就可跟班主持仪式了。但要成为首领法师，还要经过长期磨炼，并举行度戒仪式。

度戒仪式是普通道徒成为法师的必经程序，一般法师是不会轻易给徒弟度戒的，可以说是宽进严出。普通道徒通过跟师几年甚至十几年以后，经过法师的严格考核，认为其已经精通业务，可以独立执掌门户，且本人立愿发誓后，法师才选择黄道吉日，到要求度戒者家中举行隆重的度戒仪式。一般度戒仪式做一天，成就较高或深得法师器重的道徒，度戒要做三天以上的仪式。2020年1月7日，笔者同隆安县文化馆李晶馆长一同到该县雁江镇东义村参加道公阮天生的授度仪式。阮天生出身道公世家（当地表述为"家有师"），曾祖父阮寿松、祖父阮方仙、父亲阮天利都是当地有名的道公。阮天生1972年出生，1988年初中毕业后一直在家务农，兼做砖瓦匠补贴家用，自2007年开始做勒师（徒弟）。笔者问他为什么要度戒，阮天生回答说是受家庭氛围影响，如果不做的话，祖师就会怪罪，自己不能不做。从笔者对阮天生度戒仪式的观察看，度戒仪式的形式同其他道场一样，同样敲锣击鼓诵经敬神，只是诵经和仪式内容不同，大体包括起师、申发、开坛、领牲回熟、传法、戒文、招兵、安坛、送师等环节。整个程序气氛庄严肃穆，充满了神秘色彩，度戒者始终保持虔诚的态度。

起师：意为起请师父。先在阮天生家中大堂香火堂前设法坛，摆上素供，即糖果、饼干、时鲜瓜果、干笋、木耳、酒茶等。由师父唱《起师歌》一本。然后拨兵，即抛筊（共大、中、小三副竹筊，破成阴阳两边。抛筊时，竹节内边着地为阴卦，竹节外边着地、节里朝天者为阳卦，一阴一阳为胜卦），一直抛到合同卦为止。所谓合同卦，即一阴一阳。阳卦为火卦，对应的数字是2、4、8；阴卦为金卦，对应的数字为3、6、9；胜卦是木卦，对应的数字为1、5、7。阮天生统兵数目即由所卜到的卦数来推定，如二万一千三百兵或四万五千六百兵等。拨兵时,阮天生面向法坛虔诚地跪着。接着是拨帅。此前法师先用五寸见方的黄纸分别写上王、马、关、赵四个纸条,揉成纸团,分别代表四大元帅,放入一竹筒内,用纸封住瓶口,开一个小眼,放进一双筷子,然后让阮天生夹,夹得哪个帅,即由该帅统领。最后是封邪师,即传授密咒,由法师在锣鼓喧天声中耳语200个字密咒,密咒一般不外传。

申发:意为申请发文。首先由众道徒在锣鼓声中念《申发经》一本,给法师敬酒。接着发文,事先用黄纸抄好以阮天生名誉写的申请受戒表文一张,等诵完经文后由法师念表文,念毕拿到大门外焚烧。然后念《安慰经》,法师在锣鼓喧天、海螺阵阵声中为受戒徒弟脱去俗衣帽。

开坛:即正式为受戒者当面引见诸神。首先唱耍坛,即唱《请师经》。法师在一片诵经声中,为阮天生准备好法衣法帽,以及今后做事的法器,一一摆上法坛,点上三支香,口含符水,逐个给法衣法帽、法器画上符,见过神。接着念开坛经,请下道教供奉的36位神,由阮天生唱《安慰经》《下坛经》。

图2-15　法师给神灵上香(2020年1月7日拍摄于雁江镇东义村)

领牲回熟：意为给道教众神献上生、熟祭品，供神享用。首先唱耍坛，即唱《请师经》，法师在一片诵经声中，为阮天生一一验证（用三宝大印象征性盖上印）。然后传文，唱《传文经》并将表文焚烧交天曹地府。接下来阮天生用五牲献（公鸡一只）敬酒，请求神灵将凶神恶鬼排遣干净，保佑自己平安受戒，保佑日后可以平安举行仪式。接着由法师口授咒语密诀，手把手学习九宫掌法，在《下坛经》诵读声中结束此环节。回熟的程序和做法与领牲一样，只是改用熟供品祭神，供神享用。生牲为驱邪鬼用，熟牲为敬神用。

传法：意为法师给受戒者传授真法。在传法时，需事先在法坛前摆好一张八仙桌和一张长条凳作为超度金桥，上面分别用黑、白布罩上。阮天生跪在法坛前，法师从大门爬上过金桥，边爬边唱《谢师经》，后盘腿坐在八仙桌（法坛）上。然后将经过画符验印的法衣法帽以及所用法器，一一亲手交给阮天生，如劄（委任执照）、铜铃、大印、竹笺、响具、海螺、法衣、法帽等。

传法时，两旁分别站着保举师、证明师（即道公班中的师兄）和阮天生的父母、兄弟、亲戚，以示慎重。传交法器时边传边做七十二莲花指结，口诵七十二莲花诀。传交法器法衣结束，法师口嚼三口饭和肉，嘴对嘴喂给阮天生，意为得法师真传。

戒文：受戒者向神灵和法师发愿立誓。阮天生唱《戒文经》，由法师用点燃的黄纸筒在阮天生的

图2-15 法师授劄
（2020年1月7日拍摄于雁江镇东义村）

脑门上烙上五至七个烙印（烙印多少视阮天生觉悟功德水平而定）。阮天生在法师面前合掌保证，严格遵守本道戒律，不吃狗肉等五味、不吸毒、不赌、不嫖、不欺童叟、不干坏事；要向善行好，大慈大悲，救苦救难；保证不论何时何地，不论刮风下雨、电闪雷鸣，不论穷家富户，不论报酬多少，只要有事主来请其主持仪式，都要无条件接受，不得以任何借口推诿。这其实是道徒明正教职，肃穆道仪的一个重要途径，是通过受戒强化戒律，清正身心，戒情性，止塞愆非，制断恶根，注重积德，加强道教戒律的一道科仪。

图 2-17 跪诵《戒文经》（2020 年 1 月 7 日拍摄于雁江镇东义村）

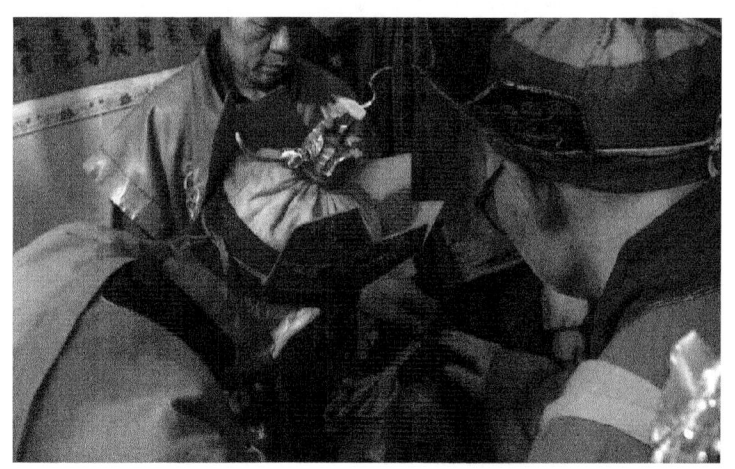

图 2-18 烙印（2020 年 1 月 7 日拍摄于雁江镇东义村）

招兵：意为立戒者今后从事道教仪式，履行法师职责时，能统领多少神兵鬼将。首先在法师场外大门口搭建案台，插上五杆分别代表东南西北中五个方向的五色纸将旗，由法师率众道徒诵《招兵经》，依次朝东南西北中五方，边唱边用红白布向空中做招呼状。唱罢经文，然后在坛前焚烧招兵表文。招兵时，鼓角齐鸣，锣鼓喧天。

安坛：意为给受戒者安上法师神坛。从此而后，阮天生即可另立门户主持仪式了。先由法师率众念安坛经，然后由法师将事先写好的各种神牌位，安放在阮天生家的香火堂上。待诵经结束，安放牌位停当，法师手拿一只公鸡（事先由阮天生用笼禁好以备用），在法坛前画符念咒，摆弄半个时辰后，将此鸡放在香火台上，让鸡啄食供坛上的白米，吃得越多越好，意味着此度戒安坛大功告成。同时也意味着阮天生领受法师和神灵的旨谕越多，将来主持仪式的本领就越大。吃米的这只公鸡由阮天生养着司晨，不急于宰杀。

图 2-19　以公鸡食米验证度戒成功（2020 年 1 月 7 日拍摄于雁江镇东义村）

送师：这是度戒安坛的收尾工作，即所有工作已告结束，阮天生已正式成为法师，将来可以独立做法了。在这场度戒安坛的仪式正式结束前，将先前请回的道教神祖一一送回天神界，这时全体道徒放声齐诵《送师经》。法师在鼓角齐鸣、锣鼓喧天声中焚烧表文，褪下法衣，收好法器。最后阮天生设宴，宴请法师及众师兄师弟和亲朋好友。度戒仪式既是阮天生拜师安坛的大事，也是家族的大事，因此所有亲朋好友会带上香纸、买来鸡等活牲前来祝贺助兴。阮天生的岳父母等姻亲甚至会买来乳猪供神。

通观道公的组织结构和传承方式，虽然没有繁缛的程式，但对神职人员的道德和从事各种仪式所需要的专业知识的要求还是相当严格的，不是任何人想学都可以学的。这是因为在壮族人的眼里，道公是半人半神的角色，可以沟通人与神之间的关系，帮助人禳灾祛邪，求福保平安。虽然道公没有严密的组织结构，没有地区性组织，也不与全国道协联系，但其传承方式是相当严格的。这既体现了道家思想严明的教规和细密的入教程序，也体现了壮族的民风民俗和稻作民族所具有的办事认真细致的特质。从受戒仪式的过程看，每道程序既有明确的寓意，又有可具体操作的方法步骤。虽然不同地区道公的承传方式会有一些差异，但其严谨细密的特征是一致的。这一招一式都由上辈法师亲口亲手传承下来，虽无文字记载，却也不会走样和失传，足以说明道公的悠久历史和深远影响。

本章小结

在本章中，笔者通过经书文本、文人著述、实地观察等，分析概括了道公文化构成体系的多元化特征。通过分析可以看出，道公既继承了道家核心思想，又加入了很多儒家、佛教和壮族传统民俗的内容，融道、儒、佛、巫等多种信仰于一体，满足了壮族人的需要。它的信奉对象可谓是道、佛和民俗神和谐相处的大家庭，道教神稳居最高位，观音菩萨、地藏菩萨等佛教神满足了底层民众对超度亡灵的需要，各种民俗神和历代祖师的加入则是受到壮族民俗深刻影响的结果。从开丧仪式的过程看，道公仪式具有"道形佛义壮底"的显著特征，即道公仪式的许多科仪都来源于道教黄篆斋，基本上是借用道教科仪的形式，在仪式中所诵的经文和忏词大多是佛教经文，并按壮族丧葬观念加以改造创新，使仪式更加富有壮族文化特色，为群众所喜闻乐见。虽然道公没有严密的组织结构，但其传承方式是相当严格的。这既体现了严明的教规和入教程序，也体现了壮族的民风民俗和稻作民族所具有的办事认真细致的特质。从受戒的过程看，每个程序既有明确的寓意，又有可具体操作的方法步骤。虽然不同地区道公的承传方式会有一些差异，但其严谨细密的特征是一致的。道公正是在这种转化重构中形成了自己多元融合的文化体系。

第三章

和合共生

——道公文化对本土习俗的影响

第三章 和合共生——道公文化对本土习俗的影响

壮族有非常丰富的本土习俗基因。受壮汉文化交流的影响，壮族本土习俗在与汉族文化的融合中发生了质的变异，观念形态和仪式样式都出现了明显的道化倾向。在广西农村，凡与亡灵有关的仪式，均已化为道公的科仪。在麽经里，屡屡提到太上老君、太白金星、功曹等道教神，以及八卦、六十甲子、阴阳等观念。道公的神灵、短剑、法印、神像袖、符箓等在师公中很常见，以致一些人认为师公就是壮族的武道，其实它是受到汉文化深刻影响的壮族本土习俗。

第一节 道公对亡灵崇拜的影响

作为一种古老习俗，亡灵崇拜是人类从自然崇拜转向自我崇拜的一个重要标志。它不仅是人类抽象思维大发展的产物，也是人类与自然力量发生大逆转的反映。"在远古时代，人们还完全不知道自己身体的构造，并且受梦中景象的影响，于是就产生一种观念，他们的思维和感觉不是他们身体的活动，而是一种独特的，寓于这个身体之中而在人死亡时就离开身体的灵魂的活动。"① 灵魂观念经由梦魂崇拜、祖先崇拜，最终上升为亡灵崇拜。

---

① 中共中央马克思恩格斯列宁斯大林著作编译局编：《马克思恩格斯选集》（第四卷），人民出版社1972年版，第219页。

一、壮族民间的亡灵崇拜

关于壮族民间的亡灵崇拜，最早见于《史记·封禅书》中的记载："是时既灭南越，越人勇之乃言：'越人俗鬼，而其祠皆见鬼，数有效。昔东瓯王敬鬼，寿百六十岁。后世怠慢，故衰耗。'乃令越巫立越祝祠，安台无坛，亦祠天神上帝百鬼，而以鸡卜。上信之，越祠鸡卜始用焉。"①在此之前的《列子·说符》中则有"楚人鬼而越人禨"的记载。从上述汉文古籍中可以看出，先秦至汉初，壮族先民所居住的岭南地区即有崇信亡灵的习俗。时至今日，壮族乡村依然有浓厚的亡灵观念。"在壮族人的意识中，从人类到宇宙万物都有魂，壮语北部方言叫作'昏'（Hoen.hon）或'温'（Voen，Von），南部方言叫作'昆'（Khwen）。壮族人认为，人是有魂的，而且须臾不得离身，否则人将得病或死亡，被认为是失魂所致。"②人死后，灵魂化为亡灵，虽肉体不存而亡灵犹在阴间。壮族乡村道场上逝者牌楼式的灵位正面有一大二小三个拱门，正中大拱门内写逝者的姓名，如"先父某（姓）公讳某某（名字）之灵位"，左右小拱门外侧有一副对联："三魂归阴府，七魄返原乡"。壮族人的亡灵观念既有本族的思想传承，也受到汉族魂魄观念的影响。《左传·昭公七年》载："人生始化曰魄，既生魄，阳曰魂。"孔颖达疏："附形之灵为魄，附气之神为魂也。附形之灵者，谓初生之时，耳目心识手足运动啼呼为声，此则魄之灵也；附气之神者，谓精神性识渐有所知，此则附气之神也。"也就是说，附体之灵为魄，可离开肉体之灵为魂。"壮族的人魂观念发生了泛化，推及万物，于是有谷魂、牛魂、马魂、猪魂、羊魂、狗魂、鸡魂、鸭魂、鹅魂、虎魂、猴魂、山魂、水魂、路魂、云魂、雷魂、风魂、树魂、森林魂、茅草魂、

---

① 〔西汉〕司马迁著：《史记》，蔡琳彬译，北京联合出版公司2015年版，478页。
② 梁庭望：《壮族文化概论》，广西教育出版社2000年版，第47页。

枫魂……甚至连瘟疫都有瘟魂。"①万物充斥寰宇,魂也跟着充斥寰宇。

壮族人认为人死后魂变为亡灵,壮语称鬼为"防"(Fangz)。在壮族人的意识里,"防"都是可怕的,即使生前善良的人,死后其亡灵同样可怕,可以让活人得福或致祸。所以后来人们在观念里也逐步对人死后的亡灵进行了分类。第一类是家鬼,壮话叫"防祖"(Fangzcoj),意思是家鬼、祖灵,归入祖先神坛,与祖先同享香火,所以武鸣、马山等地逝者入殓后有一个仪式,即孝男孝女跪于灵柩左右两侧,由族中长者讲灵,大意是某某生前勤劳创业,敬老抚幼,德被儿孙,劳绩永在,现寿终正寝,道场后请列祖列宗接受其魂。柳城壮族人认为,这一魂是回到人文始祖姆六甲掌管的"百花山",等待花婆差遣投胎。所以壮族民间有个说法,凡婴儿有胎记,必认为是前世的记号。这种转世投胎意识,虽然源于佛教,但与佛教历经劫难的六道轮回说法不同。佛教的转世,是指宗教领袖人物的转世灵童;一般人的转世则看其一生的善恶,以此定其投胎的方向,善者投胎为人,恶者投胎为草为虫为兽,这是经过阶级色彩强烈熏染过的意识。壮族没有这样的意识,人之灵魂投胎仍为人。所以对这类亡灵,人们的意识是敬畏,既敬念死去的先人之魂,又很害怕其怪罪,致祸于儿孙,但没有厌恶的情绪。这种意识至今在乡间依然相当普遍。第二类是神鬼,其构成广泛而庞杂。既有天地万物的"创造者",也有英雄死后所化的精灵;既有庞杂的本民族土俗神灵,也有道教、佛教的神灵,俗称"三十六神,七十二相"。第三类为非正常死亡之鬼,壮话叫作"防伤"(Fangzsieng),意思是伤死鬼。这类鬼属于落水、上吊、刀伤、掉崖、毒蛇猛兽咬死、毒死、摔死、砸死、烧死、撞死等非正常死亡者的亡灵。至于动植物之魂、山魂、水魂、云魂等人类以外之魂,通常归入妖怪一类,俗称"三百六十怪,七百二十妖"。因惧怕亡灵,人们要用不同的方法来对待它们,求得平安。然而亡灵本来只是一种意念,无法观察和触摸,于是这种意

---

① 廖明君:《壮族自然崇拜文化研究》,广西人民出版社2002年版,第206页。

念化为相应的可以操作的仪式,并且随着社会发展而日益丰满。

图3-1　中元节壮族人剪纸衣送鬼(2020年9月2日拍摄于南宁市金陵镇)

二、亡灵崇拜与道公科仪的结合

壮族民间的亡灵观念在近现代仍然比较盛行,但随着道公的兴起,早已与道公习俗紧密联系在一起。其最大的特点就是凡是与亡灵有关的仪式,均已化为道公仪式,这种仪式按功能大致可分为求嗣、驱邪和招亡三种。

架桥求嗣:壮族人的灵魂观念,是从婴儿诞生就开始的。婴儿是花山童灵投胎,童灵是死去的人三魂中的一魂所变,且居于"百花山"。若乡村年轻夫妇久婚不孕,便要请道公操办"架桥"仪式,意思是架一座"桥"方便花婆把金花或银花引渡到家里。早期的道教认为人身患疾病,多由病者过错或道路不畅通所致,叫患者静心思过或修桥补路(道)以解过。《太平经》有云"修道路,取兴大道,以类相占,渐置太平",将道教之道与道路之道关联起来。壮族"架桥"仪式便是这种信仰和治病方式的体现。"架桥"仪式有的在田野,有的在路旁,用三根竹子摆放成为"桥"的样子,有的"桥"是用布摆开做的。摆上煮熟的整鸡和猪肉,道公按《安桥乙科》(或称《正一架桥科》)

唱诵经本。有的地方在春节时，求子夫妇从卧室外铺一丈白布到室内，是为"桥"。舞狮队持纸花边舞边从布"桥"上走过去，把"花"送到花婆圣坛上。有的地方则铺路为"桥"，做法是求嗣之家选择行人常走的小路，择日备鸡牲、熟红蛋、两箩红糯饭或红糍粑摆于路上，点香烛，请道公贴符诵经，引主人以石子象征性地铺路搭"桥"。凡路过之人，都挽留吃些供品。仪式期间，过路人越多越好。铺路搭"桥"的目的也是引"百花山"童魂过"桥"投胎。

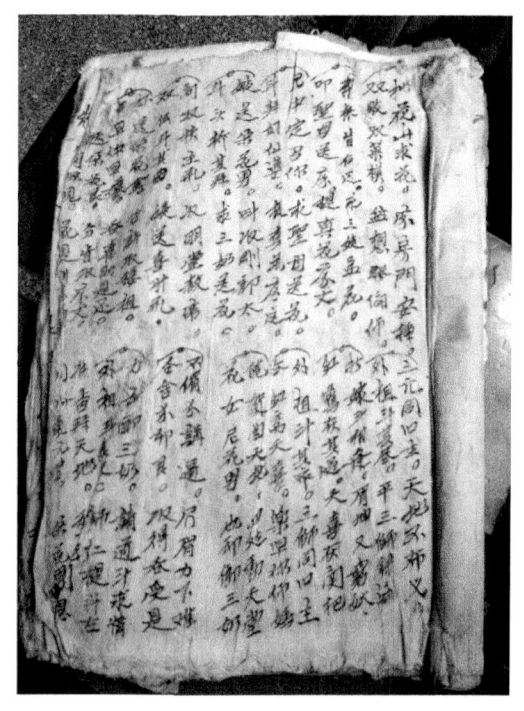

图 3-2 《架桥求花》唱本
（2019 年 1 月 28 日收集于隆安县雁江镇那贯屯）

图 3-3 求嗣用的"桥"（2019 年 10 月 15 日拍摄于扶绥县新宁镇坡州屯）

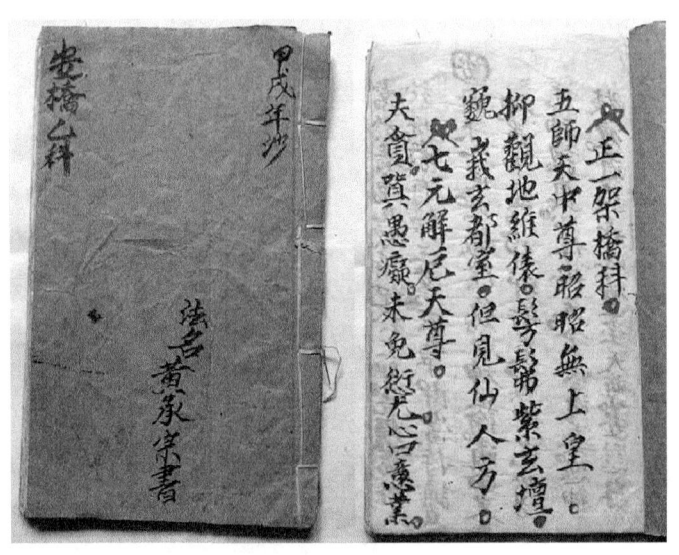

图 3-4 道经《安桥乙科》
(2019 年 1 月 28 日收集于隆安县雁江镇那贯屯)

招魂驱邪：招魂是各民族普遍存在的仪式，壮族地区也有招魂之俗。人若得病或萎靡不振，就请道公"赎魂"。做法是道公与主家带白布一条、母鸡一只、鸡蛋一枚，到村外水边诵经招魂，向四方呼叫魂魄归来，同时将用大米做成的白馍抛撒给围观的儿童。转回家，道公即将鸡、鸡蛋放在病人床下，表示魂已归来。也有的是道公到路口诵经叫魂，并给病人喝符水保魂康复。广西凌云一带还有一段《招魂词》：

回来吧！
回自家的瓦屋，
回自家的大房，
家里留有甜果，
家里留有香蕉，
回家吃饭脸色就会红润，
在家生活身体就会健康。

儿呀,回来吧!
循着母亲的声音来找,
闻着母亲的气息回转来。
你若是上了天也要回来,
你若是去了海龙王那里也要回来,
你若是随旋风飘走了也要回来,
你若是被大雨冲走了也要回来,
你若同彗星一起走了也要回来,
你若去到了月宫也要回来。
回来吧!
回家来在高桌上吃饭,
回家来共度七月十四节。
千万要听母亲的敦促回来啊!
千万要踏着母亲的呼唤声回来啊!
儿回家来了!
母亲的乖乖回到家了!①

  在扶绥、江州的一些地方,招魂方式很特别,即鸡笼点灯招魂,做法是在一个比较干净的鸡笼里点燃一盏油灯,置于病人床前,请道公念诵:"魂啊莫走远,玩够快回来,点灯照你路,鸡笼是你屋,归来吧啊……"人们认为这样一是让未走散之魂收拢,二是走散之魂归来。家鸡是由野鸡驯化而成的,野鸡也是鸟属,而壮族最早的图腾崇拜是鸟崇拜,鸡笼点灯招魂意在求图腾保佑灵魂永驻。在马山一带的农村,道公招魂的做法比较简单,在室外设一祭祀处,以一煮熟整鸡做祭品,主家将病人的一件外衣放在篮内,置于祭品旁,点上香,道公诵一段经甩一次木筊,要甩到两片木筊全仰,表示魂已归

---

① 欧阳若修等:《壮族文学史》(第一册),广西人民出版社1986年版,第20—21页。

来，然后将衣物放到病人床上固魂。在桂西的凌云等县，壮族人认为鬼节亡灵出没无常，易勾人魂，所以要一连三晚招魂。做法是把家里每人常穿的一件衣服放在篮子里，撒上一把米，旁边插上三炷香，再带一把用草扎成的火把，头晚先到桥头去招魂。到桥头后用右手持火把按东南西北四方每方划三下，边划边喊咒语。然后边喊边划回家，而且喊声要越来越小。到家将香火插在花婆神位上。第二晚按同样方法在离家比较近的岔路口招魂。第三晚在自家门口招魂。正因为失魂在壮族人中十分敏感，所以至今在边远农村仍然有人延请道公操办招魂仪式。

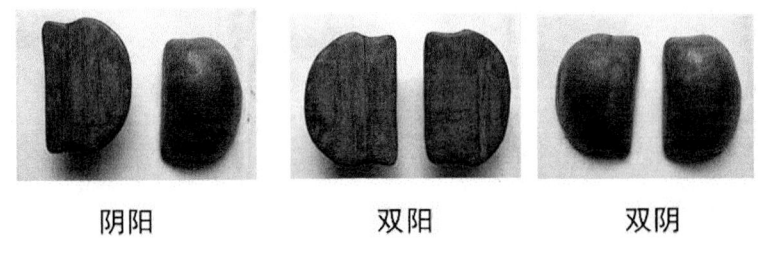

图3-5　木茭卦相（2019年3月14日收集于平果县太平镇龙竹村）

破狱招亡：这是一种按照道公黄箓斋科仪结合壮族古老巫术为亡人超度灵魂而做的仪式。破狱一般在地藏坛前进行。地藏坛是专为地藏菩萨金乔觉地藏王而设的神坛。佛经称其"安忍不动犹如大地，静虑深密犹如大地"，说他与大地一样含藏着无数善根种子。他受释迦牟尼的委托担当教化六道众生的重任，释迦牟尼又封他作幽冥教主，他亦在佛前立愿"地狱不空，誓不成佛"。道公也有《黄箓破狱灯仪》。道公在地藏坛前举行破狱仪式，其目的是显而易见的，就是借助地藏王的法力，由金盆童子率领神将神兵攻破阎王城池，打开地牢，解救出被囚禁其间的亡灵，接受超度。正式主持仪式之前需做好两样准备，一是由道公与事主合作用稻草给每位亡灵扎一个亡人模拟像，道公负责扎草人，事主负责制作小衣服；二是在道公的指导下，于地藏坛前的广场上用石灰画成直径约十米的圆形八卦城，用竹片拱成东西南北四座城

第三章 和合共生——道公文化对本土习俗的影响

门,中央用白布五丈左右将已扎好的小稻草人(亡灵模拟像)包在一起作为地狱牢房。接着在道公的引领下,绕城诵经念咒,依次打进东南西北各门。各门都攻破后,开始攻牢狱。挑开白布做的牢狱,露出一堆稻草扎的亡灵模拟像。各孝男找到自己的亲人像后,顿时哀声四起,哭声震天。接下来,在道公的引领下,踩着白布走到地藏法坛前(意为淌过流沙河)接受洗礼,再安放到各自的灵堂中,沐浴更衣。事前道场已统一分发给每位亡灵一套新的洗漱用具等日用品。孝男及亲人们十分虔诚,悲伤万分地为自己的亲人沐浴更衣。有的还特意添置了纸质电视机、手机、手表等现代消费品。这一幕着实令人动情,每个人都陷入了对亡亲的无限哀恸之中。随后,法师击法鼓法锣,带上供品,由孝男扛着领幡和亡人灵位牌前往亡人坟茔接引他回来。在坟前诵《招亡经》,上奏表文,并在墓前取一小撮泥土用黄布条包好带回仪式场,表示该人已被请回。《招亡经》唱词如下:

> 生得鼓声悼铃响,天上玉帝管天堂。
>
> 天上玉帝管地下,地下阎罗管几间。
>
> 地下阎罗管下界,碰他三才狱中出。
>
> 第一就逢金佛山,六层地桩走不完。
>
> 第二逢上金佛水,六层地桩囚亡灵。
>
> 第三就逢金佛土,六层地狱成亡鬼。
>
> 三六十八层地狱,男人女人一起关。
>
> 得出十八层地狱,男人女人同时松。
>
> 以前东土没有教,死后地狱成猪羊。
>
> 死到地狱不能出,腿又被捆脚也钉。
>
> 只唱如来有佛骨,学得三藏度亡魂。
>
> 造得三十五部经,欢天喜地度亡灵。
>
> 讲天讲地诵经书,观音老母来降临。

如来造得二样宝，交给玄奘拿来用。
造得铁杖和袈裟，东土这边来传经。
袈裟就穿取经装，铁杖就拿破地狱。
第一去破金佛山，破开地藏放亡灵。
第二去破金佛水，破开地藏放灵魂。
第三去破金佛土，六层地狱放亡魂。
十八地狱破得出，来到外面能洗身。
道教就请佛救苦，执幡牢狱中超度。
太乙救苦下去报，九头狮子守亡鬼。
真武就逢马华光，破开地狱赎亡鬼。
华光不是下凡间，神妙吉祥来投生。
神妙吉祥来投生，妙乐天君做老师。
老师得你做学生，金刀玉剑给你拿。
你能拿到二样宝，上到天上闹天庭。
堂上玉帝不服气，就动天兵下来擒。
就动上万天兵来，围马华光要捉住。
你就打开罗镜照，噼啪跳下天门来。
华光下到下界来，破开地狱十八层。
第一去开挑舌狱，第二去破提王牢。
里面凌乱像耙尖，外面凌乱如荆棘。
里面凌乱像铁尖，眼泪纷纷落牢中。
亡灵开口求狱主：求你大人开狱门。
狱主开口答亡灵：你先别说听我说。
有钱有银我们放，钱财打关咱开牢。
有钱有银得出去，无钱无银骨头熔。
亡灵开口答狱主：你先别说听我说。

多少钱财我儿办,钱财打关来开牢。
办得钱财完备了,请师请道破狱门。
师公执刀下去破,道士执幡接亡灵。

招亡经(南方唱)

生得鼓声悼铃响,中央破开金刚路。
中央破开金刚道,就限今天赎众灵。
众灵听到这句话,欢天喜地牢狱中。
靠君保举我出去,去到外面见祖宗。
我在当年犯重罪,拿我亡灵进去关。
那个不像牢房样,它坐落在中央那。
冬天到来里面冷,干风来到里面热。
雨天来到里面湿,连屎连尿一起踩。
我太辛苦顶不住,求你狱主开牢关。
狱主开口问亡灵:你死野外或家里?
亡灵开口答狱主:不死野外死家里。
我死家里棺材放,又有家人做孝男。
狱主开口向亡灵:靠你家人开狱门。
有钱有银得出去,无钱无银骨头熔。
有钱有银我们放,钱财打关咱开牢。
亡灵开口答狱主:你先别说听我说。
多少钱财我儿办,钱财打关来开牢。
亡灵开口向狱主:你先别说听我说。
你不开牢立即散,你不放灵立即算。
你不开牢立即散,华光打散这监狱。
道公执刀下去破,师公执幡接亡灵。
道公执刀下去破,亡灵不绑牢狱中。

里面凌乱像铁尖，外面杂乱如荆棘。
想站起来上面矮，想坐下来下面湿。
太阳要正不正时，把我倒挂用火烧。
我辛苦得顶不住，才回来弄众子孙。
弄众子孙们生病，他们问仙我才说。
他们问仙我才讲，说我受难牢狱中。
子孙听到这句话，去跟师道来商量。
去跟师道来商量，就限今天赎众灵。
道公执刀下去破，师公执幡接亡灵。
打破监狱如沙散，退走狱场赎亡灵。
打破监狱如沙散，破开地狱赎亡灵。

招亡经（西方唱）

生得鼓声悼铃响，西方破开金刚路。
西方破开金刚道，就限今天赎众灵。
亡灵听到这句话，欢天喜地牢狱中。
靠君保举我出去，去到外面见祖宗。
我在当年犯重罪，拿我亡灵进去关。
那个不像牢房样，它坐落在西方那。
里面凌乱像铁尖，眼泪纷纷落牢中。
苍蝇咬脚不得掐，跳蚤叮脚不得抓。
虱子苍蝇到处是，眼泪纷纷落牢中。
太阳要正不正时，把我倒绑用火烧。
我辛苦得顶不住，才回来弄身后人。
弄众子孙们生病，他们问仙我才说。
他们问仙我才讲，说我受难牢狱中。
子孙听到这句话，去跟师道来商量。

去跟师道来商量，就限今天赎众灵。

招亡经（北方唱）

生得鼓声悼铃响，北方破开金刚路。
北方破开金刚道，就限今天赎众灵。
靠君保举我出去，去到外面见祖宗。
那个不像牢房样，它坐落在北方那。
里面凌乱像耙尖，外面凌乱如荆棘。
里面凌乱像铁尖，眼泪纷纷落牢中。
亡灵开口求狱主：求你大人开狱门。
狱主开口答亡灵：你先别说听我说。
有钱有银我们放，钱财打关咱开牢。
有钱有银得出去，无钱无银骨头熔。
亡灵开口答狱主：你先别说听我说。
多少钱财我儿办，钱财打关来开牢。
办得钱财完备了，请师请道破狱门。
师公执刀下去破，道士执幡接亡灵。

招亡经（东方唱）

生得鼓声悼铃响，中央破开金刚路。
中央破开金刚道，就限今天赎众灵。
众灵听到这句话，欢天喜地牢狱中。
靠君保举我出去，去到外面见祖宗。
我在当年犯重罪，拿我亡灵进去关。
那个不像牢房样，它坐落在中央那。
冬天到来里面冷，干风来到里面热。
雨天来到里面湿，连屎连尿一起踩。
我太辛苦顶不住，求你狱主开牢关。

狱主开口问亡灵：你死野外或家里？

亡灵开口答狱主：不死野外死家里。

我死家里棺材放，又有家人做孝男。

狱主开口向亡灵：靠你家人开狱门。

有钱有银得出去，无钱无银骨头熔。

有钱有银我们放，钱财打关咱开牢。

亡灵开口答狱主：你先别说听我说。

多少钱财我儿办，钱财打关来开牢。

亡灵开口向狱主：你先别说听我说。

你不开牢立即散，你不放灵立即算。

你不开牢立即散，华光打散这监狱。

道公执刀下去破，师公执幡接亡灵。

道公执刀下去破，亡灵不绑牢狱中。

招亡经（中央唱）

生得鼓声悼铃响，天上玉帝管天堂。

天上玉帝管地下，地下阎罗管凡间。

地下阎罗管下界，碰他三才狱中出。

第一就逢金佛山，六层地桩走不完。

第二逢上金佛水，六层地桩囚亡灵。

第三就逢金佛土，六层地狱成亡鬼。

三六十八层地狱，男人女人一起关。

得出十八层地狱，男人女人同时松。

以前东土没有教，死后地狱成猪羊。

死到地狱不能出，腿又被捆脚也钉。

只唱如来有佛骨，学得三藏度亡魂。

造得三十五部经，欢天喜地度亡灵。

讲天讲地诵经书，观音老母来降临。
如来造得二样宝，交给玄奘拿来用。
造得铁杖和袈裟，东土这边来传经。
袈裟就穿取经装，铁杖就拿破地狱。
第一去破金佛山，破开地藏放亡灵。
第二去破金佛水，破开地藏放灵魂。
第三去破金佛土，六层地狱放亡魂。
十八地狱破得出，来到外面能洗身。
道教就请佛救苦，执幡牢狱中超度。
太乙救苦下去报，九头狮子守亡鬼。
真武就逢马华光，破开地狱赎亡鬼。
华光不是下凡间，神妙吉祥来投生。
神妙吉祥来投生，妙乐天君做老师。
老师得你做学生，金刀玉剑给你拿。
你能拿到二样宝，上到天上闹天庭。
堂上玉帝不服气，就动天兵下来擒。
就动上万天兵来，围马华光要捉住。
你就打开罗镜照，噼啪跳下天门来。
华光下到下界来，破开地狱十八层。
第一去开挑舌狱，第二去破提王牢。
第三去破天康狱，第四去破剥皮牢。
第五去破拔舌狱，第六去破奉都牢。
第七去破磨盘狱，第八去破碓锤牢。
第九去破车裂狱，第十去破寒冷牢。
十一去破脱壳狱，十二去破曲长牢。
十三去破油锅狱，十四去破黑暗牢。

十五去开刀山狱,十六去破衣池牢。
十七去开和舌狱,十八去破平等牢。
男人女人一起出,来到外面得洗身。
来到十殿他问罪,口供相同很分明。
又到十殿他问话,问哪个假哪个真。
哪个是真就放过,哪个是假后面跟。
第一去见秦广殿,第二去见祖江王。
第三去见宗帝殿,第四去见五官王。
第五去见阎罗殿,第六去见边城王。
第七去见大山殿,第八去见平政王。
第九去见土市殿,第十去见金伦王。
十一去见天子殿,十二去见婆君王。
你不开狱也就算,你不放魂也就罢。
你不开狱不要紧,华光打破地狱门。

图3-6 破狱招亡仪式(2017年1月拍摄于扶绥县新宁镇五合屯)

如果是外地较远的亡灵，不能亲临坟茔招请的，则由道公率众到野外面对其坟茔方向设供招请，如法炮制。不同的是不抓黄土，而是抓一只随时扑到供坛上的蚂蚱、蝴蝶等昆虫带回。如期间没有昆虫飞扑，则重复诵《招魂经》，直到抓到为止。抓住的昆虫用小纸盒装好带回法坛，置于亡人灵位牌前。有趣的是，为了验证所有亡灵是否都已被请回，还特意安排事主去请问巫婆。巫婆是事主们事前从外地请来的，与道公并无联系。一般巫婆都能配合，表示所请的亡灵都已回到法场，这样破狱招亡的仪式才算顺利完成。

综上所述，求嗣、驱邪和招亡都是道公基于壮族亡灵观念的基础之上，用来实现人与鬼神沟通以达到祈福禳灾目的的仪式活动，在本质上是一个通神御鬼的过程，而仪式的实现需要以壮族人的亡灵观做支撑。道公的仪式既有汉传道家科仪的基本形式，又结合当地民俗，基于本土知识和认知体系进行重新建构。在笔者观察到的仪式中，壮族各地的科仪结构是相似的，但是在具体的仪式展开过程中，又呈现出多样性的特点。道公们利用各种法器、文书等通神手段，和神灵沟通，同时也通过架桥、甩筊、破狱等形式驱鬼逐疫。从表面上看，是对驱鬼过程的直观展现。但同时我们也可以看到，本土化的仪式操演的背后，是壮族民俗的展演过程，地方性才是其内核。

第二节　道公对先祖崇拜的影响

布麽是从壮族原始巫教中发展演变而成的先祖崇拜形式。与中国传统民俗中的萨满、毕摩、东巴相比,壮族先祖崇拜因受道家思想的影响,树立起了统一的至上神——布洛陀,形成了系统的《麽经》和较完备的行规戒律,并通过请神念经、祈祷祭祀等仪式,达到替人消灾免祸、匡正伦理的目的。

一、文献记载的壮族先祖崇拜

"布麽"是壮语音译,意指宗教仪式上的诵经人。布麽虽由壮族巫师演化而来,但与巫师已经有了很大的不同。巫师自称人神中介,可卜吉凶。布麽不仅能预判吉凶,还能通过主持仪式达到消灾解难的目的。如属祖神作祟,则杀牲敬祀;如是野鬼扰民,则诵经驱邪。《列子·说符》载:"楚人鬼而越人机",是说楚人凡鬼必信,而越人是先行卜术,确定应该信的亡灵,然后有针对性地施加驱鬼禳灾法术。《史记·孝武本纪》亦载"是时既灭南越,越人勇之乃言,越人俗信鬼,而其祠皆见鬼,数有效。……乃令越巫立越祝祠,安台无坛,亦祠天神上帝百鬼,而以鸡卜。上信之,越祠鸡卜始用焉。"这些可以算是关于壮族布麽活动的最早文献记载。

在较早的汉文典籍中,除《史记》等述及"越巫""鸡卜"以外,稍后

第三章 和合共生——道公文化对本土习俗的影响

还有《岭外代答》《君子堂日询手镜》《天下郡国利病书》《岭表记蛮》《南越笔记》《粤江流域人民史》等文献，均或多或少记载了各地壮族"信巫""尚巫""鸡卜"等信仰习俗。当然，这些文献中的"巫"的含义包括了壮族女巫、魔（麽）公、师公、道公等传统民俗信仰范畴，而壮族不少地方把"巫"念为"麽"音，用来专指"麽公"。宋代周去非《岭外代答》"占卜"条载："南人以鸡卜……而定侬人吉凶焉。"现今壮族巫、麽、师、道等传统民俗从业者中，以麽公用鸡卜最为普遍和熟练，且传承有专门的《鸡卜经》。这里讲的"侬人"，即是分布在左江流域、红水河流域和云南文山州等地的壮族人。明代王济《君子堂日询手镜》载："横（今横州市）人专信巫鬼，有一等称为鬼童，其地，家无大小，岁七八月间量力厚薄，具马羊豕诸牲物，罗于室中，召所谓鬼童者五六人，携祷造绘画面具，上各书鬼神名号，以次列桌上。用陶器杖鼓，大小皮鼓、铜锣，击之，杂以土歌，远闻可听。一人或三二人，各戴鬼神面具，衣短红衫，执小旗兵杖，周旋跳舞，有时奋身踊跃至屋梁，或仆于地，或据中坐，自称为某神，害人祝福，主人跪拜于下，谓为过神。少憩，复之。如此·日夜方罢。"这些传神细致的描述就是壮族麽公跳神的场面。

除了典籍文献，广西各地的地方志，如府志、州志、县志等都对当地的先祖崇拜有所记载。记录有壮族"信巫""尚巫"的方志有：《归顺直隶州志》《廉州府志》《开化府志》《广南府志》《浔州府志》《镇安府志》《庆远府志》《钦州志》《上思州志》《龙州县志》《隆安县志》《宜北县志》《灵山县志》《武鸣县志》《来宾县志》《迁江县志》《上林县志》《同正县志》《崇善县志》《凤山县志》《融县志》《三江县志》等。其中有正式记录壮族麽公仪式的是1946年李文雄修、陈必明纂的《龙津县志》（今龙州县）"杂记"："龙井，男巫曰摩（麽），俗呼摩公，尊称之则曰老师，或称阿客。其传教无文字、口授而已。作业时席地盘坐，面向神，头戴巾，巾垂颈后，长尺许，巾色青红相间，服常服，无他饰也。法器有铁链、宝剑、木铎、小锣等具。咒语皆操土音，句整齐而声悠扬，殊堪悦耳。操此业者，皆是乡村人，祈福禳病者多用之。"

20世纪50年代中期到60年代初，为了开展全国范围的少数民族识别工作，由当时中国科学院民族研究所、中央民族学院和各少数民族地区的有关单位，组织开展对少数民族的社会和历史进行大规模的调查，所有调查材料经过整理，于20世纪80年代编辑成国家民委民族问题五种丛书。其中，《广西壮族社会历史调查》（第一册至第七册）陆续从1984年5月至1987年9月由广西民族出版社组织编辑出版。这些壮族社会历史调查资料记录有不少各地壮族巫公、麽公活动的内容，具体包括："隆林各族自治县委乐乡壮族生活习俗情况调查"、"南丹县壮族社会历史调查"、"西林县那劳区维新乡壮族社会历史调查"、"百色县两琶乡壮族社会历史调查"、大新县土司历史资料（"安平土司""恩城土司""下雷土司"）、"东兰县那烈乡壮族社会历史调查"、"龙津县金龙峒傣人情况调查"、"平果县陇人情况调查"等。下面摘录《广西壮族社会历史调查》第一册"隆林各族自治县委乐乡壮族生活习俗情况调查"中，对壮族巫公（麽公）的调查记录。

> 巫公巫婆是本区（沙梨区）宗教迷信，人们的一举一动都和他们有极大的联系，因为他们做法不仅手续简便，易为人们所"了解"，经费开支也很简单，几两肉就可解决了，没有道公那样深奥的道经和繁杂的符法。请巫公来赶鬼时，只用些已经供过的酒肉，招待一顿酒饭，或给一斤或单斤猪肉，但也可以不给。巫公也有巫经，许多与道教略同。……此外与道公相同，不吃狗、牛肉。学做巫公的人颇多，有些青年在粗识文字之后，就自动向老巫公求教。过去每天晚上在巫公家里，都围上一些信徒，学做巫公，一般正式学上半个月，只要把平常业已懂得的东西，加以熟悉和连贯起来，到了自己出师那天，先杀一只鸡，用鸡血洒在神台上，再写一张神位，然后请老巫公祈告了诸神，站上神桌，新巫公端起牌位，念起巫经，

第三章 和合共生——道公文化对本土习俗的影响

就算是巫公了。至于巫法"灵验"与否,还在于人的"命运"及其今后的"修炼"。这些巫公,各屯都有一两个,最有名的全乡有十人左右。①

第二册"百色县两琶乡壮族社会历史调查"中"宗教迷信"部分记有:

人们得了病,只有请魔公来问神送鬼,要求脱离苦难,早日病除。拜神送鬼的供物是由魔公决定的。一般疾病的供物有鸡、酒、粽粑等,重病则要用猪,甚至要二三头猪。②

第四册"恩城土司"里关于"封建迷信活动"记道:

巫……主要从事救命,起鬼叫魂、安墓、安桥等,不能参与丧葬。巫公单独做法,用红绸遮面为入神,敲打铜板高声念唱,每次也有二至八人协同活动。③

第五册"东兰县那烈乡壮族社会历史调查"中"宗教信仰"部分记有:

魔公:那烈乡过去没有道公,只有魔公。群众有病,则请魔公问鬼求灾。魔公问鬼,每次要三筒米(每筒按旧秤为十二两),合伪币二元。送鬼时魔公除在主人家吃顿肉外,回家还要带走

---

① 广西壮族自治区编辑组:《广西壮族社会历史调查》(第一册),民族出版社1984年版,第65页。
② 广西壮族自治区编辑组:《广西壮族社会历史调查》(第二册),民族出版社1985年版,第265页。
③ 广西壮族自治区编辑组:《广西壮族社会历史调查》(第四册),民族出版社1987年版,第136页。

一份肉。①

二、先祖崇拜的道化

壮族先祖崇拜的最大特点是不仅保存了浓厚的巫文化特征，还受到道公的深刻影响。首先，在麽经书中大量吸收了道公的内容。广西文史馆曾在那坡县搜集到一本麽经《正一亡事巫书解五楼川送鸦到共集》。该经书是那坡壮族麽公在丧葬仪式时用的，有《解五楼川巫书》《解送鸦到科》《送同重丧科》《送雌雄不出科》《解送廷男女科》《送可科句》六章，主要内容是：布麽唱述主家灾变病亡的缘由，皆因那些勾魂鬼、吃人肉的邪鸦和雌雄二鬼作祟，致使亡魂落入"楼川"（阴森荒野）或游散，祷问于祖神布洛陀和麽渌甲，做法以牲酒供祭鬼神，解难除凶，用弓箭驱鬼除妖，赎魂回归，度送安葬，祈家人六畜安生。从这本麽经书名及内容来看，具有明显的麽道结合特征，如书名中的"正一"，实指道教正一派。道公是为亡魂开路超度为主的，而经书各章内容中出现"布洛陀""麽渌甲"，则是各地壮族麽教信奉的祖神。值得注意的是，原先壮族布麽神坛只供奉本教教祖布洛陀的神位，后来同时供奉道公的"三清"、"三元"、真武等神灵，有的麽公甚至不再专门供奉布洛陀神位，而笼统地以"前传后教历代诸圣师神位"取而代之。隆林各族自治县委乐乡壮族黄氏布麽所供奉的神位如下图所示。②

---

① 广西壮族自治区编辑组：《广西壮族社会历史调查》（第五册），民族出版社1986年版，第100页。

② 广西壮族自治区编辑组：《广西壮族社会历史调查》（第一册），民族出版社1984年版，第65页。

治下千千神位	第一皇位第二皇座第三皇帝元君神位	敕封三界伏魔关圣帝君神位	敕封刘备先生张飞二大天王神位	敕封丞相诸葛大将军之神位	前传后教历代诸圣师神位	龙虎云法赵邓马康四大元帅神位	黄家三代先灵之神位	治下万万雄兵

云南学者杨宗亮 1996 年 1 月 4 日在云南省广南县八宝镇板莫村调查了一位麽公的情况，该麽公家神坛上供奉的神分别为：

凤舍八宝归神

祖师南斗六司延帮星君

祖师六合空神大帝

祖师六合无穷高明大帝

祖师前传后教历代祖师大帝

祖师正乙黑虎真人赵大元帅

侍奉香火孺寻三清三宝三教法虚无然

祖师十二命宫神星君

祖师三元三品三官大帝之神

祖师北斗九皇上道帝君之神

祖师治下万方史官之神[①]

---

① 杨宗亮：《壮族文化史》，云南民族出版社 1999 年版，第 184 页。

这些神祇有些属于中国民间俗神，有些属道公之神，有些不知归属。该麽公神坛还专门悬挂"侍奉香火孺寻三清三宝三教法虚无然"的灵位，可见道公文化对壮族麽教影响之深。

二是麽公、道公兼于一身，同一个人既做麽教仪式，又做道教仪式。虽然壮族有"道公送命，麽公救命"的俗语，可实际上，壮族各地麽公既做祈福救命仪式，也做超度送亡魂仪式。如黄桂秋教授所调研到的广西百色市右江区百兰乡邓氏家族传承保存至今的仪式经书中，有许多经书抄本都是道教仪式用的，遗留下来最早的道公抄本有抄于清嘉庆十八年的经书《封丧秘法》《杂咒全科》《拔亡水府》《开丧度亡灵》《水科拔亡杂疏二、三斋全》《度亡小天丧》《退回人弄秘法》《回人弄秘山》《九阳叹科》等。另外，壮族麽教一般采用师徒传承的方式，很少有父子间的家族传承，但受道教影响，一些地方的麽教也出现了父子传承的情况。像邓氏家族就前后传承了十代麽公，其传承关系如下：

第一代：邓道经

第二代：邓道师

第三代：邓道宝

第四代：邓道鹿

第五代：邓道通、邓道达

第六代：邓道侦、邓道祥

第七代：邓道恩、邓道德

第八代：邓道星（第十代邓道彰之祖父）、邓道康、邓道高（第十代邓道佳之祖父）

第九代：邓道忠（邓道星之子）、邓道邦（第十代邓道锋之父）

第十代：邓道锋（邓道邦之子）、邓道佳（邓道高之孙）、邓道

彰（邓道星之孙）①

需要指出的是，百色市百兰乡至1950年以前共有麽公三家，但延续至今的，只有邓氏一家；另外，百兰一带的麽公是麽道合一。

三是道公科仪融入麽公仪式中。这主要指的是解冤和炼狱两种。麽公有许多解冤仪式，如解父子冤、婆媳冤、母女冤等。这与道教科仪"解冤释结"密切相关。道教认为，人跟人之间、人与神之间之所以结下了各种冤结，究其根源，在于人的"无道"。据《元始天尊济度血湖真经》载："众生妄想贪着，不识正真，执系是非，积诸罪业……冤家债主，互相偿报，是故生产有诸厄难。"《太上泰清拔罪升天宝忏》亦载："众生造罪，死入北酆，鬼考罪魂，冤对难抵。……诸亡魂在地狱之中生死流转，冤对难脱，皆因在世之时自己所犯下恶业，抵偿受报。"正是因为人现世的种种过失，导致各种冤对缠绵不解。对此，在道公科仪中除了斋戒诵经祈请神灵宽恕外，画符、持咒等方术也被经常使用。比如在《太上三洞神咒》《清微神烈法》《太上三生解冤妙经》等道经中，就有很多用以解冤的咒、符、诀。道家思想进入广西并民间化后，壮族麽教的解冤仪式或多或少都受到了道公的影响。炼度是道公超度亡灵的一种科仪。炼，指以真水和真火交炼亡者灵魂；度，是修斋行道，拔度幽魂。正如四十三代天师张宇初在《太极祭炼内法序》中所说："炼度魂爽，犹为灵宝之要，而炼度之简捷，犹以祭炼事略而功博。"南宋以来，炼度一直是黄箓斋醮的主要仪式，其类型主要有三光炼度、灵宝炼度、混元阴炼、紫皇炼度、九炼生尸和九宫八卦炼度等。程式大同小异，其核心是收亡魂，水火交炼，举度南宫（即长生之宫），仙化成人。在壮族麽教超度殇死者亡魂的仪式中，就有不少道公炼度的环节，目的就是让亡魂早日归宗。

---

① 黄桂秋：《壮族布麽的组织结构及传承方式》，《广西师范学院学报（哲学社会科学版）》2009年第1期，第3页。

第三节 道公对师公的影响

师公是在壮族先民"越巫"基础上发展形成的一种传统民俗。如前所述，壮族民间自古有好巫善鬼的传统，在外来宗教进入广西以前，就已经形成了师公教的雏形。在壮族先民创作的左江花山崖画上，个子高大的首领兼祭祀的人身蛙形象，旁边多有铜鼓，以直观的形态反映了雏形师公教祭神活动的情形。正如《魏书》载：僚人"其俗畏鬼神，尤尚淫祀"。对鬼"鼓舞祀之，以求福利"。①到唐代依然如此，唐代诗人温庭筠的《河渎神》云："铜鼓赛神来，满庭幡盖徘徊。"这些仪式都有一定的规模，可见已经有一定的宗教小团体在施法。宋代诗人方信儒在《南海百咏》中说，岭南庙中用铜鼓，"自唐以来有之。《番禺志》已载其制度，凡春秋享祀，必杂众乐击之以侑神"。可见，在道公兴起之前，师公教就已是岭南地区的一种主要的信仰形式。道公在广西兴起后，师公教大量吸收道公的元素，按照道公的面目进行组合提升，请师、迎神、净坛、破狱、送神等都采用了道教的科仪。在桂西北红水河流域和龙江河流域一带的民间道公与师公，有的甚至不分彼此，两教皆通。比如"还愿"本属师公教的仪式，有时道公也兼营，而"开通冥路"本属道公做的仪式，有时师公也兼营。一些邻近的班子，主持仪式人手不够时，甚至互相借用。这两种信仰各具特色，又互相浸透、互相影响。有学者认为，这皆缘

---

① 〔北齐〕魏收：《魏书》，中华书局2017年版，第581页。

于道教受少数民族文化影响演化而成,属同源别支。"道公在创建过程中就与西南少数民族的'鬼教'发生了密不可分的联系,吸取了许多少数民族宗教的因素,在许多方面与少数民族的宗教类似,便于道公与少数民族接轨,有利于道公文化在少数民族的传播和发展。"①

一、教义和神灵移植了很多道公元素

受道公的影响,师公也认为天地既包括人们生活的世俗世界,也包括所谓的"彼岸世界",上有仙人游乐的天庭,下有恶鬼所入的地府。按照《云笈七签》所载,神仙共掌管有三十六重天。这三十六重天总体上又分为六个层次,自下而上为欲界六天、色界十八天、无色界四天、四梵天、三清天、大罗天。进到不同的层级,会有完全不同的境遇:欲界六天"有色有欲,交接阴阳,人民胎生";色界十八天和无色界四天则"人寿命长",但终有一死;四梵天是"人断生死,三灾所不及";三清天则是仙人所居;大罗天为最高等级,可谓"大罗之境,无复真宰,惟大梵之气,包罗诸天太空之上"。②人升天之后,能够在哪重天居住,则取决于他的身份等级和所积累的善功大小。与三十六重天相对应,道公又有九地三十六土皇之说。人死后要受到阎罗审判,倘若生前为非作歹,将会被打入地狱受罚。除此之外,道教还有十大洞天、三十六小洞天、七十二福地的说法。大小洞天是神仙统辖之所,福地多为得道真人辖之。上述这些都是道教从古神仙家、方士那里承袭而来的神仙世界。师公教对其加以简化,使之成为该教信仰的基础。此外,师公认为吉凶祸福乃是个人行为善恶的必然报应,因此人们在生活中要多做善功,多种福田,要虔诚信奉师公教,以免受承负之厄。这与道公天道承负、善恶报应

---

① 张桥贵:《道教与中国少数民族关系研究》,云南大学出版社、云南人民出版社2011年版,第34页。

② 〔宋〕张君房:《云笈七签》(上、中、下),中央编译出版社2017年版,第291页。

的思想是一脉相承的。《太平经》载："善者自兴，恶者自败，观此二象，思其利害。凡天下之事，各从其类，毛发之间，无有过。"认为有诸神记人的善恶，到了一定的时候，天便依此给人以奖惩。这一说法实质上是用神仙信仰规范人的言行。正是在此基础上，师公教形成了"三皈""五戒"的教规和修善、修阴功等修持方法。

师公的主神唐、葛、周三将真君也源于道公，与道公的"三官"有着千丝万缕的联系。道公在做太平清醮科仪时，有"请圣"仪式，也就是恭请神灵降临神坛主持醮事，除了请天尊、天帝、高真等诸圣降临神坛外，还请"天门唐葛周三大将军"降临神坛。道公在做追魂仪式时，也有遣"三元追魂唐葛周三大将军"前往驱邪夺魂的仪式。在道公文化中，唐、葛、周的职能是镇守天门，护正逐邪。净明道遣动唐、葛、周，也是护民逐邪夺魂。在《绘图三教源流搜神大全》中，唐、葛、周三真君则能济世救民，消除灾祸。这些都与前文所述的壮族师公的职能相吻合。也许正是这种原因，师公教才将唐、葛、周作为主神祀奉。《绘图三教源流搜神大全》中还记有与三真君的名号略有相同的三元大帝，即上元一品九气天官紫微大帝、中元二品七气地官清虚大帝和下元三品五气水宫洞阴大帝。在道公中，这三元大帝又称天、地、水三官，即天官赐福、地官赦罪、水官解厄。它们与唐、葛、周三元在名号、职能的意旨上都有相同或相通之处，所以有些地方的师公（如贵港市）也将这两种神灵附会为一，统称为"三元唐葛周三帝大将军"，或分别称为"上元一品九气赐福天官""中元二品七气赦罪地官""下元三品五气解厄水官"。其实，师公所祀奉的唐、葛、周就是"三真君"，后来因为受到道公在民间做醮事的影响，且与天、地、水三官合为一体，才又增添了"大将军""大帝""三官"等名号，统称为"唐、葛、周三将真君"或"三元唐葛周三帝大将军"。

第三章 和合共生——道公文化对本土习俗的影响

图 3-7 "三元"神像画
（贵港市东龙镇何家前师公藏）

图 3-8 "三元"神像画
（贵港市石卡乡覃天忠师公藏）

二、符箓和咒语吸收了大量道公法术

符箓咒语是师公实施禳灾祛邪法术的重要手段，其内容多来源于道公。如辟邪咒语："天地玄宗，金光符命，鬼妖胆衰，精怪灭形。急急如律令。"又如驱鬼咒语："五星镇彩，光照玄冥。千神万圣，护我真灵。巨天猛兽，制伏五兵。五天魔鬼，亡身灭形。所在之处，万神奉迎。急急如律令。""天地玄宗，万气之根。四灵天灯，六甲六丁。助我灭精，妖魔亡形。五行三界，八卦斩鬼。急急如律令。"诸如此类的咒语在师公仪式中并不少见。至于符箓之法，则几乎都是从道公模仿而来。根据《云笈七签》的记载，符箓具有"以祛邪伪、辅助正真、召会群灵、制御生民、保持劫运、安镇五方"等六大作用。从这六方面来看，道公符箓的功能无所不包。壮族师公也是在各种不同场合使用不同的符箓,无论是请神、驱鬼、镇宅、祷雨,还是安龙、破狱、治病、求嗣,总有一种特别的符箓针对一个特定的场景,或者有功能覆盖面广的通用型符箓。"咒"是用口诵读或默念语言来表达神的意志与愿望;"符"则是用朱笔或墨笔在纸上画出寓有一定意义的纸条。"咒"与"符",虚实结合,互为补充,成了壮族师公一种主要的法术手段。广西师范大学杨树喆教授在上林县曾目睹一位师公为病人赶鬼治病的情景,其做法是:"先给神龛上香和供品,同时供桌上放几张'驱鬼斩妖'符,接着手持柳木剑行罡舞步,随后口含一口冷水(名曰'五龙水')朝病床喷去,并低声念诵咒语(大意):含口法水向前喷,九天玄女救众生。……东是楼上李大帝,西是太上李老君。自古开天又立地,一年要救几百人。今晚弟子来退病,三灾八难出门庭,出门庭。念毕,用柳木剑在床头猛地一拍,使病人吓一跳。最后,将灵符烧化即完成赶鬼治病的全部仪式。"①所以有研究者认为师公教受道公符箓影响最大,是不无道理的。

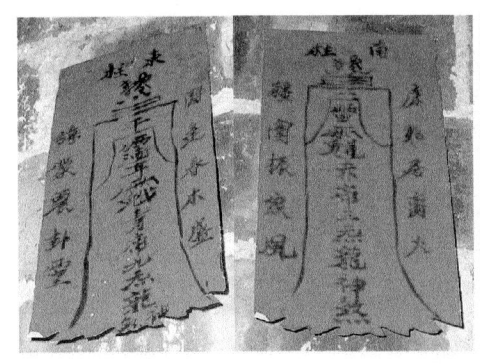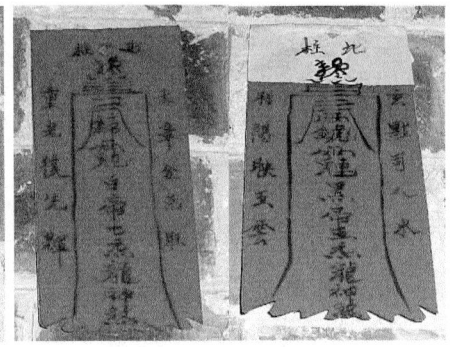

图 3-9 师公画的镇宅符
(2019 年 8 月 15 日拍摄于扶绥县新宁镇下庄屯)

---

① 杨树喆:《桂中上林县西燕镇壮族民间师公教基本要素的田野考察》,《文化遗产》2008 年第 4 期,第 120 页。

第三章 和合共生——道公文化对本土习俗的影响

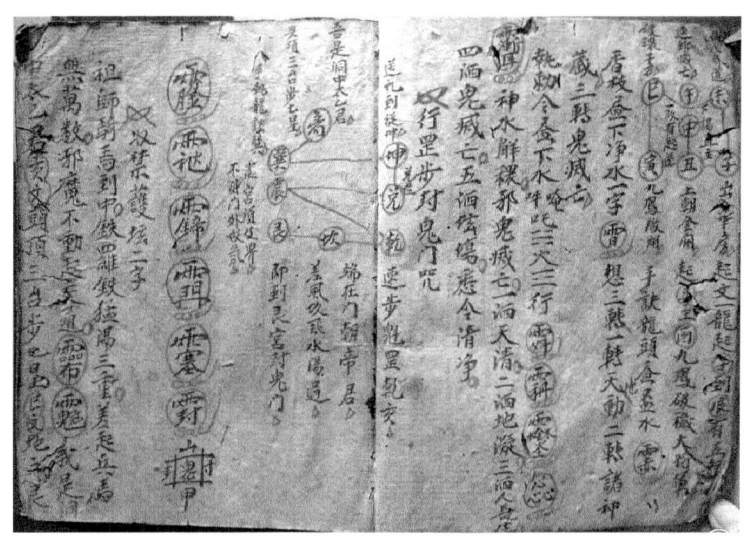

图 3-10 行罡步封鬼门咒
（2020 年 2 月 17 日收集于隆安县城厢镇太平村）

三、师公和道公共同主持大型仪式

壮族民间举行的大型斋祭活动一般都是师道联合，共同主持。2020 年 3 月 19 日—20 日，隆安县雁江镇举行隆重的打斋仪式，笔者亲临现场，跟踪考察了该仪式的全过程，真正领略了壮族民间信仰师道合一、融为一体的独特风情。

隆安县雁江镇为壮族聚居地，当地人主要操壮语南部方言。当地的老百姓过去面对各种自然灾害无法用科学来解释，于是往往多信奉师公、道公、巫婆，并从他们那里得到心理上的安慰。这里的道教是随着汉文化的传入而逐渐渗透过来的，但是也被当地人根据实际需要做了适当的改造，甚至出现了用古壮字书写的道公经书，可以说是转化的道教。当地师公经常与道公互相配合，主要从事超度亡灵、打斋除瘟、驱鬼治病、受戒等活动，其实就是师道结合从事娱神与娱人的传统民俗活动。自改革开放以来，这里每个地方均每隔三年举行一次打斋活动，一方面以求驱除凶神恶鬼等带有邪气的东西，保佑人们生意兴隆，六畜兴旺，人人平安；另一方面希求风调雨顺，五谷丰登。按照惯例，雁江街应该是在农历二月初二举行打斋活动的，但由于各种原因推迟到农历二月廿六。雁江街的此次打斋活动在3月19日（农历二月廿六）中午12点吉日吉时正式展开，前后持续两天。一般打斋活动的仪式都由师公与道公通力合作，道公主要念唱汉文版的经词，师公主要念唱古壮字版的经词，还从事武术、歌唱等活动。整个打斋活动包括净坛、请神、打斋三个阶段，现分述如下。

1. 净坛

师父们在开始仪式前，先布置五个斋坛。一是主坛，设立在大庙中央。第一排摆放观音塑像，第二排竖立一块石碑，第三排摆放一只公鸡、一个猪头、一碗猪肉、一碗羊头肉，第四排是众人进贡的水果，第五排摆放五杯酒、五双筷子、一碗饭、一碟盐、一扎冥币。二是师坛，这里的师坛共设立三个。其一是正坛，布置情况如下：第一排挂一张众神图像，上面画有二十多个神；第二排中间放一个香炉，香炉两边各放一碗生米，师公把自己的印章分别插到碗中，表示这是师父们的师位；第三排摆放猪头肉、鸡肉；第四排摆放五杯酒、五双筷子、一碗饭、一碟盐。其二是下坛，即在正坛下方再设立一个师坛，其摆设除了不挂神像外，其余与正坛相同。其三是五寨坛，第一排挂五寨神神像，第二到第四排的摆设和正坛一样。另外，五寨坛旁边放有一只公鸡，代表鸿钧老祖的坐骑。三是道坛。第一排挂上下两列神像，第一列挂的是观音神像，第二列挂的是"三清"神像，第二排放一个香炉，第三排摆放猪头肉、鸡肉，第四排摆放五杯酒、五双筷子、一碗饭、一碟盐。道坛下放一只公鸡，代表鸿钧老祖的坐骑。

坛场布置妥当后，师公和道公一路敲锣打鼓，来到雁江街附近的小河边，开始做请甘露水的仪式。他们首先在小河边将一张芭蕉叶铺在地上，上面摆放有猪肉、米饭、几杯酒、一杯盐巴，然后一边按照唱本《请水经》念唱经书，一边敲铃铛，并不断地烧纸钱，表示让五海龙王即东海青帝、南海赤帝、西海白帝、北海黑帝、中海黄帝听到铃声,就知道有人宴请他们,送钱财给他们,让他们接收师父们的"贿赂",如此一来,师父们才好要求他们下来协助主持仪式。念唱完《请水经》,一位师父拿一个装有两根灯芯的瓶子分五次往瓶子里装水,其中的灯芯表示灯笼,据说这样龙王听到铃声,看见灯光了,才知道要到什么地方找吃的,每装一次水就将一枚面值五角的硬币投进小河,表示这甘露水是向五海龙王买来的。所谓甘露水,是指五龙水之一种,而五龙水分别指清净水、天河水、月中丹桂水、甘露水、龙王水。从小河里舀出半小桶的泉水即甘露水。接着,其中一个师父右手执一根柚子枝,施上甘露水,把水往外洒几下,再打符茭,直至两块符茭皆俯或皆仰,才算真正请到甘露水。请到了甘露水后,师父们便烧纸钱,这表示给五海龙王一些钱财作为过路费,好让他们搭车回去。烧好纸钱,师父们就停止念唱经书,一路敲锣打鼓并带甘露水回去。

师父们带甘露水回到道场后,由道公单独用甘露水洒道场,清除道场的秽气,为接下来的仪式做好准备。首先,道公将一张芭蕉叶铺在地上,上面摆放有猪肉、米饭、几杯酒、一杯盐巴等祭祀用品,为下面"贿赂"神做准备。其次,师公与道公再次念经请神,其中,师公请三元祖师即上元、中元、下元三个大神。道公则请太清、玉清、上清三个大神下凡降坛。一般的手段是邀请神下来吃肉喝酒,加上诵经与神沟通,不断叩拜以示虔诚,这些大神就会下凡,愿意听命于师父们,并随时根据师父们的要求去行事。然后,道公执一根柚子枝,施上甘露水,在道场各个地方洒上甘露水,他们认为被甘露水洒到的地方就没有秽气,就是干净的。最后,师父们念唱完经词,烧纸钱给这些大神。据师父们说,这就相当于请大神们来主持仪式,让他们辛苦了,待这一环节的仪式结束,他们也就走了,就给他们一些路费,让他们搭车、买东西吃等。而且,师父们要确认大神们确实背上那些"金钱"上路了,才算做完这一环节的活儿。要验证大神们是否背上那些"金钱",其实也很简单,那就是打符茭,直至两块符茭皆俯或皆仰,大神们才算真正带着师傅们给的"金钱"上路了。

请完甘露水，师公就要请三元祖师下来，收拾凶神恶鬼，对着一个盛有甘露水的碗口画空符，就算他们禁闭起来，此即所谓的"禁坛"。紧接着，师父们打开红色的三角旗，邀请四功曹下凡降坛，这四个神相当于现在的邮递员，专门负责将表符（请帖）送到天上。他们照例先敲锣鼓，再跳神，然后一个师父双手不时由外向里画圆圈，并朝"台案"拜一拜，再蹲下告诉功曹将要降临的具体时间、地点和要办的事情。这之后，师父们就分两组对唱四字一句的经词，意为用经词请功曹下来吃三十六样东西。最后，再按照先敲锣鼓，再跳神，再分别以五字一句、七字一句山歌对唱的形式邀请功曹降坛。到此为止，师父们才算是正式开坛。《请功曹》唱词如下：

> 上界骑凤飞，你身有灵性。
> 手拿封书信，上去请盘王。
> 往前请大佛，回来请师主。
> 上界骑凤飞，你身有灵性。
> 盘古在天上，它在上面听。
> 手拿封书信，上去请盘王。

咳呀，上界年值功曹，来到丧场坛前，骑马临筵，台下跪接，六酒相逢，手指高空，听到师同赞叹。

> 起首又打鼓咚咚。
> 生得鼓声悼铃响，上界功曹接天门。
> 今朝坐在竹竿庙，弟子一念佛就来。
> 立筵守令开师座，师同一起唱叹公。
> 香烟袅袅进去请，腾云驾雾全下来。
> 我们唱前朝根由，叹唱父母生你老。
> 父母生下老父你，翻上高天请雷公。

第三章 和合共生——道公文化对本土习俗的影响

速走九天之道路，三圣三宝降坛中。
封你上界骑凤凰，腾云驾雾上天门。
师公一心烧书字，阳间道理靠书通。
阳间道理烧表疏，劳驾辛苦派上下。
不管道公或师公，都要符篆当合同。
符篆定做阳间礼，念法府吏请佛下。
有书就拿书去请，没书没状口通报。
不管小筵或下食，急急骑凤上天门。
天上三十三天界，佛祖如来全下来。
请到三天骨乙地，伏羲兄妹全下来。
请到中界雷洲岸，五雷神将全下来。
雷祖雷公下来看，五雷三斧性最急。
风白雨师同步行，雷公雷母望天门。
上司雷殿全同降，执法三郎全同下。
上苍和谷同步行，神农土主来报庙。
五位雷王笑啊啊，各位骑马下天门。
年值功曹请佛降，弟子好汉请佛下。
上界功曹力不力？一时急急到坛中。
四位功曹行各样，马蹄下地到处转。
四位功曹有道德，四处请佛急似风。

　　中界骑老虎，大路过山林。
　　拿书状在手，去南容请佛。
　　黑夜和雨天，开山岸为路。
　　中界骑老虎，大路过山林。
　　骑虎悠悠去，大佛来不停。
　　拿书状在手，去南容请佛。

咳呀，中界月值功曹，来到丧场坛前，骑马临筵，台下跪接，六酒相逢，手指高空，听到师同赞叹。

     起首又打凤还山。

  生得鼓声悼铃响，中界功曹接大山。
  今朝坐在竹竿殿，弟子一念到坛前。
  香烟袅袅进去请，腾云驾雾来到家。
  一到神坛安座位，师同一起唱叹郎。
  不唱前王的好汉，唱说当初父母生。
  父母生你很能干，骑公老虎进大山。
  骑公斑虎进大山，佛仙三宝降神坛。
  封你中界骑老虎，自走灵山一条路。
  道公一心烧字书，照阳间礼去请鬼。
  照阳间礼烧表疏，劳驾辛苦进大山。
  不管师公或道公，都要符箓定阳间。
  符箓来定阳间礼，念法府吏去请鬼。
  有书就拿书请客，无书无状嘴到家。
  不管小筵或下食，急急骑虎进大山。
  第一就接波迷路，波迷山路黑蒙蒙。
  第二就接灵山路，灵山木叶也难通。
  第三就接武当山，真武稳当坐中央。
  第四就接峨眉山，赵孔明唱东门中。
  第五就接终南山，云子来降你南门。
  第六就接马耳山，五显华光坐西门。
  第七就接玉泉山，请关云长把北门。
  第八就接蓬莱山，观音菩萨降丧场。
  五位元师笑啊啊，各位骑马到坛前。

月值功曹请佛降,弟子好汉请佛来。
中界功曹力不力?急急骑马到坛前。
四位功曹行四样,马蹄地下呼呼转。
四位功曹有道德,四处请佛急似风。
  下界骑大龙,下到大海中。
  手心拿书状,请五龙来降。
  下界请官员,中天请佛道。
  下界骑大龙,下到大海中。
  请官员来降,请三藏诵经。
  手心拿书状,请五龙来降。

  咳呀,下界日值功曹,来到丧场坛前,骑马临筵,台下跪接,六酒相逢,手指高空,听到师同赞叹。

    起首又打鼓不停。

生得鼓声悼铃响,下界功曹接龙神。
今朝坐在竹竿殿,弟子一念就来临。
香烟袅袅进去请,腾云驾雾佛来临。
一到神坛安座位,师同一起唱叹君。
不唱前王的好汉,唱说当初父母生。
父母正生你下界,你下大海请龙君。
十殿阎罗一起降,带状骑龙下海中。
封你下界骑母龙,四处发雨雨满天。
道公一心烧字书,阳间道理全一样。
照阳间礼烧表疏,劳驾辛苦走不停。
不管师公或道公,都要符箓定阴间。
符箓来定阳间礼,念法府吏佛来临。
有书就拿书请客,无书无状嘴到家。

第一就接地府案，阎罗看状度亡灵。
第二就接东海柱，青龙来看这丧场。
第三就接西海岸，龙王得状才请经。
唐王做主集龙父，家爷玉女来洒筵。
北方中央放各状，龙公海岸来洒筵。
五位龙王来做主，金童玉女来洒筵。
各位龙王笑啊啊，一起骑马出大海。
日值功曹请佛降，弟子好汉请龙神。
下界功曹力不力？立即急急到坛中。
四位功曹行四样，佛子佛父来不停。
四位功曹有道德，四处请佛急似风。

  下界骑马儿，纷飞去到岸。
  手心拿书状，没讲嘴先通。
  双手拿缰绳，勒马纷飞回。
  下界骑马儿，纷飞去到岸。
  骑马沙沙去，马蹄不沾地。
  手心拿书状，没讲嘴先通。

咳呀，阳界时值功曹，来到丧场坛前，骑马临筵，台下跪接，六酒相逢，手指高空，听到师同赞叹。

  起首又打凤凰飞。

生得鼓声悼铃响，阳界功曹接马儿。
今朝坐在竹竿殿，弟子一念天机来。
香烟袅袅进去请，腾云驾雾即刻降。
一到神坛安座位，师同一起唱叹儿。
不唱前王的好汉，都是父母生的儿。
父母正生你大儿，通达阳界请师神。

近路远路你都走，给你阳界骑马儿。
近路远路你都认，佛儿出圣来纷飞。
封你阳界骑小马，巡游天界请神司。
道公一心烧字书，阳间道理进去请。
照阳间礼烧表疏，劳驾辛苦坏身体。
不管师公或道公，都要符策定阴司。
符箓来定阳间礼，念法府吏进去催。
有书就拿书请客，无书无状嘴去催。
不管小筵或大会，骑这匹马去纷飞。
第一就接南容庙，三元考召纷纷来。
第二就接龛堂主，阴阳师父邀师徒。
第三就接左江案，香火灶王立即降。
第四就接土康庙，社王社父纷纷来。
第五就接佛山道，本龛三教来超度。
第六就接敖山案，婆工南当送小儿。
六位师主笑啊啊，各位骑马纷纷来。
时值功曹请佛降，弟子好汉请师主。
阳界功曹力不力？立即急急回纷飞。
四位功曹行四路，大佛祖佛纷纷来。
四位功曹有道德，四处请佛急似风。

2. 请神

仪式进行到第二天，打斋也到了高潮部分。这一天师父们主要通过两个大的环节来完成这次打斋仪式，即请众神降坛和领众神主持仪式。只有这样，打斋的目的即祈福消灾才被认为真正达到了。民众才感到心安，不至于终日忧心忡忡。

请众神降坛主要分两步，第一步是请师公和道公各自信奉的神；第二步是请"庙神"。其中，师公和道公请神方式的区别主要是师公以念唱经词和音乐舞蹈相结合的方式请师公神，而道公则是单纯地依靠照本念唱经词的方式请神。因此，这里仅以师公请众神为例，考察请众神降坛的过程。

图 3-11 师公法坛（2020 年 3 月 19 日拍摄于隆安县雁江镇）

第一步是"开师"，即师公请其信仰的众神也就是常说的"师神"下凡。此过程需要两个师公互相配合才可完成，其中一个师公负责请"师神"，另外一个师公负责接"师神"。

首先是请神与接神。两个师公戴上法帽，身披"挂件"，据说师父们只有戴了法帽才有法力。其中负责邀请神的师公左手执木简，右手执铃铛和一把宝剑，并有节奏地抖动，表示打拍子，发出的声音即是乐声，还不时转圈舞动几下，表示舞蹈，即载歌载舞欢迎神降临现场。负责接神的那个师公韦锦利左手执"封筒"，此物象征着金桥路，神下凡要走过这座"桥"，右手执铃铛，亦有节奏地抖动，还不时转圈舞动几下，表示载歌载舞——接神下凡。

第三章 和合共生——道公文化对本土习俗的影响

不久,师公韦锦利向另外的那位师公鞠躬,然后两个师公一起叩拜师公台案,再坐下与众师公一起念唱经词。此时,喇叭唢呐跟着响起了。师公每请一个神,就念一次经词《开师经》。他们邀请的首先是三个大神引光、二光、三光,其是带领其他神下凡。《开师经》的唱词是这样的。

师父呀来吧,来这扎营盘。
师父呀来吧,扎营盘查事。
我们来歇脚,安营又安府。
师父呀来吧,来这扎营盘。
念三元保举,念师父同来。
师父呀来吧,扎营盘查事。
弟子来敬香,找到三色气。
上香火完备,佛全都到座。
原住南海岸,赶回到丧场。
弟子来敬香,找到三色气。
香火就是龙,烟就是信使。
上香火完备,佛全都到座。
弟子来敬茶,送来三样果。
也不饥不渴,吃得沙沙响。
果树在邑柱,爬山担它回。
弟子来敬茶,送来三样果。
弄里千样花,每天开三次。
也不饥不渴,吃得沙沙响。
打鼓又敲锣,找遍全天下。
打雷又下雨,老虎吼山林。
天四脚都黑,说六庙被卡。

>　　打鼓又敲锣，找遍全天下。
>
>　　来这里歇脚，雾里营盘坐。
>
>　　打雷又下雨，老虎吼山林。
>
>　　鼓声咚咚响，营地中央坐。
>
>　　道士击好鼓，派府吏功曹。
>
>　　念三元保举，念师父降临。
>
>　　鼓声咚咚响，营地中央坐。
>
>　　一碗水封坛，孝男进来跪。
>
>　　道士击好鼓，派府吏功曹。

咳呀，府吏功曹，来到丧场坛前，骑马临筵，台下跪接，六酒相逢，手指高空，听到师同赞叹。

咳呀，咳呀，咳呀，孝主到案，再次烧香，一念名香，传到五门；二念名香，传动五方；三念报香，海岸进香。香不乱烧，人不乱请，圣不乱求，现有今则孝男，大胆叫动，叫动先见庙吏。先请土地召迎，土地全心照请。请到郎延上生福德土地、三界府吏、四值四父功曹：上界年值功曹，中界月值功曹，下界日值功曹，阳界时值功曹。写字请客，状报郎君，孝主接香，坛前接请，咳呀。

咱尽对拜，对高台下，再烧第一份第二份名香，纷飞升上接请。请到香花中发，又达天门，香排排烧，传通下界，香再传东，传南，马再传西，传北，佛再传通五方。请到郎延长生福德土地、三界府吏、四值四父功曹：上界年值功曹，中界月值功曹，下界日值功曹，阴界时值功曹。写字请客，状报郎君，孝主接香跪坛前接请，咳呀。

咱尽对拜，对高台下，再烧第一第二第三份名香，纷飞升上接请。请到香花缭乱，香气纷纷，东方甲乙召请，南方丙丁、西方庚辛、北方壬癸、中央戊己，弟子集中，拿篓迎接，拿茭召请。请到郎延长生福德土地、三界府吏、四值四父功曹：上界年值功曹，中界月值功曹，下界日值功曹，阳界时值功曹。写字请客，状报郎君，孝主接香跪坛前接请，咳呀。

咳呀，四位功曹，下来安座，安了十座，整筵未见，日月毫光。

先见弟子主人莫人本衙行头，后来三拜，一千一拜，四位功曹悠悠来降；二千二拜，四位功曹延木而光临；三千三拜，洒疏洒文，多置名香。一烧香，纷纷达四方，二烧香，福禄寿延长，三烧香，三只海岸门香炉。一样来到坐高山，阴中玉女进金坛，这样回来坐高山，又找这样献功曹。府吏功曹这样献，马蹄中阴兵接状下。这样献拜，放在高台，叫来三界府吏，四值四父功曹，后来临筵，孝主×××兄弟用心去办，又上花丝奉献。

花丝如来牡丹红，就要这朵插殿筒，就要这朵插案台。花朵光亮如太阳，花朵光亮如大白，佛老笑靥如花开，孝主多念多尽拜，有要花丝献功曹。四位功曹花丝献，马蹄中阴兵接状下。花丝献拜，放在高台，叫来三界府吏，四值四父功曹，后来临筵，孝主×××兄弟用心去办，又上灯丝奉献。

献灯丝，点灯来亮佛坐筵。点灯来亮佛坐案，从南海岸纷纷来，咳咳走出南海岸，日好时好天门开，孝主多念多尽拜，又要灯丝献功曹，府吏功曹灯丝献，马蹄中阴兵接状下。灯丝献拜，放在高台，叫来三界府吏，四值四父功曹，后来临筵，孝主×××兄弟用心去办，又上香丝奉献。

香丝如一来三色气，二次烧香三师来，三次烧香烟飘飘，从七条路姗姗来，从七条路抬头望，酒肉放在桌上供，孝主多念多尽拜，又要香丝献功曹，府吏功曹香丝献，马蹄中阴兵接状下。香丝献拜，放在高台，叫来三界府吏，四值四父功曹，后来临筵，孝主×××兄弟用心去办，又上床台奉献。

好床台，木匠鲁班砍木来，木匠鲁班进去造，造成四角合做台，做成四个角完备，拿来这里垫粮食，拿来这里垫经教，师道只说安大佛，孝主多念多真拜，又要床台献功曹，府吏功曹床台献，马蹄中阴兵接状下。桌台献拜，放在高台，叫来三界府吏，四值四父功曹，后来临筵，孝主×××兄弟用心去办，又上木凳奉献。

木凳献，四处木凳排连连，四处木凳排四角，发给府吏请佛来，弟子执监请佛降，五海龙王来洒筵，孝主多念多尽拜，又要木凳献功曹，府吏功曹木凳献，马蹄中阴兵接状下。木凳献拜，放在高台，叫来三界府吏，四值四父功曹，后来临筵，孝主×××兄弟用心去办，又上筷子奉献。

拿筷来，祭祀就拿筷子排，祭祀就拿筷子放，死进阎罗佛又弱，死进阎罗挨捉住，拿进牢狱里监禁，孝主多念多尽拜，又要筷子献功曹。府吏功曹筷子献，马蹄中阴兵接状下。木凳献拜，放在高台，叫来三界府吏，四值四父功曹，后来临筵，孝主×××兄弟用心去办，又上蓝茶奉献。

好蓝茶，又有棵树在山边，又有一年正月节，风吹木叶床头巾，风吹木叶遍地散，一片俨然路中落，一度当祖拿来看，二度当祖拿来看，三度当祖拿来淋，这棵样子像香茶，这棵敬佛佛会下，这棵敬佛佛会还，这棵敬佛佛会下，拿到坛前来安放。孝主多念多尽拜，又要蓝茶献功曹，府吏功曹蓝茶献，马蹄中阴兵接状下。蓝茶献拜，放在高台，叫来三界府吏，四值四父功曹，后来临筵，孝主×××兄弟用心去办，又上碟子奉献。

碟子献，四处碟子排连连，四处碟子排四角，开给府吏接佛来。孝主多念多尽拜，又要碟子献功曹，府吏功曹碟子献，马蹄中阴兵接状下。碟子献拜，放在高台，叫来三界府吏，四值四父功曹，后来临筵，孝主×××兄弟用心去办，又上海盐奉献。

盐奉献，它的本源在海边，它的祖根在海岸，在岩下为石头盐，吃它又甜又有味,它在大海第一名。孝主多念多尽拜,又要海盐献功曹,府吏功曹海盐献,马蹄中阴兵接状下。海盐献拜,放在高台,叫来三界府吏,四值四父功曹,后来临筵,孝主×××兄弟用心去办,又上六酒奉献。

六酒献,杜康造酒我们领,老君造钱来女色,杜康造酒黑黝黝,孝主多念多尽拜,又要六酒献功曹,府吏功曹六酒献,马蹄中阴兵接状下。六酒献拜,放在高台,叫来三界府吏,四值四父功曹,后来临筵,孝主×××兄弟用心去办,又上猪肉奉献。

猪肉献,又杀这头百多斤,又杀这只拿来用,吃进众佛王肚子,吃进众大佛肚子,师道执簒去超度,师道执变安方位,你到后世另投生。孝主多念多尽拜,又要猪肉献功曹,府吏功曹猪肉献,马蹄中阴兵接状下。猪肉献拜,放在高台,叫来三界府吏,四值四父功曹,后来临筵,孝主×××兄弟用心去办,又上饭食奉献。

饭食献,百姓人民耕田地,以前有钱没地使,酒米没有好可怜。孝主多念多尽拜,又要饭食献功曹,府吏功曹饭食献,马蹄中阴兵接状下。饭食献拜,放在高台,叫来三界府吏,四值四父功曹,后来临筵,孝主×××兄弟用心去办,又上大碗奉献。

大碗献,大碗装肉来供鬼,家庭就得靠佛祖,祭祀酒肉排又排。孝主多念多真拜,又要大碗献功曹,府吏功曹大碗献,马蹄中阴兵接状下。大碗献拜,放在高台,叫来三界府吏,四值四父功曹,后来临筵,孝主×××兄弟用心去办,又上公鸡奉献。

好公鸡,到坛就是张天师,阴间就叫作公鸡,阴府就说是马师,哪家如果有公鸡,交到丑时鸣呜呜,哪家若没有公鸡,交到丑时死沉沉。孝主多念多尽拜,又要公鸡献功曹,府吏功曹公鸡献,马蹄中阴兵接状下。公鸡献拜,放在高台,叫来三界府吏,四值四父功曹,后来临筵,孝主×××兄弟用心去办,又上上明奉献。

上明献，又要度禄护坛前，开天立地是盘古，神农才知造粮食。孝主多念多尽拜，又要上明献功曹，府吏功曹上明献，马蹄中阴兵接状下。上明献拜，放在高台，叫来三界府吏，四值四父功曹，后来临筵，孝主×××兄弟用心去办，又上大鼓奉献。

大鼓鸣，打鼓打锣声对声，大锣来到营寨后，无名无位都来坐。孝主多念多尽拜，又要大鼓献功曹，府吏功曹大鼓献，马蹄中阴兵接状下。大鼓献拜，放在高台，叫来三界府吏，四值四父功曹，后来临筵，孝主×××兄弟用心去办，又上大锣奉献。

大锣鸣，初次打锣打七声，二次打锣惊行马，三次打锣架行星，四次打锣龙回殿，红旗习习斩妖精。孝主多念多尽拜，又要大锣献功曹，府吏功曹大锣献，马蹄中阴兵接状下。大锣献拜，放在高台，叫来三界府吏，四值四父功曹，后来临筵，孝主×××兄弟用心去办，又上筊子奉献。

筊子献，筊子来源有根据，祖根本源在西眉，只叹芭柱有棵树，利刀砍下做天梯，只叹鲁班打奸狡，又造把刀进去要，又造把刀进去削，一棵叫作三造果，一棵又叫老君嘴，一棵叫作三造果，一棵又叫祖师嘴。孝主多念多尽拜，又要筊子献功曹，府吏功曹娄子献，马蹄中阴兵接状下。筊子献拜，放在高台，叫来三界府吏，四值四父功曹，后来临筵，沥血孝主×××兄弟用心去办，又上篆印奉献。

篆印献，策印正是教师仙，篆印正是教师祖，龛应龛苦好清仙。孝主多念多尽拜，又要篆印献功曹，府吏功曹篆印献，马蹄中阴兵接状下。篆印献拜，放在高台，叫来三界府吏，四值四父功曹，后来临筵，孝主×××兄弟用心去办，又上柑果奉献。

柑果献，柑果正是神仙果，柑果正是仙桃会，拿来祭祀众佛仙。孝主多念多尽拜，又要柑果献功曹，府吏功曹柑果献，马蹄中阴兵接状下。柑果献拜，放在高台，叫来三界府吏，四值四父功曹，后来临筵，孝主×××兄弟用心去办，又上马链奉献。

马链献，马儿行路一人牵，去到西天就凭它，佛祖骑龙来东土。孝主多念多尽拜，又要马链献功曹，府吏功曹马链献，马蹄中阴兵接状下。马链献拜，放在高台，叫来三界府吏，四值四父功曹，后来临筵，沥血孝主×××兄弟用心去办，又上额像奉献。

额像献，点点滴滴过半天。孝主多念多尽拜，又要额像献功曹，府吏功曹额像献，马蹄中阴兵接状下。额像献拜，放在高台，叫来三界府吏，四值四父功曹，后来临筵，孝主×××兄弟用心去办，又上佛像奉献。

佛像献，众位佛祖在西天，请来画家画佛像，又画青龙和白虎，画众佛仙来这挂。孝主多念多尽拜，又要佛像献功曹，府吏功曹佛像献，马蹄中阴兵接状下。佛像献拜，放在高台，叫来三界府吏，四值四父功曹，后来临筵，孝主×××兄弟用心去办，又上我财奉献。

我财献，带状带表纷纷去，上界骑凤上天门，中界骑虎进山林，下界骑龙下海河，阳界行路骑马儿。孝主多念多尽拜，又要我财献功曹，府吏功曹我财献，马蹄中阴兵接状下。我财献拜，放在高台，叫来三界府吏，四值四父功曹，后来临筵，孝主×××兄弟用心去办，又上沙钱奉献。

好沙钱，这样正是仙人命，开天立地他就造，这样正是仙人宝。孝主多念多尽拜，又要沙钱献功曹，府吏功曹沙钱献，马蹄中阴兵接状下。沙钱献拜，放在高台，叫来三界府吏，四值四父功曹，后来临筵，孝主×××兄弟用心去办，又上大旗小旗奉献。

大旗小旗是金刚，插在路边行又行，插在路边张又张，插在路边行又行。孝主多念多尽拜，又要大旗小旗献功曹，府吏功曹大旗小旗献，马蹄中阴兵接状下。大旗小旗献拜，放在高台，叫来三界府吏，四值四父功曹，后来临筵，孝主×××兄弟用心去办，又上榜文数文奉献。

榜文数文是金刚，道士会写行又行，道士会写字又字，道士会写行又行。孝主多念多尽拜，又要榜文数文献功曹，府吏功曹榜文数文献，马蹄中阴兵接状下。

咳呀，第一献香，第二献花，第三献茶，第四献酒，五献供品。供品献毕，献供已完。曾跟海内，大海仙友。曾跟人民，先通香火。君是中华人民共和国广西马山县××乡××村××社官××村内管下，那有现在泣血孝主×××等，本父（母）患病，病在本心，病临本命，丢失家当，失命归天。现在泣血孝主懂得根基，懂得根源，用心去办，办得还有，木板合人，白布一条，拿来合装，装入新故××一位香魂、二位香魂、三位香魂。后来泣血孝主懂得根基，懂得根源，用心去办，办到香油纱灯，白布一张，照规矩办，照心行礼，来到路头，踏到路尾，踏足龛前。后来元门弟子，头戴帽子金巾，不理违心之罪，初一十五烧香敬奉，初二十六守衙守殿，守护龛前。后来元门弟子集到师兄师弟又师翁师同良伴，各行各句，照经行教，行到路头，踏足丧场，见死照理。后来元门弟子×××也不多一个，也不少一个，多一个也照师父所行，减一个也照师父行教。行经别怕，行教别卡，五脏通流，心里明亮。后来元门弟子文官武官二位，超度亡灵，送其上天，别坐金桥银桥，别坐三车门柱，别坐于十殿冥王。后来元门弟子凭着六位真师，六位师将，阴阳师父，照教行事，照经行礼，行到路头，踏足路尾，踏到丧场。后来泣血孝主懂得根基，懂得根源，用心备办。办好还有，办得清水一碗，刀剑一把，油锅一鼎。奉四师将，把四城门，各处各找，各衙各请，请圣临筵。咳呀。

咳呀，浪浪逢到海周，浪浪逢妹根柱。点部招收，柳树根基，香似芥菜，蜡似天经，香似甘草，造亲造戚，造后就相配。正月初

第三章 和合共生——道公文化对本土习俗的影响

一进立春,龙华三会再相逢,众位师主庙王六酒献,马蹄中接狀阴兵下,茶倒三盏,酒敬三盏完备,献了又献,吃了又吃,各吃其他,传主开衔,欢喜受领六酒,领酒完备,享筵完备,脱马交衣,脱旗交带,挥柳叶符篆,咳呀。

当师公们念完请"师神"的经词,跳唱完毕,就表示已经请了大约三十个"师神",如"四大元帅等"。

其次,立台案。所谓的台案,就是装有米的碗和一只香炉,这是神下凡后要坐的位置。师父们把猪肉、酒、饭摆在台案上,反复念诵经词邀请众神下凡,反复叩拜众神,让他们下凡享用摆在台案上的美食。当地群众有的对唱山歌,歌颂此庙,赞颂众神,以此方式邀请神降临,并向神提出自己的祈愿。有的群众则聚在一起打砻,用隆隆响的打砻声欢迎神的降临,就各自的位置坐好,此时他们唱道:

听得鼓声悼铃响,上元唐将领名香。
不唱前王的好汉,唱说都是父母生。
父母生你命辛苦,日夜山林做木匠。
做第一天也不利,做第二天也不行。
做第三天也不利,回到河边钓鱼吃。
钓第一天也不利,钓第二天也不行。
钓第三天有运气,钓得鲤鱼四人抬。
把鱼头分给亲族,把鱼尾分给子孙。
拿鲤鱼身到圩上,拿到圩上摆摊卖。
鱼卖要完要不完,一场大雨下面来。
倾盆大雨上下来,头上也湿脚也湿。
上面裙湿下衣湿,走进刘婆烘身子。

衣服要干要不干，看见小女人可爱。
看见小女人伶俐，想要此女去看家。
唐公自问怕不给，又让张天做媒人。
又让张天做媒人，问小女命来看家。
张天听到这句话，立即整马啪啪出。
来到塘边叮当响，大狗小狗汪汪叫。
刘婆开门出来望，望见张天脸通红。
接到张天进家来，茶水拿来酒拿到。
正唱刘婆会做客，拿一筒酒一筒茶。
又摆十盘和九碟，照官方礼请张天。
喝第一杯不曾提，喝第二杯不曾说。
喝第三杯到一半，张天开口讲两句。
前天唐公卖鲤鱼，他进这里烘衣服。
烘衣要干不干时，看见小女人可爱。
看见小女人伶俐，问要此女去看家。
唐公自问恐不得，让张天我做媒人。
刘婆立即指脸骂，骂你张天不是人。
我有孩子不懂嫁，为何要嫁给唐公？
我有孩子不懂放，为何要放给唐公？
张天听到这句话，立即退位回到家。
张天骑马回家后，刘婆母女把架吵。
小女和母亲对骂，你不嫁我不卖我。
身轻似纸不嫁我，穿裙不进你就见。
身轻似纸不嫁我，身重如秤你就见。
十七八岁不嫁我，二十以后你就见。
刘婆立即对面骂，骂你小女不是人。

人问一次我就应，打架吵架会怪我。
唐公听到这句话，再次发媒去说媒。
张天听到这句话，立即整马啪啪去。
来到塘边叮当响，大狗小狗汪汪叫。
刘婆开门出来望，望见张天正来到。
接到张天进家来，茶水拿来酒拿到。
正唱刘婆会做客，拿一筒酒一筒茶。
又摆十盘和九碟，照官方礼请他吃。
喝第一杯她不想，喝第二杯她不提。
第三杯酒喝到半，立即把箱子打开。
立即开箱要命书，让张天你拿回家。
张天到家合命相，小女的命可真好。
小女的命可真好，去请师道接小女。
接小女来一年半，生下上元唐将军。
生下上元一年半，唐公失命归阴府。
唐公失命归阴府，上元母亲嫁葛公。
嫁到葛家一年半，生下中元葛中军。
生下中元一年半，葛公失命进阴府。
葛公失命归阴府，中元母亲嫁周公。
嫁到周家一年半，生下下元周将军。
有钱有银求师父，三师对面露天机。
无钱无银求师父，三师对面无法力。
听得姓母来降临，多多保护这丧场。

　　　　伏首又打凤还山。

听得鼓声悼铃响，上元唐将坐中央。
师父到坛安座位，少年弟子道根由。

不唱前王的好汉，唱说都是父母生。
父母生你于唐家，安名文明是长儿。
另一名字叫唐宏，你也中用也知礼。
你母命克你父亲，父亲先死变成鬼。
年纪小小成寡妇，母亲另嫁第二家。
二次嫁的是葛家，生的小孩也知礼。
他名字叫葛文度，父亲又死成阴鬼。
另一名字叫葛雍，母亲又嫁第三家。
三嫁正是嫁周家，生的小孩也知礼。
名字就安做文刚，父亲又死归阴府。
另一名字叫周武，母嫁三姓生三男。
听得三师人伶俐，早晚都想到灵山。
三师想来又想去，你们三人全出门。
到仙山下君见利，望见野鸡那里站。
来到仙山君休息，佛祖如来出来问。
化作老翁出来接，问君为何来高山。
三师来到突然跪：想来这里学仙术。
佛祖又说第二句，别来这里学仙术。
别来这里学仙教，你们返回家里去。
回家吃猪又吃鸡，回去立法起龛堂。
去做三师身体贵，退步回位下高山。
三师接过已完备，传教弟子立龛堂。
上元唐公唐将军，证明保佑和平安。

    俯首打鼓给君听。

听得鼓声悼铃响，中元葛将降神坛。
今朝坐在南容庙，弟子一念就来临。

第三章　和合共生——道公文化对本土习俗的影响

不唱前王的好汉，唱说都是父母生。
父母生下三兄弟，三师三将三弟星。
你们学仙学不到，回到王朝朝廷中。
越国没有个皇帝，他没办法管人民。
北边世界很辛苦，四面八方不太平。
三师去说他不听，他很固执不改心。
三师盘算没出息，游到吴国当总兵。
来到吴国管兵马，神仙来化君上天。
皇帝在京抬头望，见三兄弟同上天。
皇帝正见咱亦急，手拿金笔把君封。
又拿金笔来画像，封三兄弟做仙人。
上元道化唐真君，四月孟旬为行程。
中元护政葛中君，四月中旬令众神。
下元定志周真君，四季通令管阴阳。
封君二师成大佛，三元考召大将军。
七月廿一上元会，二月十三中元名。
十月初一下元会，三师共同生零日。
一年四季这三天，嘱众弟子要小心。
初一十五要记得，又得甲子和甲辰。
前传后教到这时，立龛安位三元神。
中元葛将军师父，保佑弟子常清明。

　　俯首又打凤连边。

听得鼓声悼铃响，下元周将大进仙。
师在灵山南容庙，功曹拿状进去报。
你们听到文书报，整装派道到桥梁。
坐车骑马各样人，站班护佑三元驾。

扛旗吹号各样人，三师大佛降筵会。
来到坛前安座位，少年弟子唱根源。
不唱前王的好汉，唱说都是父母生。
父母生下三兄弟，唐葛周将号三元。
三个师爷三棵树，代为禄印号三元。
掌管五方使者位，又回南里立庙庭。
立三师庙和龛堂，当年正逢大旱灾。
年逢壬辰和癸巳，没有雨水浇禾苗。
没有雨水救天下，山河大地断声音。
正月不见雷公动，二月不见雨满田。
三月不见秧下地，四月不见人耙田。
五月不见人种田，人人个个都怨天。
六月不见豆子花，石头落地冒火烟。
七月满年天大旱，当年大旱未曾见。
四月大海干到底，鲤鱼脱骨大海边。
鲤鱼脱骨大海岸，山河大地断声音。
皇帝堂上正担心，诚心跪拜求上天。
皇帝求雨天不救，没有大雨浇禾苗。
天上白亮成裂缝，地下裂口成水潭。
皇帝求雨天不应，又到南容求三元。
三师知道皇帝心，他们变化上九霄。
来到玉帝金銮殿，陈述件件凄凉事。
玉帝发令到水府，四处雨水纷纷下。
大雨救人人来保，地下个个敬三元。
立龛敬奉君三元，奉行正教敬三元。
下元周将军师父，降到坛上来保佑。

第三章 和合共生——道公文化对本土习俗的影响

最后，送财马。韦志松师父剪两副"财马"，即两束一端开衩的纱纸，头戴神像，用两束纱纸系在自己的腰间，左手执竹条，象征挑"财马"的扁担，右手执木简，转几圈，反复前后走动。卢金蒲师父左手执封简，右手拿盘子，其中盛有象征钱财的纱纸，亦反复前后走动，并不时叩拜师公台案。其他师父则在一边念唱经词。最后，他们烧掉"财马"，就算是送"财马"结束了。第二步是请庙神。这里师父们邀请下凡的神是庙神，即直接管理该庙的神。首先是茶庙，即用茶迎接神。师父们邀请庙神的时候，首先要摆好茶、酒、肉等丰盛的食物，以备神降临的时候享用。其次，请庙神和接庙神，师父们邀请的神都是庙神。即上界神盘古，中界神雷王，下界神三界祖师，也就是三王、伏羲、女娲。师父们邀请庙神的做法与邀请"师神"的具体做法基本相同。所不同的是，他们要邀请的是四类庙神，每念一段《箚庙》经词，就接一个神下凡，就叩拜台案一次。《箚庙》唱词如下。

起首打鼓给君听。

千千师将书状请，万万师爷来临筵。

众位师将书状请，功曹勒马手绞鞭。

功曹勒马受王保，就到村头请家仙。

咱请家仙来做客，妹毛灵童降丧场。

村头家仙书状请，请到礼主家王真武、孝主家仙×家三代、祖乃先灵、土康庙利、本境社门、××社官，社公老翁、社白毛灵、社男社女、社子社孙，立社坛人、安社位人、先叫村头、又叫村尾来临筵。

村头家仙咱请过，功曹勒马手绞鞭。

功曹勒马受王保，就到左江请祖师。

左江庙吏书状请，请到左江庙吏本师通天香火财郎、何山大殿、玄坛师将、赵邓马关四大元帅、中央万法北极元天真武上帝、堂上本音、五祖司命灶君、左右门神二位、土地蓝见、六畜正神、法丹大庙、本龛三教、祖师万友、师友师翁、师同良伴、千千师将、万万师爷来临筵。

左江庙吏咱请过，功曹勒马手绞鞭。

功曹勒马受王保，就到敖山请婆王。

咱请婆王来做客，妹毛灵童降丧场。

敖山大庙书状请，请到敖山大庙万世六国九朝帝母婆王、红州柳树十七仙娘、召州柳树十八仙娘、唐握月桂花林判官得生父母、得花应花护花父母、金灯银灯、金桥银桥、金灯十五、银桥十六、砍木桥头、桥头土地、桥妹郎娘、暗山孤独、六害大人、东国王大道、西国无母人、架桥生水、外文他公、三六花根、二四花王、立愿童子、守愿婆王来临筵。

敖山大庙咱请过，功曹勒马手绞鞭。

功曹勒马受王保，就到土里请庙公。

土里土公来做客，妹毛灵童降丧场。

土泥大庙书状请，请到土里大庙土府九利真王大帝、土府江山紫微大帝、土府北极山林大帝、土翁、土母、土子、土孙、后土元君来临筵。

土地大庙咱请过，功曹勒马手绞鞭。

功曹勒马受王保，就到海河请龙君。

海河龙君来做客，妹毛灵童降丧场。

海河大庙书状请，请到海河大庙龙宫海圣、水河海精、东方青帝青龙君、南方赤帝赤龙君、西方白帝白龙君、北方黑帝黑龙君、中央黄帝黄龙君、年德君、月德君、日德君、时德君、家爷玉女将军来临筵。

海河大庙咱请过，功曹勒马手绞鞭。

第三章 和合共生——道公文化对本土习俗的影响

功曹勒马受王保,就到广东请鲁班。

广东鲁班来做客,妹毛灵童降丧场。

广东大庙书状请,请到广东大庙鲁班降圣、鲁一、鲁二、鲁三、鲁四、鲁五、鲁六、鲁七、鲁八、鲁九、鲁十,十人兄弟,一架水船,二架桥梁来临筵。

广东大庙咱请过,功曹勒马手绞鞭。

功曹勒马受王保,就到箕灵请瘟王。

箕灵瘟王来做客,妹毛灵童降丧场。

箕灵大庙书状请,请到箕灵大庙全界二度、五瘟定志、五瘟五押八位瘟王、土了年王、十二月将、当年瘟主××大鬼王来临筵。

箕灵大庙咱请过,功曹勒马手绞鞭。

功曹勒马受王保,就到地府请王君。

地府王君来做客,妹毛灵童降丧场。

地府王宫书状请,请到地府王官第一进光、第二祖江、第三总帝、第四王官、第五阎罗、第六变城、第七大山、第八平政、第九土示、第十金伦、十一天子、十二婆君、十思十案、十殿冥王来临筵。

地府王君咱请过,功曹勒马手绞鞭。

功曹勒马受王保,就到高天请星君。

高天星君来做客,妹毛灵童降丧场。

高天大庙书状请,请到东斗三代花开星君、南斗六示元寿圣、西斗十一立子立要星君、北斗九王上道星君、中天中头二忌不只斩、守天二十八星君来临筵。

高天大庙咱请过,功曹勒马手绞鞭。

功曹勒马受王保,就到上界请盘王。

上界盘王来做客,妹毛灵童降丧场。

上界地箕书状请,请到上界地箕骨乙思骨六庙开地盘古、立社大王、立天天父、立地王后、造天造地伏羲女娲、江山度禄、三王大帝、腾罗反将、只唱本命、三姓同降、五圣合行来临筵。

　　　　上界地箕咱请过，功曹勒马手绞鞭。

　　　　功曹勒马受王保，就到中界请雷王。

　　　　中界雷王来做客，妹毛灵童降丧场。

中界地箕书状请，请到中界地箕上思门柱、三斧雷王、雷殿执法三郎、五气雷兵、雷庭打闹、雷车黑帝、雷落小娘、乙州大庙、南学二殿、天子大王、嘴吾王殿、上仓禾谷七郎、南方火德、各位雷王、千千雷将、万万雷爷来临筵。

　　　　中界地箕咱请过，功曹勒马手绞鞭。

　　　　功曹勒马受王保，就到下界请祖师。

　　　　咱请祖师来做客，妹毛灵童降丧场。

下界地箕书状请，请到下界地箕土主成王、辅国大王、金伦古蒙大庙、卜天炎三界祖师、玉皇大庙、总令老爷、封仙德道、老四仙娘、祖席奉门敢厄、凭尺四宫、化仙德道、福傲五官、竹城大庙、开国南朝高祖、万寿道德功王、金伦弟子一君、银伦弟子二忌、木楼收散、木还守王、五通出圣、八位秀宫、龙堂大庙、蓝天兰李陆大王、辽州大庙、兰友二官、保平令团、小妾兰王来临筵。

　　　　下界地箕咱请过，功曹勒马手绞鞭。

　　　　功曹勒马受王保，就到上界请公爷。

　　　　咱请公爷来做客，妹毛灵童降丧场。

阳界公爷书状请，请到阳界地箕、纳海在城、岑家之府、岑生老爷、接老为埋、接才德卒、父郎江州、红文红武、红友老爷、江街大庙、百个老爷、各街出圣、各位官位，连边衔重、东方一才、南方二才、西方三才、北方四才、中央五才、衙台福火、守衙守殿、守护龛前来临筵。

第三章 和合共生——道公文化对本土习俗的影响

阳界地箕咱请过，功曹勒马手绞鞭。

功曹勒马受王保，就到竹竿请父魂。

咱请父魂来做客，妹毛灵童降丧场。

竹竿父魂书状请，请到竹竿大庙月府大阴、日府大阳、父魂十五、母魂十六、监座火官、监生良命、变度生头、甲首生魂来临筵。

道公请众神下凡的仪式比较简单。领头的道公一手执"如意"牌对着道坛反复叩拜，一手拿一杯甘露水，用一根柚枝蘸甘露水，洒到道场里的两条幡龙上，据说这两条龙是龙父和龙母。该道公用桂柳话念经，负责恭请诸神降坛，其余的道公则用喇叭、唢呐配音，或是走五行步，即按照东、西、南、北、中的顺序反复走。整个道公班子的道公就这样用唱经配以歌舞的方式恭请诸神降坛，体现了诗、歌、舞融为一体的情景。

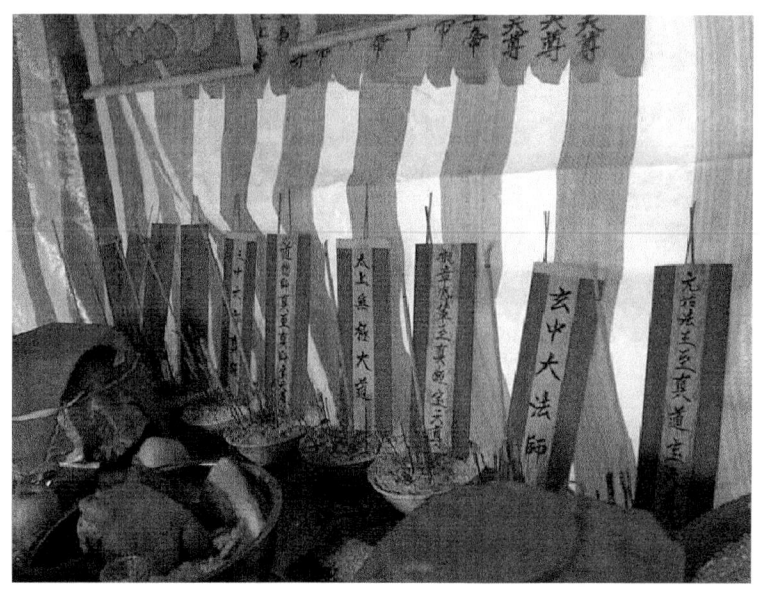

图3-12 道公法坛（2020年3月19日拍摄于隆安县雁江镇）

3. 打斋

众神下凡后,接受师父们的"邀请",享受师公与道公的"宴请",接受他们的"贿赂"后,就要听命于他们,施展各自的法力,按照他们的要求,一一施行。一般打斋的主要目的是祈福消灾。具体言之,打斋是为了驱除凶神、瘟王等,超度无主鬼,交给鬼王统一管理,达到驱邪的目的;祈福是祈求人人健康、平安,来年风调雨顺,五谷丰登,六畜兴旺。但是,师父们本身是凡人,他们自己没有法术,他们的本事据说就是通神,即请神下凡,让神听命于他们,然后带众神去做各种仪式,以达到祈福消灾的目的。一般情况下,师公与道公在打斋的时候主要通过三个环节的分工合作、默契配合,达到祈福消灾的目的。

打斋的第一步是漂"水灯"送鬼。此时,师公休息,道公带领群众漂"水灯"送鬼。道公认为孤魂野鬼尤其是那些受伤而死的鬼,一般附水而居,见不到光明,经常出来作乱,扰乱阳间人的生活,危害人的生命,如让一些人在游泳的时候溺水而死。所以,打斋的时候定要首先把他们送走。下午,师父们就在庙门前的大树下用纱纸糊成大大小小的船,即当地壮家人所说的"水灯",然后道公们带领一些群众,把这些纱纸船带到村庄附近的小河边,一边念唱经词,一边逐一点燃三寸长的蜡烛,放置在纱纸船里,再逐一把烛光荧荧的"水灯"放在小河的水面上,让这些船顺流而去。当地道公和群众说,"水灯"下河,孤魂野鬼看见亮光也就知道过来找吃的、喝的,待他们吃饱喝足之后,道公就把他们送到传说中逍遥自在的扬州。从此以后,他们就在扬州逍遥,不回来为非作歹,危害老百姓了。道公和群众一直看着"水灯"远去了,才打道回府。

随后举行的是踩"花灯"祈福消灾。踩"花灯"依然是由道公独立完成。一方面,踩"花灯"给人带来福气。在当地,壮家人认为有个老祖公是全街人的保护神,相当于村寨之主。每次打斋的时候,道公踩"花灯"就相当于给老祖公举行一次葬礼。这表示老祖公平时保佑这里的子孙,给子孙带来了

第三章 和合共生——道公文化对本土习俗的影响

福气,现在,子孙们体会到了,为了感谢恩德宏大的老祖公,做子孙的今天来打斋,让老祖公享受子孙的祭奠。与此同时,人们在庙门正对面的大榕树下尽情地打砻,声音一阵高过一阵。据说老祖公听到打砻声响得越大,就越觉得光荣,越是开心,今后也就会给子孙带来更大的福气。而附近村屯的老祖公听到了如雷般的打砻声,也纷纷赶来和当地的老祖公聚会,一起享受人们的祭奠,今后也会给当地人多少带来一些福气。另一方面,花灯周围放有甘露水、饼、果、糖、饭等,据说孤魂野鬼或无主鬼一见花灯的光亮,就知道有东西可以吃,就会纷纷集中到有花灯的地方,享用这些好吃的东西。他们得到满足后,就会听令于道公们。于是,道公们也就能顺利地把他们送到扬州。这样,当地就可以风调雨顺、六畜兴旺、平安。

最后,由师公与道公一起带领村民巡村祛邪祈福。这时主家门外放有一艘大船,壮语叫"an senz",里面有一大一小两个稻草人,负责把有邪气的东西带到扬州。据说小稻草人带走一户人家的邪气东西,大稻草人带走一个村的邪气东西。两个戴有面具的师公手持木棍(象征孙悟空的金箍棒),另外两个师公抬"油锅",手中还持有一根绑有纱纸的木条,师公称之为"拉风箱"。到某户人家门口,师父们的锣鼓就马上敲响,神佛听到锣鼓响就立即带三十一万兵马赶过来听师父们号令,驱鬼就正式开始。两师公手持木棍走在前面,在主家家里东敲西打,抬"油锅"的师父紧跟上,再后面的师父就左手拿一碗玉米粒,右手抓起一些在屋子里随处撒开。这里的玉米象征子弹,撒玉米就表示向那些恶鬼射击子弹。一路敲打,来到主家客厅,师父们就在客厅的神台前放下油锅,对着油锅念经词。师公用那根被称为"拉风箱"的木条拨动油锅中正在燃烧的东西,表示正在驱邪。道公左手持一碗甘露水,右手持一把木简,并用木简蘸水,把木简上的水洒到油锅里,表示把恶鬼收进油锅,还用木简对着神台画空符,表示在祖宗神位上"安龙",并把用红纸剪成的龙贴在屋子的东西南北中五个方位。至此"安五龙"完毕,这五龙就可以在今后起到镇宅的作用了。紧接着,师父们走到主家大门口,把事先放置在大门旁边的一碗甘露水沿着门槛"一"字倒走,然后就把碗倒扣在门中央。师父走出主家大门,接着就把事先准备好并放在门口的一个小的稻草人和一些小草一起拿走,放进之前放在大门外面的那个大船里。主家在后面放起鞭炮,表示在后面开枪追赶这些恶鬼和那些带有邪气的东西,他们就不得不全部离开主家,这样主家就会得到平安。何时在哪一户人家那里做完仪式,就在那里同时烧掉大小稻草人。

图3-13 扫荡祛邪(2020年3月20日拍摄于隆安县雁江镇)

综上所述,隆安县雁江镇的打斋活动具有师道合一的鲜明特点,这与当地的历史文化及民众心理等有着密切的联系。一方面,当地壮家人多信仰师公、道公,当他们无法用科学解释诸多自然和社会问题的时候,都是请师公与道公联手主持仪式,祈福消灾。当地人认为师公是武将,道公是文官,在仪式中师父们文武结合,各司其职,分工明确,配合默契,才能够把仪式做得圆满。其间,男女老少在一起载歌载舞,或是为了娱神,或是为了自身娱乐宣泄,无不营造出一种其乐融融的浓厚氛围,得到了身心的舒畅与愉悦。

这体现了壮家人的一种和合思想，亦即和谐思想。另一方面，从民众心理看，当地多元通和的文化生态透射出壮家人的一种生存哲学理念。换言之，这是一种求得生存的方式，是一种生存哲学。壮家人自古就信仰巫婆、道公、师公，而且多是三者默契配合主持仪式。这种独特的方式便是具有地方特色的传统民俗仪式。正如严耀中在《中国宗教与生存哲学》中所说的："人类为了自己的生命才开始拥有思想。或者说，思想的产生渊源于人对自身生存的维护，人类最初的意识就是生存意识"，"对生命的思虑是一切教堂寺观赖以存在的基石"，"宗教在彼岸世界为生命寻找新的意义，以抚慰的方式给生命的继续存在提供勇气，保持心理上的平衡"。①人们在现实生活中难以得到满足的种种需求，往往在信仰中得到某种补偿。精神的补偿，使生活充满了希望，而希望是穷人的粮食。的确，在传统民俗信仰仪式中寄托的希望，给予了从前处于水深火热中的民众继续生活下去的勇气。民间对师、道和其他各种土生土长的偶像一视同仁，只要觉得他们能给自己解决生存上的困难，避免灾害和求得幸运，就一律烧香礼拜。在无法改变现实的时候，当地民众往往通过祭祀等娱神兼娱人的"虚"手段"贿赂"神灵，企图借助他们的力量得到现实的实惠，当然，最后得到的往往只是精神上的安抚。这就是希求得到精神抚慰的淳朴民众的一种生存哲学理念。可以说，只要人们的生存还会遇到困境，各种传统民俗信仰就将一直伴随着当地人，成为人们心灵的抚慰剂和精神向往的幸福彼岸。

尊重自然、淳厚、质朴可说是原生态文化的重要特征。虽然几经历史变迁，道公文化中仍保持着较多的壮族原始民风。在当代壮民族家庭中，无论是家内供奉的神龛及其意蕴，还是外请来的道公及其所做的法事，都以其历史遗存成为道公文化的体现。事实上，不只这些，包括道公做法事时穿的服饰、供奉的食品，甚至道公做法事时所采用的喃唱仪式，都具有传统的原生

---

① 严耀中：《中国宗教与生存哲学》，学林出版社1991年版，第270页。

文化的味道。这种道公文化，因藏匿在壮族民间，所以能与民族的乡土环境、人文历史、民俗风习融为一体，成为特定生活与情感表达的方式；它因自然、质朴、淳厚，所以既非职业也非专业，而是通过亲缘或者师徒关系传承，因未被城市的工业文化所浸染，在现代文明中彰显了自己的特色，体现了天然美、自然美、原始美的统一。

第三章 和合共生——道公文化对本土习俗的影响

本章小结

本章讨论的是道公文化对壮族本土习俗的影响。道公在广西民间兴起后，逐渐成为民俗活动的组织者和解释者，道公们具有基层管理人员和仪式专家的双重身份，表现出一定的汉文化色彩，使其成为壮汉文化交融的一个重要媒介。通过分析道和巫、麽、师在观念、仪式等方面的异同可以看出，道公和壮族本土习俗之间既有分工又有合作，既相互保持各自边界，又相互吸收融合。道在和麽互动的过程中，逐渐代替了麽的功能，使麽在壮族文化生态中处于劣势，并有被道取代的趋势，也因为如此，道继承了麽的衣钵，使其显示出浓重的本土性。道和师之间，则形成相互利用和相互合作的关系。一方面，由于和道公"动口"、师公"动手"观念相对应的"文教""武教"观念的形成，使得师公往往须依靠道来确认自己的身份；另一方面，师公以其阳刚的舞蹈和巫术优势，充当灵媒沟通人和鬼、人和祖先、地方和地方之间关系的特点，获得自身独有的文化地位。这一独有的文化地位包括：使用面具和供奉众多的土俗神，迎合民众根深蒂固的先祖崇拜、亡灵观念等。由此，师对道形成一种反作用力，使其不能像麽一样，被道所取代，而是维持一种既保持边界又相互协调合作的状态，这也使得道不能在壮族民间取得绝对的统治地位。

第四章

天人同理

——道公文化对本土思想观念的影响

第四章 天人同理——道公文化对本土思想观念的影响

　　思想观念是民族区分的核心内容。历史上，每个民族在不同的历史时期都会有各不相同的思想观念。换句话说，不同历史时期的不同民族文化，会孕育和催生出不同的思想观念。道公习俗在广西长久延续，在不断向自身注入壮族文化基因的同时，也对壮族人的思想观念产生了深刻影响。

第一节　道公义理与灵魂观的结合

　　道公是一个以人文关怀著称的壮族传统民俗，具有很强的终极关怀理念。道公超度亡人的最终目的就是借助神的力量把亡灵从地狱中解救出来，送往西天极乐世界，早早升仙。在它的许多经文中，不厌其烦地声宣："荐亡者，早早升仙界"，"修斋拜佛早超升"，"诵经拜佛，早生极乐国"。在《弥陀接引真经》里，道公把西方极乐国描绘得尽善尽美，在这里，"无有一切身心忧苦，唯有无量清净喜乐，故名极乐"，"极乐世界，净佛土中，处处皆有七重行列妙宝栏网，皆是四宝周匝围绕，众妙绮饰，功德庄严，是故彼国名为极乐"。这里"香气芬馥，上有楼阁。亦以金、银、琉璃、玻璃、砗磲、赤珠、玛瑙，而严饰之"，环境幽雅清净，装饰得珠光宝气。更重要的是人生活在这样的"国度"里，"无有一切身心忧苦，唯有无量清净喜乐"。这里是人所向往的天堂。因此，道公把"西方极乐世界""天堂""仙界"作为它的崇高信仰,并通过道公将其付诸实践,即通过道公主持仪式将亡灵一个个送往他们所向往的地方。俗话讲,救人一命,胜造七级浮屠。道公认为,只要人自己多做善事,死后灵魂就可以到达极乐世界。这种观念的形成与壮族灵魂观有着紧密联系。早在远古时代,壮族人就依据自己对自然和社会的接触和观察,萌发了本民族的原始思维。他们借助于神话想象探索宇宙的产生、万物的生成、人类的起源等问题。流传至今的《布洛陀》《姆六甲》《布伯》《盘同古》等神话,即是这种探索的结晶。在这些神话中,壮族先民认为自然界的一切事物都具有生命、意志、灵性,具有神奇的能力,并能影响人的命运,于是便产生了自然崇拜的观念。随着生产的发展和抽象能力的提高,壮族先民又进一步把自己不可理解和不能驾驭的自然现象人格化、超自然化形成各种神灵,从而由自然崇拜演化而成自然神崇拜。铜鼓的纹饰、花山岩画,以及仍然保留的祭祀雷神、水神、山神、土地神、社神、灶神等习俗,从中都可以看出自然神崇拜的影子。祖先崇拜则是壮族人原始宗教与祖宗亲缘思想相结合产生的一种观念。壮族人自远古至近代,都普遍崇拜祖先,相信人死后其灵魂将转到另一个世界里生活。当人们从自然反观人生,便产生了原始的信仰。自然崇拜、自然神崇拜、万物有灵观念便衍生了诸多道公的经典。道公中的祭社、祭水、祭天地等科仪,便是借用道家思想,与壮族古老自然崇拜、自然神崇拜、万物有灵观念有机结合的产物。至于壮族的祖先崇拜观念,那更是萌生道公文化的另一个思想渊源。正因为壮族人相信人死后,他的灵魂会到另一个世界里生活,于是竭尽全力超度亡亲的灵魂去到极乐世界,便成为每位孝子必尽的义务。因此,老人死后,亲属就会不遗余力为其举哀治丧,请道公主持仪式,超度亡灵早升仙界。道家思想就是这样与壮族古老的灵魂观相结合,形成极富地域特色的道公文化。

道公同时是一种世俗化了的传统民俗。千百年来,道公几经劫难,却经久不衰,显示出顽强的生命力,其中一个重要原因,恐怕与它娱神娱人的倾向有关。这从禁坛、封刀、破狱、斩牲、上刀山、过火炼、过十殿、审五鬼等科仪中都能明显看出来。听法场的锣鼓，简直是在欣赏打击乐器表演；听诵经唱忏，就是看民俗风情表演；看斩牲，犹如看武功表演；看上刀山、过火炼，无异于看杂技表演；听道公与孝男的幽默对话，能让人笑破肚皮；看审五鬼，能让人义愤填膺、疾恶如仇。陈耀庭先生在《道教科仪》一书的道教斋醮欣赏章中，说到这样一件往事：一位道教研究前辈在一次会议上曾指出，在漫长的封建社会里，看道场曾经是中国农民主要的文化欣赏活动。那时没有广播、电影、电视，生活在穷乡僻壤的农民，遇到有道场，会点灯笼打火把翻山越岭走几十里路去看。事主还要管吃管住，不能赶人家走。究其缘由，正是因为在当时的农民心目中，道公科仪有欣赏的价值。在今天，尽管壮族农民的文化生活丰富得多了，但遇到有道场，人们照样乐此不疲，不能不说其娱人性仍具有极大魅力。至于其娱神性，也是显而易见的。但是在中国人的传统观念中，人对于神应当是尊敬有加，不能有任何亵渎之举，孔子就说过，对鬼神当敬而远之。为什么道公竟敢娱神？首先，在壮族人的观念中，是讲"人神同理"的，相信人乐神亦乐。此外，道公作为一种传统民俗，其民间性体现在组织的松散性、观念的随俗性和行动的随遇性上。其许多仪式科仪实践常受民众情绪的影响，壮族人也"敬鬼神而远之"，又常在信与不信之间游移，恶鬼虽恶，壮族人却深信"恶鬼怕恶人"。受这种信念游移的影响，难免也会有些善意的调笑，以此调节严肃紧张的神经，从而达到消除人们长时间生活在鬼神之中所产生的负面心理的作用。

第二节　道公礼仪对礼仪观的影响

礼仪是一种具有浓重的民族性和群众性特征，经过长期的历史发展而约定俗成的文化积淀。一旦形成，就会相继沿袭，虽有随着时代的发展而变化的特质，但它总体是与本民族的文化核心内容保持紧密联系的。道公礼仪的内容和形式离不开中国社会的世俗礼仪，世俗礼仪的崇敬天帝、奉祀祖先、尊卑有序、长幼有别等核心礼仪都浸透在道教礼仪之中。"道无形相，要借人弘。"道公班子是道公的组织，因而有其用以维护内部组织形式的礼仪，即道公的日常生活礼仪。道公祭祀神灵不光是为自身修持，更多的是担任沟通人神关系的中介，于是道公又有沟通人神关系以及反映道中人与神的关系的礼仪，这是一种带有宗教性质的礼仪。道公是一种民族传统民俗，对外既没有严密的组织形式，也没有横向的组织联系；对内虽有长幼师承关系，但却无经济上互相依赖的关系，平时在一起是"同村人"，按同村同族长幼尊卑关系互相称呼，在法场中执事时也无须按道中规矩称呼，因而不存在日常生活礼仪，而仅有宗教礼仪。就是宗教礼仪，也没有像道家思想中那种严格的信仰礼仪、人道礼仪、生活礼仪、师徒礼仪和宫观礼仪，只有在仪式科仪中祭祀神灵和代事主祈求神灵时所需要的礼仪。道公的祭祀礼仪主要是继承中国古代祭祀礼仪，与古代祭祀礼仪一样祭祀前要斋戒，清洁身心，主要程序大致是：上供、上香、致祭文、奏乐，要行跪拜礼，表示对神灵的崇敬，备供品牺牲表示对神灵的奉献和敬意。壮族虽是少数民族，然而在祭祀方面，除了祭祀对象有所不同，个别特有节日与风俗有所不同外，所有祭祀礼仪与中原古代祭祀礼仪大致相同，因而与道公的宗教礼仪也大致相同。其中稍有不同的是，道公仪式礼仪要求相对严格、规范严肃，而壮族民间的祭祀礼仪则相对随意，不拘细节。如道公仪式礼仪对祭祀所用礼品的品种、数量、质量有明确的要求，多一样少一样则不诚，不诚则不灵。如祭器，包括餐具、日用品，都要求是新的，祭祀结束后归道公所有。不得用旧的代替，否则会不灵。道公在祭祀时都要吃表文，表示将事主的请求上奏神灵，然后将奏表连同冥币一并火化。壮族民间的祭祀除了大型的祭祀活动有祭文外，一般的祭祀则用几句表白代替。一句话，道公礼仪与壮族礼仪是同源的，从礼仪前的斋戒到基本程序、内容、形式，都来源于中国古代祭祀礼仪，只是前者严格、规范些，后者相对随俗一些。

第三节　道公仪式对崇善观的强化

通过观察道公仪式，人们不难发现，利用操办仪式宣扬伦理道德是道公的一个显著特征，也许这正是道公能够融入壮族社会的根本原因。伦理道德作为一种意识形态，是为一定的社会服务的，专门用来调整个人与个人、个人与社会之间的行为规范。它往往通过各种教育形式和社会舆论的力量，使人们产生善与恶、荣与辱、正义与非正义等观念，形成一种习惯与传统的力量，以达到指导或控制人们行为方式的目的。"借助超自然的力量来调整、协调与规范人与人之间、个人与群体之间的关系，是世界各民族最早，也是最普遍的历史现象。"① 道公就是借助神的力量来调整、协调人际关系的典型范例。善与恶是伦理道德的基本范畴之一，反映了人类社会最普遍的价值观念。道公义理的核心是善恶必报，在它的仪式科仪中无处不体现着这个核心价值观。"善有善报，恶有恶报"，成为道公贯穿始终的思想红线。尤其是它的一些重要经文，如《弥陀接引真经》《观音梦授真经》《报恩报答真经》《灶王受善真经》《血盆产难真经》以及许多忏词，都在规劝人们要向善，要分清善恶、明辨是非。"恶由自召，善由身积。人人各勉于自新，勿得怠惰自安。"人只有多为善事，死后才能成仙升天界，若作恶多端，死后必下地狱遭受酷刑。道公的这个观念是直接来自道教的。道教主张："欲求天仙者，要当以忠孝和

---

① 中国社会科学院宗教研究中心：《世界宗教总览》，东方出版社2004年版，第110页。

顺仁为本。若德行不修，而但务方术，皆不得长生也。"道教将"积德""为善""忠孝""仁信"等作为仙化的基本原则加以神圣化，把在人间行善积德作为仙道的基础，并以此来衡量人们信道和修道的虔诚程度和仙化水平。道教伦理不仅是一种道德学说，更是一种信仰，是一个人长生、幸福的基本条件。道公在吸收道家思想这种"积善成仙"观念时，更多的是用在超度亡灵上，认为人死了能不能成仙，能不能进入天堂，能不能到极乐世界去享受那种"无有一切身心忧苦"的生活，单纯地追究他在阳间的善与恶怕是来不及了。因为人在阳间追求吃喝玩乐，满足感观欲望时，全然不会思前顾后，想到下地狱受苦的事，唯有在他死后算总账。那么作为孝子，就应当报答父母的养育之恩，延请道公来为他诵经礼忏，请求诸佛众神宽恕他，赦免他生前所犯的罪孽，达到免遭地狱酷刑痛苦，超度他往生极乐世界的目的。

道公所做的仪式，讲究一个原则，即自愿原则，要不要举行仪式，请不请道公，办多长时间、多大规模，全由事主决定，自由选择。而道公坚持"心诚则灵"的原则。道公平时是农民，执行仪式时，则是一个十分虔诚的道士，怀着对诸神的崇高敬仰之情，全身心投入为主家主持仪式之中，尤其是那些德高望重、年事已高的老道公，几天几夜不休息，为事主诵经唱忏超度亡人，他们这种严肃、认真、坚强、忍耐、自觉的敬业精神又直接感染了事主家眷亲戚及周边人。这种对诸佛众神的虔诚，以及累己度亡亲的精神，体现了信仰中的超人间特性，而这种超人间特性又是以向善抑恶为特征的，表现出人类对绝对的至高无上的品格和能力的向往与崇拜，对凶恶和苦难的恐惧与排斥，体现出其信仰的神圣性。事主破财度亲，法师累己度人，目标一致。事主从孝的观念出发，感激亲人的养育之恩，通过这种隆重的仪式追思亲人在世时的生平事迹，教育后代不要忘记亲人如海之深、如山之重的恩德，怀着良好愿望祝亲人在阴间免遭其苦。而道公仪式正是以"积善""忠孝"为其伦理道德的核心，通过正面引导和反面威慑，告诫人们要有所敬畏，不要违背伦理道德。这种主客观目标追求的统一性，体现了其目标的崇高性。在这里，道公有他的评判善与恶的标准。它把神或佛看成是赏善罚恶的仲裁者，是至圣至善的化身。人若遵循神的旨意，就是最大的善，可以升天成仙；人若违背神的意志，就是为恶，该下地狱受魔鬼的折磨。道公的这种义理，又是通过一个个具体的仪式科仪，与壮民族的伦理道德紧密地融为一体的。如道公做丧唱本《二十四行孝》《荐亡》，就是通过诉说死者的无奈、生者的痛楚、依依惜别的情怀来教育活着的人。其唱词如下：

二十四行孝

说君众孝男，拿幡跟巡棺。
说行孝故事，才能赔恩情。
咱父母过世，别想回家里。
说君众孝男，拿幡跟巡棺。
跟父母上去，才成知理人。
说行孝故事，才能赔恩情。
点灯完以后，佛全部就座。
孝家讲清鲜，讲头筵白路。
点灯亮四周，讲七星星星。
点灯完以后，佛全部就座。
讲盘古骨体，讲日月照天。
孝家讲清鲜，讲头筵白路。
叹二四行孝，道理就难分。
说父母的恩，儿千万记住。
我们到天下，要奉承父母。
叹二四行孝，道理就难分。
夜睡把头转，眼泪来纷纷。
说父母的恩，儿千万记住。

第四章 天人同理——道公文化对本土思想观念的影响

二十四行孝,造教留天下。
孝主做丧场,唱前王故事。
养生身父母,辛苦咱别闹。
二十四行孝,造救留天下。
行孝动天地,这时就难跟。
孝主做丧场,唱前王故事。
行孝有通情,众人一起听。
二十四孝顺,说给人们传。
叫君众道士,暂别动鼓铃。
行孝有通情,众人一起听。
不是师自讲,书刊版告诉。
二十四孝顺,说给人们传。
哪个看过传,才算通人情。
跟父母上去,才能与人同。
父母进阴间,情义线就断。
哪个看过传,才算通人情。
二十四行孝,是前期的人。
跟父母上去,才能与人同。
叹虞舜行孝,拿来报天下。
后母想害他,成王管天下。
耙田在房后,让尧帝动心。
叹虞舜行孝,拿来报天下。
真是有福气,不然死非命。
后母想害他,成王管天下。
叹文帝行孝,十分爱老父。
到北京当皇,管人民安泰。

扛轿到门口，嘱老父两句。
叹文帝行孝，十分爱老父。
真是有福气，不然死非命。
到北京当皇，管人民安泰。
叹曾子行孝，养老母归天。
家辛苦贫穷，卖柴火养母。
上街买梨子，一去就回来。
叹曾子行孝，养老母归天。
读书懂道理，十分爱后娘。
家辛苦贫穷，卖柴火养母。
叹闵子行孝，跪老人求天。
将送母出去，有神仙来救。
读书又聪明，忠心爱老人。
叹闵子行孝，跪老人求天。
母在自担心，母死心头凉。
将送母出去，有神仙来救。
叹子路行孝，拿来报天下。
去读书做官，背粮食养母。
夜睡到三更，关房门就回。
叹子路行孝，拿来报天下。
在周朝行孝，写书报天下。
去读书做官，背粮食养母。
董永行孝义，卖身养父母。
去富家打工，七仙女来见。
衷心爱母亲，在汉朝脱身。
董永行孝义，卖身养父母。

第四章 天人同理——道公文化对本土思想观念的影响

做长工千年,有神仙来救。
去富家打工,七仙女来见。
叹郑子行孝,爱老人不嫁。
守世不出嫁,在家养老人。
家辛苦贫穷,奉养两老人。
叹郑子行孝,爱老人不嫁。
养父母公婆,出嫁也困难。
守世不出嫁,在家养老人。
叹江革行孝,背老人还情。
天下出乱子,扔钱财不要。
他是汉朝人,奉养两老人。
叹江革行孝,背老人还情。
哭找兄找妹,以后难相见。
天下出乱子,扔钱财不要。
叹陆氏行孝,看老人可怜。
袁术请吸烟,可怜到老人。
上街买梨子,立即就回来。
叹陆氏行孝,看老人可怜。
人还是小孩,就想当神仙。
袁术请吸烟,可怜到老人。
唐氏人行孝,跪老人赔情。
后来有男孩,中进士功名。
她是个才女,衷心爱老母。
唐氏人行孝,跪老人赔情。
要书来传报,是唐朝的人。
后来有男孩,中进士功名。

叹吴猛行孝，拿书报朝廷。
家辛苦贫穷，忧心到老人。
想法养苍蝇，怕它叮老人。
叹吴猛行孝，拿书报朝廷。
夜睡觉又想，进去养蚊子。
家辛苦贫穷，忧心到老人。
寿昌行孝心，十情爱老母。
辞官位回来，爱老母随行。
父亲逝世去，你出嫁还小。
寿昌行孝心，十情爱老母。
父亲在东洲，人拿书来报。
辞官位回来，爱老母随行。
王祥肚聪明，衷心行孝义。
母要吃鲤鱼，跪下来求天。
腊月吃鲤鱼，要这点赔情。
王祥肚聪明，衷心行孝义。
十分爱老父，提到眼泪流。
母要吃鲤鱼，跪下来求天。
叹郭巨行孝，十分爱老人。
背独子去卖，讨金银来救。
家辛苦贫穷，唯门神灶神。
叹郭巨行孝，十分爱老人。
晚上手盖头，眼泪纷纷来。
背独子去卖，讨金银来救。
杨香行孝情，正心得救父。
用心打老虎，姓名报上面。

第四章 天人同理——道公文化对本土思想观念的影响

进去到胡同，老虎不得动。
杨香行孝情，正心得救父。
才十四岁人，七星来照顾。
用心打老虎，姓名报上面。
黔娄行孝情，衷心爱老人。
去做官未回，留老人在家。
去抓药来服，以为不成人。
黔娄行孝情，衷心爱老人。
要这点赔情，封你做行孝。
去做官未回，留老人在家。
叹姜诗行孝，敬老人上堂。
有龙氏懂事，为老母洗澡。
早晚有吃的，奉养两老人。
叹姜诗行孝，敬老人上堂。
要清水来护，不让汗浸身。
有龙氏懂事，为老母洗澡。
叹莱子行孝，技巧逗母笑。
穿衣服来跳，眯眼咧嘴笑。
我们到世上，要奉养老人。
叹莱子行孝，技巧逗母笑。
八十岁老父，也不孝不笑。
穿衣服来跳，眯眼咧嘴笑。
蔡顺子孝顺，白皆的妻子。
剪头发去卖，拿来养父母。
拿刀割手臂，辛苦到又哭。
蔡顺子孝顺，白皆的妻子。

父母在家死，急去报吃斋。
剪头发去卖，拿来养老人。
王裒行孝义，在学堂读书。
老人死成鬼，在墓上建房。
雷惊动在上，在地上造车。
王裒行孝义，在学堂读书。
人们不会想，烧纸钱不够。
老人死成鬼，在墓上建房。
丁兰行孝堂，要鬼回家养。
雕木头成像，雕像坐房中。
烧纸又下跪，烧纸给亡灵。
丁兰行孝堂，要鬼回家养。
十分爱老人，不想京城乱。
雕木头成像，雕像坐房中。
叹孟宗行孝，爱老人深重。
母要吃冬笋，他到屋外跪。
跪在泥浆里，可怜到老人。
叹孟宗行孝，爱老人深重。
父亲生场病，算命又求鬼。
母要吃冬笋，他到屋外跪。
二十四行孝，敬老人上天。
出世到天下，用心敬老人。
有心行孝情，佛在阴间报。
二十四行孝，敬老人上天。
靠门神灶神，拿来报上面。
出世到天下，用心敬老人。

第四章 天人同理——道公文化对本土思想观念的影响

  朝安行孝心，十分有孝道。
  卖儿养老母，名字报上面。
  衷心行大孝，是宋朝的人。
  朝安行孝心，十分有孝道。
  餐餐有肉送，母死就不回。
  卖儿养老母，名字报上面。
生得鼓声悼铃响，唱述孝顺让人念。
唱述父情和母情，做人子者要有情。
要敬本地与水源，多念这事才有情。
多念这件情才深，早晚别伤父母情。
告诉众人拿来想，咱唱十件出来念。
咱唱十件让人听，妇女小孩拿来念。
第一件是没生儿，父母想儿贵过金。
多少钱财都不管，只想小孩接家庭。
第二件事真难说，母亲怀胎满九月。
母亲怀胎九月半，肉身才满生成人。
第三件是刚生儿，父母烦恼几多春。
父母烦恼又担心，心中老是想小孩。
第四件是小孩少，一起做工养男孩。
姑娘妇女如会想，父母情义重如石。
第五件是孩子病，父母同看又烦心。
以前咱小还不知，父母爱儿从不忘。
第六件是出天花，又怕关煞难本身。
又怕关煞添恶鬼，过了天花才放心。
第七件是天花好，先生教他学书经。
读书样样全知道，又挑八字合婚姻。

第八件是儿伶俐，父母欢喜在心中。
哪个女人浪荡滥，父母埋怨不留情。
第九件是儿不孝，儿不受教不成人。
难赔父情和母情，为人子者要带情。
第十件是家富贵，孝义父母难表心。
咱唱十件过去了，到唱十条给人想。
咱唱十条给人听，妇女小孩拿来念。
一条咱有老父母，别要恶语去烦心。
骂父骂母是大罪，死去难过阴间佛。
二条摸胸口心头，有鱼有肉别偷吃。
哪个背公婆偷吃，死后阴间手戴枷。
三条别听老婆讲，不给脸色就有情。
哪个听老婆讲话，就给男孩造罪孽。
四条兄弟别吵闹，免得老人去烦心。
兄弟姐妹要相让，众人说咱是同心。
五条有力要劳动，有老父母要奉养。
父母还在不奉养，死后不用敬神灵。
六条串村要快回，免得老人老烦心。
父母还在要照顾，不去流浪做妖精。
七条父母生病了，咱要近他身问话。
咱要近他身问话，倒茶倒水赔恩情。
八条朋友来聊天，咱要到旁边问候。
咱要到旁边问话，以有脸面对六亲。
九条咱母患重病，问佛要药才有情。
钱财我们还能造，父母进棺哪里找？
十条咱父母过世，为之守孝满三年。

第四章 天人同理——道公文化对本土思想观念的影响

说君众人拿来想，能这样做才有情。
养父养母别计较，阴间祖宗会送情。
哪个太算计父母，枉费出生于天下。
计较父母倒反苦，祖宗神灵反不容。
不信众人自己想，父母恩情重如石。
只见官员和学士，让母开心他欢喜。
咱到天下家富贵，天地君亲亦难忘。
天地君亲真父母，为人子者要赔情。
父母养咱真费力，以前咱小他烦心。
以前咱小他担心，到了今天要赔情。
有的孩子不会想，枉费出生于天下。
父母说话咱不记，心里没想几多情。
我们心事不相同，忘记父母的恩情。
咱要想来又想去，世界之孝报上天。
行善十样善来报，行恶就有恶来冲。
哪个不听父母教，二十四孝不上天。
那时朝安他行孝，得做学道管人民。
董永卖身养父母，后来得中状元名。
郭巨卖儿养老母，天送金宝来还情。
五娘卖发养老母，天送金宝来还情。
以前人们不行孝，乱讲恶语去激心。
咱留行孝暂不讲，告诉父母的恩情。
怀胎九月母受难，父母担心几多春？
吃菜样样留给儿，父母心烦脑又烦。
又怕短关加天花，又怕煞关难儿身。
养成孩子不容易，父母担心满肚子。

父母养儿他担心，儿不会想不成人。
做儿不扫本家堂，父母埋怨不留情。
出卖兄弟姐妹们，三宗六祖反不容。
赌嫖做贼别去学，父母开口就厌天。
赌嫖摸黑他去学，枉费出生于天下。
有妻别听妻讲话，不受妻管就有情。
哪个听老婆讲话，那就造罪留男孩。
瞒着父母偷偷吃，罪行总会报上天。
有人向公婆瞪眼，不知雷神巡天下。
不知雷王头上过，争吵互相不成人。
如说不听雷就劈，但看善恶就真有。
不信君看那千七，雷劈虎咬石头压。
不信君看传家宝，又有公婆来传名。
他名字叫珠侯臣，善恶功名真的有。
那时侯臣三兄弟，有人行善有人恶。
三个儿子死三样，只为善恶分不平。
侯大夫妇都行恶，火烧雷劈石头压。
侯二打烟被蛇咬，因心不直虎又拿。
侯三夫妇都行善，后来考中了状元。
善恶就成这样子，造车行善来传名。
大凡人们看过传，戒恶行善行正经。
你的年轻十四五，不说恶语就有情。
我们别做心滥郎，士农工商才得吃。
生意别交流浪人，要交就交衷心人。
交人就交正道人，照顾父母才成人。
要苦要富只由命，正心孝顺第一名。

第四章 天人同理——道公文化对本土思想观念的影响

要苦要富是命带，强做利害天不容。

讲到世界想太多，自己呻吟不出声。

现在世界难启齿，唱说孝顺给人想。

传书不是人们造，传书家宝来传人。

这时传书出来唱，弟子大胆唱两句。

谁人如看过传书，听到人唱就会念。

谁人没看过传书，他听人唱要守心。

守孝七七四十九，守到今天才表心。

又请师公和道公，吊孝三天送进山。

吊孝三夜送入地，送到高利大地安。

送去高利大地葬，回到厅堂守花衣。

守孝三年就脱孝，去请师道做斋醮。

师公道公来超度，超度亡灵上天堂。

师道送亡灵入地，留个后世给孝男。

荐亡

叹父第一句，儿脸红似火。

咱父病不好，立即报舅舅。

见父要断珠，内心很着急。

叹父第一句，儿脸红似火。

上村嘱伯母，下村嘱姨妈。

咱父病不好，立即报舅舅。

叹父第二句，担心心已浮。

开口问咱父，我扔你们了！

男孩和女孩，如何救父亲？

叹父第二句，担心心已浮。

女儿回家里，眼泪自己流。
开口问咱父，我扔你们了！
叹父第三句，问不应不认。
父亲死归阴，心痛到心头。
男孩心也急，女孩心也烦。
叹父第三句，问不应不认。
父死儿心乱，全家哭出声。
父亲死归阴，心痛到心头。
叹父第四句，担心满肚子。
儿灵桌下哭，声声唤父亲。
父亲死床上，洗身母担心。
叹父第四句，担心满肚子。
兄弟拿进棺，请师度亡灵。
儿灵桌下哭，声声唤父亲。
男孩和亲生，死收集行当。
挺身两手垫，要木板垫尸。
要布匹盖脸，眼泪流不停。
男孩和亲生，死收集行当。
叔父也来探，伯父也来看。
挺身两手垫，要木板垫尸。
我父生男孩，得送终挺身。
我父生女孩，棺材下呜咽。
十年才来想，几会记恩情。
我父生男孩，得送终挺身。
报丧人来到，也呜呜地哭。
我父生女孩，棺材下呜咽。

第四章 天人同理——道公文化对本土思想观念的影响

叹父第五句，灵桌前下跪。
赔父亲恩情，放声呜呜哭。
亲戚来上香，孩子心凉透。
叹父第五句，灵桌前下跪。
因天上除簿，不得活千年。
赔父亲恩情，放声呜呜哭。
叹父第六句，肚落珠纷纷。
棺材在房中，子孙齐守孝。
穿白衣行孝，眼泪扑簌簌。
叹父第六句，肚落珠纷纷。
杀只鸡祭头，眼泪扑簌簌。
棺材在房中，子孙齐守孝。
叹父第七句，扔下子孙去。
做工回到家，叫哪个做父？
父死在房中，孩子失声哭。
叹父第七句，扔下子孙去。
进到家门口，叫我父不应。
做工回到家，叫哪个做父？
叹父第八句，如小牛离母。
下雨打大雷，水淹我父亲。
父还在房中，带孙轻轻讲。
叹父第八句，如小牛离母。
瓦房你不住，出屋外去睡。
下雨打大雷，水淹我父亲。
叹父第九句，丢米粒不吃。
往后春又春，丢小儿不管。

道拿幡逍遥，招父进阴府。
叹父第九句，丢米粒不吃。
三只佛救苦，召父亲上天。
往后春又春，丢小儿不管。
叹父第十句，萤火虫满天。
送父到仙山，千年不回来。
送父亲上山，当雷王山魅。
叹父第十句，萤火虫满天。
拿壶酒带路，父走儿心凉。
送父到仙山，千年不回来。
送父到山上，泥盖脸长草。
四块板入坑，丢下小孤儿。
家苦也不争，辛苦了孤儿。
送父到山上，泥盖脸长草。
扔贵儿贱儿，到露天去睡。
四块板入坑，丢下小孤儿。
小儿和大儿，哭找我父亲。
节气日子里，别人屋檐站。
到吃饭时间，在门口等你。
小儿和大儿，哭找我父亲。
在热天雨天，没有人照顾。
节气日子里，别人屋檐站。
儿叫父不应，到别人家问。
从今天往后，不见父亲脸。
戴大小斗笠，到露天去问。
儿叫父不应，到别人家问。

第四章 天人同理——道公文化对本土思想观念的影响

从今天往后，不知哪天回？
从今天往后，不见父亲脸。
从今天往后，不见父亲面。
如走村赶圩，去一会就回。
从今天以后，哪天才回来？
从今天往后，不见父亲面。
三更醒过来，想到眼泪流。
如走村赶圩，去一会就回。
到节气日子，女儿回娘家。
提肉进厅堂，没讲眼泪流。
咱父如果在，出门口来接。
到节气日子，女儿回娘家。
睹物思父亲，想到父讲话。
提肉进厅堂，没讲眼泪流。
烧一刈衣服，眼泪纷纷落。
烧衣服给鬼，让他换新装。
妇女和男人，脱彩衣求福。
烧一对衣服，眼泪纷纷落。
咱活在天下，身臭凡间气。
烧衣服给鬼，让他换新装。

这里不妨将道公的经文与壮族伦理道德长诗《传扬歌》作一下粗略比较，就不难看出两者之间是如何达到水乳交融的地步的。关于家庭伦理道德，道公经文以"孝"字为核心，展开多方面、多角度的阐述。在《二十四行孝》中，针对当时的思想道德状况，指出"说父母的恩，儿千万记住。我们到天下，要奉承父母"，接着列举了一大串事实，证明行孝的重要性。在《荐亡》中也描述了孝男孝女在失去亲人后的悲痛之情。另外，在《血盆宝忏》中，整整用了三十八句韵文，叙述母亲从一月怀胎开始如何焦躁不安："娘受怀胎一月初，未知腹内事如何。唯恐本身生疾病，半忧半喜怕心粗。"到临产时如何撕肝裂肺，痛苦不堪："痛来痛得无躲避，如刀割腹取心肝。儿在腹中寻门路，娘亲疼痛汗淋漓。"教育人们千万不忘父母恩。"孝子听得怀胎卷，雪山便似滚汤浇"，"不敬母谁人长大。父为天，母为地，天命为大"，"胎十月，乳三年，父母辛勤，敬爷娘，如敬佛孝顺之人"，并且告诫人们："行善心，行孝心，天堂有路。作恶人，行歹心，地狱无门。"在《十王超升真经》里，更是描绘了不肖子孙，作恶多端的人死后将在十层地狱受种种折磨，因此"奉劝世人须退步，持斋礼答报亲恩"。无独有偶，在《传扬歌》中，孝道也是浓墨重彩，反复咏叹的主题，也是从十月怀胎开始反复咏叹父母养育儿女之艰辛："夜眠身瘫软，难到分娩时。十月怀胎苦，为娘心自知。生死难料定，烦恼不想食。"因此作为儿女，要："莫忘父母恩，辛苦养成人。如今能自立，当孝敬双亲。"平时要随时注意老人的饮食起居，"若有鱼有肉，先请父入席。不论贫与富，要通情达理。"关于个人修善方面，道公经书几乎所有经卷都有涉及。如在《高王观音法忏》中，针对当时的思想道德状况，指出："中国男女不善，概迷本性真元，忘了孝悌忠信，悖了礼仪耻廉。"接着列举了一大串事实，指出若不皈依斋戒，"皆因地狱有缘"。在《心经海会宝忏》中，也列举了不善之人的劣迹，多达三十七条。指出若不忏悔，必下地狱无疑，并告诫人们"存心不可欺天地，举念还当畏鬼神"。指出人当有所敬畏，没有敬畏之心的人，容易上悖天理，下犯人伦。总之，道公将个人的道德修养高度提炼为一个"善"字，告诫人们要"一心向善"，自觉修持，"心即神，神即心，无愧于心，即是无愧于神；若是有愧于良心，便是欺骗藐视天地鬼神。"《传扬歌》在个人修善方面，首先强调勤劳节俭，"双手造甘泉，终生用不完，遗产是洪流，流过地皮干。"其中更多的是强烈主张做人要正直善良，反对坑蒙拐骗："儿女会做人，地是聚宝盆。生个败家子，万贯当吹风"，"儿行为不正，必连累双老。儿行为不轨，惹祸家难保"，"劝诫年轻人，行为要端正。勤劳无价宝，做贼人憎恨"，"男儿要做人，力气别乱用。欺压忠厚者，天地也不容"。歌中谆谆教导年轻人："叮嘱众后生，人要走正道。倾听老人言，世间名声好。父母无田地，本事自己找。家兴走亲戚，人前脸面高。"不难看出，两者在劝人向善方面有异曲同工之妙。不同的是，道公经文在劝人向善时，总是借助神的力量，以神为监督者，而《传扬歌》则强调世人的监督，强调"名声好""脸面高"。

关于社会道德，道公以劝善、行善为宗旨，将道教慈悲仁爱、济世利民、无量度人、度化众生、扶贫帮困、乐善好施、诚实守信、众生平等、欣乐太平、天人合一的济世伦理渗透到仪式科仪经文和实践的每个细节中，比如它有一条不成文的戒律，要求道公只要入道，不管刮风下雨，三更半夜，不问酬金厚薄，家境贫富，只要有人请，都得去。这种雷打不动的戒律，具有很大的约束力，就是要求道公要有度化众生、无量度人的献身精神。在农村，道公们普遍信守这条规矩，甚至七八十岁的老道士，凡有延请，每场必到，与年轻人一道诵经唱忏，通宵达旦而无怨无言，所以很受人尊敬。《传扬歌》也以山歌的形式唱出壮族人民要求公平、平等，反对剥削和压迫，蔑视权贵的思想观念。

当然，道公经籍和《传扬歌》是两种不同类型的文化载体，而且两者都具有极其丰富的文化内涵和思想观念。以上仅举其要，进行粗略的比较，就不难发现，两者的思想精髓是如此相似。值得一提的是，《传扬歌》自明代开始在红水河流域的马山、上林一带流传，这与道教向壮族民间扩散的时间是一致的。如果说道公的观念属于精神信仰方面的观念，那么《传扬歌》就是壮族礼仪方面的观念，前者以后者为载体，后者以前者为灵魂，说明两者之间有着血脉相连的关系。

第四节　道公科仪对审美观的影响

道公科仪明显带有娱神娱人倾向，因而颇受壮族群众欢迎。其实不只是它的某些科仪带有观赏性和娱乐性，而是它的整个信仰体系都很契合壮族的审美观。

首先，经文生动感人，符合壮族人重情重义的审美需求。道公科仪中的所有经文，除对众神诸佛的无限赞美和崇敬，以及代事主和亡灵表示对众神诸佛的忏悔，祈求宽恕之外，大量的内容是通过讲述道教佛教经典中有关舍己度人、行孝报恩，以及法力应验的故事，来感念众生，教化顽冥。诸如丰都知县、冥王判案、吕祖论因果、王子舍身饲虎、药王烧身、唐僧西天取经、目莲救母、净土往生、孙敬德与高王经，等等，这些故事虽然来源不同，但道公把它们融汇在一起，编纂在各种经文之中，却体现了一个同样的主题，即"祸福无门，唯人自召；善恶之报，如影随形"。佛之所以成佛，在于有献身精神，以慈悲为怀，方立地成佛；人之所以化仙，全凭修身养性，一心向善，方成正果。这些灵验故事有的以经文形式，通过道士诵经传诵给听众，有的以挂图形式展示给观众，形象生动有趣，既弘扬了道的精神，又满足了壮族人民重情重义的审美需求。无怪乎，道士们在法坛上诵经礼忏的时候，听众总是侧耳倾听，津津有味；面对那些神像，总是流连忘返，浮想联翩。道公之所以把经籍符咒看得很重，源于古人对语言的崇拜，对语言功能的神秘感，对语言力量的倚重，故以之作为武器，用以对付诸邪。由此而产生七戒五忌，道公认为这样可保证语言的威力。在日常生活中,语言确有神奇的力量,如处于困境中的人,鼓舞的语言可以使之处于死地而后生,泄气的语言则能够使之垂头丧气,甚至丧生。四面楚歌可以使力能拔山的楚霸王全军崩溃,一曲《敕勒歌》可以让疲惫的东魏军军心重振。道公对经文符咒的利用,正是来源于语言在生活中的魔力,使之转化为宗教的武器。道公们认为在经书中请神神来,求神神应;驱鬼鬼避,驱邪辟易。这在科学不发达的社会里,在人们还不能掌握自己命运的时候,在人们无法完全逃避天灾人祸的情况下,容易使人们得到心理的解脱,暂时卸去沉重的精神枷锁。这就是道公在乡村绵绵不绝的重要原因。

其次,坛场庄严肃穆,适合壮族人庄重凝练的审美志趣。道公一般都以神坛为中心开展仪式活动。神坛正中悬挂着三清三宝画像,栩栩如生;两边一对龙柱,虎虎生威。整个案台呈三层叠进状,层层均配有牌匾、对联。里层联文曰:"南天僧耆骑凤即以来临,四域圣尊乘龙而赴会常。"匾曰:"金銮宝殿。"中层联文曰:"庄严法会成为缘竹仙台,秀丽佛坛乃是莲花宝座。"匾曰:"佛驾普度。"外层联文曰:"馨香爇一炷注助功德缔民心,贝叶诵千篇仙史仙曹存善愿。"匾曰:"证盟功德。"外层通栏横匾曰:"慈航普度。"坛右边案几上插有"三宝勒令"旗三支,为绿边红旗;坛左边插有祖师勒令旗三支,为黄边红旗。法坛案几里层供有祖师、佛祖牌位,设有香炉、烛台;中层摆有五供果品、清茶、糖果、饼干之类的供品;外层陈设有经卷及法器。顶棚上悬挂着楚楚动人的大莲花。整个神坛的布置十分考究,既庄严肃穆,又富有文化内涵。此外,法场内与仪式有关的所有建筑物,凡有门的都贴上火红的对联,所有对联都切合要义而又对仗工整。如坛场大门外联文曰:"击鼓坛中威仪翩翩迎佛驾,诵经庭内严姿楚楚拜神仪。"亡灵灵堂联文曰:"魂魄去何依当年未安英灵倍深耿耿,慈悲求必应此日宏开法界共乐陶陶。"刀山架联文曰:"乘宝筏而无惊请亡人沐浴更衣直上波罗登国,奏馨香即下拜佑荐者营谋逐意同钦北阙天堂。"这种运用对联营造氛围的做法,很适合壮族人民崇尚庄重凝练的审美志趣。壮家每有红白喜事或逢年过节，必大书特书对联以营造喜庆气氛。特别是新婚联，大门有大门内、大门外，中堂有中堂正、中堂侧，屋内所有的门都得有，甚至连厨房、牛栏、猪舍都有。一是表达主人的心意，二是礼迎宾客，三是标明用途路径。

第三，音乐舞蹈典雅精妙，契合壮族人能歌善舞的天性。道公科仪犹如一台大戏，熔唱诵吟白于一炉，集武舞打斗于一身，很具有观赏性。它的唱腔基本都以当地山歌主腔调为基调，高调较高亢，低调则较平和，十分悦耳动听。其中，奠酒还采用壮歌原腔调唱咏，很适合壮族人的口味。诵吟多用壮族人读书的唱读法，外加些悦耳中听的衬词和尾音，迂徐委婉，辗转反侧，既娓娓动人，又有余音绕梁之功。特别是上林县的道公，都是用特有的"读书调"诵经，有浓郁的民族特色。其乐器主要是以锣鼓为主的打击乐器，铿锵有声而富有节奏感，时长时短寓万变于不变之中，配以敦厚沉响的海螺、牛角，仿佛古战场之军乐，常常是锣钹铙齐闹，钟磬鼓同敲，雄浑之中杂有清亮，跌宕有致而不绝于耳，令人百听不厌。如封斋、禁坛、封刀等科仪的锣鼓都是一个多小时，听众却不因其长而生厌。其舞蹈动作不多，多为走步，比较复杂的是步罡踏斗，大概是从道教学来，比较有看点。这种念唱结合、舞诵配合的方式很适应壮族人民能歌善舞的天性。壮族人在日常生活中，常以歌代言，以歌传情，以歌求爱，以歌庆贺，人们劳动之余舞，节日庆典舞，所以一般人学道，不需经过多少专门的训练，只要跟着道公班子做一两次即可。另外，道公仪式有不少科仪带有武术表演的性质，如破狱、斩牲、上刀山、过火炼等。在这些科仪中，道公一面做法，一面表演，神形高妙而玄秘，动作果敢而惊险，有时如斗牛场上的勇士，有时如舞台上的杂技演员。这种精妙的武技，有惊无险的表演，确实与壮族人崇尚勇敢顽强的性格相适应。壮族人民多生活在崇山峻岭之中，为了生存，攀崖爬树，下河探海，搏击猛兽，斩杀毒蛇，攀崖如飞猿走猱，探海如蛟龙逐浪。加上抵御外族入侵，自古以来，壮族人就养成了勇武的性格。当年秦始皇攻打六国中最强大的齐国仅花半年时间,就完成统一六国之大业,而攻打壮族祖先西瓯部,竟整整花了五年时间,可见壮族先人之勇猛善战。道公的这些武技科仪虽都来自佛、道经籍典故,然与壮民有勇武之风亦有内在的联系。

当一种传统民俗得以展现自己形成的全貌,其地方性内涵被挖掘出来并获得重视时,这种文化就具有非物质文化遗产的意蕴。如果这种文化是一个民族的历史遗存时,则其展现的历史意蕴会更加深厚。道公文化就是如此。道公文化不仅内蕴了壮族丰富而生动的记忆,保存了壮族历史发展的血脉,还映射出了壮族演变的历史过程,并在历史的每个横切面上都表现了壮族的生产方式、生活方式、思维方式以及价值评判标准,并因此成为我们解码壮族历史的钥匙。随着人类的科学技术水平的发展,人类关于自然、社会、思维都有了全新的知识与认识,了解了鬼神产生的根源,自然会对传统民俗进行祛魅。而若单纯是以民风民俗为主旨进行无意识的传承,就不会有意识地防范、抵御现代文化工业的侵蚀,难免致其最终失守;只有以原生态保护为主导,我们才会在强调源头性、原生性、整体性的同时,在传承、变化、发展中有意识地予以保护。这种传统与现代的结合,既可以避免传统文化的变味、消失,也可以遏制现代性的无限扩张,既以淳朴古风滋养了人类心灵,也以有意识的引导与保留体现了文化的创新,展现了传统文化生生不息的生命力。而这同样可以为我们当下的社会建设提供精神动力,激发中华民族的文化自信和文化自觉。

本章小结

本章讨论的是道公习俗与壮族思想观念的相互关系。道公具有很强的终极关怀理念，其超度亡人就是借助神的力量把亡灵从地狱中解救出来，送往西天极乐世界。这种观念与壮族普遍崇拜祖先，相信人死后其灵魂将转到另一个世界里生活密切相关。还因受到壮族"人神同理"观念的影响，仪式科仪中难免有一些善意的调笑，以此调节人们严肃紧张的神经。道公礼仪与壮族传统礼仪都来源于中国古代祭祀礼仪，只是前者严格、规范些，后者相对随俗一些。如道公在祭祀时要将表文连同冥币一并火化，但壮族民间的祭祀除了大型的祭祀活动有祭文外，一般的祭祀则用几句表白代替。道公以劝善、行善为宗旨，将济世伦理渗透到仪式科仪的每个细节中，与壮族的伦理道德融为一体，从而起到教化世人的作用。道公经文生动感人、坛场庄严肃穆、音乐舞蹈更是典雅精妙，这些特点与壮族人重情重义、庄重凝练、能歌善舞的审美观高度契合。由此可见，道公文化早已与当地人的思想观念融为一体，成为壮族传统文化的精神寄托，是民族意识和民族凝聚力的重要体现。

第五章

道公文化多元通和模式的特征和启示

第五章 道公文化多元通和模式的特征和启示

壮族生活在物产富饶、气候温润的岭南西部地区，自古就有独具特色的民族文化，同时壮族又长期生活在多民族频繁交往、共生共荣的大环境中，与汉族的交往尤为深广，故其文化具有很大的包容性和开放性。对于壮族的民俗，牟钟鉴教授曾对其特点做出如下概括："壮族民俗具有极大的兼容性，在经典、神谱、仪式等方面都全面加以糅合，超越教门，不拘一格，形成多教融会、多神共奉的信仰格局。"[①] 这是十分精辟的总结。在壮族乡村，道、佛、师、麽、巫等文化相互融合，和平共处。在一些大型仪式中，不同习俗的人员也能够分工合作，密切配合；而且就个人而言，壮家人可以同时兼信几种而不觉得悖谬，社会也习以为常。正是在这种开放包容的社会环境下，道公在融合中发展，在转化中重构，表现出多源性的综合、多样性的交渗，与各种本土习俗相互接纳、吸收和消化。同时，道家思想与壮族民俗相互融合，突出教化功能，使道公文化始终沿着温和、稳健的道路发展。道公文化的这种多元通和模式，最有利于多民族的和平相处和多样性文化在互尊互学中健康发展，也将为建设多民族、多文化的和谐世界，提供有益的智慧和经验。

---

① 牟钟鉴：《传统民俗：保持多元通和宗教文化生态的基础》，《中国民族报》2009年4月8日第4版。

第一节　道公文化多元通和的鲜明特征

道公文化的多元通和模式可以概括为五大特征：第一，主体性与多样性的统一；第二，相融性与差异性的统一；第三，民族性与开放性的统一；第四，神圣性与人间性的统一；第五，制度性与灵活性的统一。

一、主体性与多样性的统一

道公文化既有主体性又有多样性，而主体性彰显出多样性特征，多样性则以主体性为依托。其主体性中基本义理是不变的文化基因，其多样性表现为各派自有其特点。道家思想从产生时即表现出强烈的综合性，即非单一性，有整合多区域、多民族文化使之趋向主流的能力，表现为图腾神的综合、祖先神的综合、天神的综合。这些都具有跨民族、跨地域的特点。而后在汉族与各少数民族的文化交往中，道公的信奉对象在不断综合中壮大，形成以天神为主导、以祖神为根本、以各民族神为依托的多神分工合作的天国世界。这样一种文化基因使道公不可能发展成一神文化，却容易接纳外来的文化，使道公文化在传播过程中与儒、佛、师、麽、巫等各种文化和习俗相互融合，逐渐形成壮族文化上的多种类、多层次和内外兼收的特点。在各种传统民俗中，像道公如此多样化的程度是罕见的。世界历史上，文化的跨族群传播并不鲜见。但是：第一，外来文化与本土文化间缺少亲和力，难以深入融合；第二，文化跨族群传播的结果往往是替代性的，造成一家独大的情况，阻碍了文化的多样化发展。道公的多样性是在长期的历史中形成的，派别虽多，却各有其生存空间，没有出现一派统制的局面。从种类上说，道公各派别差异明显，以巫祝之术济人的太一派，以符箓见长的正一派，还有与佛教深度融合的释迦牟尼派，都在广西拥有信众和组织。当然，尊道重德是道公习俗的核心，所有这些派别都能够一以贯之，形成一个由内向外的辐射状结构，即形成了以道家思想为主干，以佛教思想为补充，以壮族民俗为底色的道公文化新形态。

二、相融性与差异性的统一

道公与各壮族本土习俗并不是一盘散沙，而有它们一致认同的文化基础，即尊天敬祖和崇善嫉恶。尊天敬祖是包括壮族在内的所有中国人的终极性、根源性信仰，是关乎民族和文化由何而来的本根之教，不认同它就等于不认同中华民族。但认同它又不要求各习俗抹杀自身的特殊性，可以各有所信。崇善嫉恶是壮族人的普遍性伦理和做人准则。在广西，各种习俗都必须能够行善积德、济世救人，才能得到社会的肯定。它们的道德信条可以多种多样，而崇善嫉恶是可以通约的道德规范，它能使信奉者首先成为一个有道德的人，然后才可能按习俗的要求最终实现解脱和超越。

相融性是指道公与其他习俗间互相渗透、交错发展。一方面，各教并行而不悖；另一方面，各种习俗又血脉相连、营养互换，形成文化的混血。壮族各本土习俗都或多或少接受了道公的思想和形式，道公也受到各本土习俗的深刻影响。广大壮族民众，有相当多的人兼信道、佛、师、麽、巫或其中几种，人们习以为常，这在一教独大的民族是不可想象的事情。道公在传播过程中总体上是和谐的，既没有发生大规模的文化冲突，也没有出现明显遭受迫害的情况，没有仅仅因为文化上的不同而发生族群冲突。当然，矛盾和摩擦是存在的，近现代由于思想急剧变革和政治力量的粗暴干预而出现对道公的限制和打压是有的，但都未成为主流和传统。

融合并不意味着趋同，道公和其他习俗在彼此学习和接近的过程中不仅保持着自身的特色，而且在内涵上更加丰富多彩，彼此平等互尊，各得其所，从总体上形成优势互补的局面。壮族人习俗选择的空间是巨大的，不同地方的人们可以有不同的选择，不同需求的人们亦可有不同的选择，并不妨碍各种文化之间和平相处。

三、民族性与开放性的统一

道公是作为汉文化的一部分在广西发展壮大的，由于壮、汉两个民族都是农耕民族，多神观念与包容、温和的文化心理使得道公对壮族文化总体保持开放态度，并吸收了许多壮族民俗的内容，所以道公文化无论是思想还是仪式科仪，都具有鲜明的民族性特点。从信奉的对象看，三清尊神（元始天尊、灵宝天尊和道德天尊）仍旧是最高神灵，但它的神仙谱系是庞杂众多的，即在这个最高神之下，又有无数的大大小小的神灵。一方面，它不断地造神，把其中许多神传布到社会上，逐渐成为民间信仰中的神，如太上老君、玉皇大帝、吕祖、真武大帝、九天玄女、西王母、盘古真人、太元圣母、三十六天罡、七十二地煞、四方四神等；另一方面，它又不断从壮族民俗中吸收新神，如布洛陀、雷神、莫一大王、甘王、三界公、山魈等，编入其神仙谱系之中，顶礼膜拜。这样就给道公在壮族社会传播造就了良好的条件，也是道公能够对各种壮族本土习俗产生广泛影响的原因。在现今一些道公班子供奉的神坛上，甚至只冠以"三清堂"三个字，而没有具体列上三清尊神的圣名，却列有莫一大王的名字。

从仪式科仪来看，道家操办丧事、超度亡灵仪式有两种，一种是在道观里主持仪式，一种是在亡人家里主持仪式。道士只需身穿道袍，头戴道冠，颈挂念珠，手执如意，坐在丘台，口念超度亡灵经即可。道公在给亡灵主持仪式时，除了按道教正常程序念经打醮外，还吸收了壮族原始丧葬仪式的成分，如增加开坛请经、祭经书请圣水、请师荐兵、出将入坛、请社王、砍殇、破狱、上刀山、过火炼、祭幡送师等环节。广西普遍还存在请道公举行"安花架桥""安社安神""驱瘟神保平安"等宗教活动。如"驱瘟神保平安"，这是壮族一种古老的宗教习俗。当村里人畜病灾流行时，人们会认为是瘟神入村作祟。村老就组织众人延请道公到村子里举行"驱瘟神保平安"仪式。先在村里居中活动场所烧上一大锅桐油，然后挨家挨户驱瘟。每到一家，道士口中念念有词，然后含一口符水向烧得滚荡的油锅里喷，锅里顿时烈焰腾空；再抬着油锅逐个房间、每个角落都进一遍；最后在每户的前、后门分别贴上盖有"三清三宝"之印的黄色符签，以示严禁瘟神再次入侵。每家都驱赶完毕，再由道士用茅草结一草缆，横系在通往村外的各交通路口，以防止瘟神再入村。余下符水，男女老少都喝上一口以保消灾祛病。这个油锅，就是从壮族的巫术中移过来的，完全是借道士做道场的形式，行壮族古老宗教习俗之实。

四、神圣性与人间性的统一

在神圣性方面，道公与西方一神教文化差异明显。"犹太教和基督教的传统，强调神与人的对立，神是至善至美、全智全能的，人则有原罪，不能自救，必须皈依上帝才能得救。故爱上帝是绝对的最高原则，其次才是爱人如己。两者如有矛盾，宁可牺牲'爱人'，也要忠于上帝，这是历史上基督教迫害异端的信仰根源。"[1] 近代基督教改革了宽容了，自由主义神学家主张"上帝是爱"，但基要派仍坚持"因信称义"，信仰是高于正义的，所以仍有宗教

---

[1] 牟钟鉴：《从比较宗教学的视野看中国宗教文化模式》，《中国宗教》2007年第7期。

冲突发生。反观道家，自始便将"行善止恶"作为修道成仙的先决条件。《太平经》吸纳并发展了《周易》关于"积善之家必有余庆，积不善之家必有余殃"的思想，提出了"承负"的伦理教义。道公进一步将道家思想的善恶观与壮族的民风民俗结合起来，使各种道家劝善书成为淳化民风的重要手段。如《太上感应篇》《劝善要言序》《关帝觉世真经》《文昌帝君阴骘文》《吕祖功过格》等，都是根据壮族人生活重新改编。《文昌帝君阴骘文》以天人感应和因果报应为指导思想，宣扬儒家道德规范、宗教戒条，以及文昌帝君的经历等故事，说明广行阴德将获善报，列出忠主、孝亲、敬兄、信友、矜孤恤寡、敬老怜贫、不谋人财产、不淫人妻女、不恃富欺穷、不倚权势辱善良等数十项信条，作为立身处事的准则。依此而行，万灾消弭，百福降临，迩则善终己身，远则福泽子孙，这些都与壮族民间的传统观念相一致。有的道公班子的劝善书，还直接借用了壮族的道德教育壮歌《传扬歌》的内容和形式，深受壮族人民的喜爱和欢迎。壮族人之所以要给死去的亲人，尤其是父母做道场超度亡灵，一个起决定作用的心理因素就是为了报答父母的养育之恩，正所谓鸦有反哺之意，羊有跪乳之恩。在壮族民间史诗《唱东灵》里，透露出壮族先民从吃人的野蛮时代过渡到孝敬父母、礼葬考妣形成葬仪的过程。因此，壮族人在父母去世时，一定要请道公前来念经斋醮，为亲人做一两晚道场，以表孝心。即使是亲人新故时因为客观原因做不成道场，在守孝满三年除灵时，也要补做一次道场。

道公唱本中虽然有对彼岸世界的追求，但声音微弱，也没有大面积地仔细地描绘一个西天的"极乐世界"。对鬼神的求助也好，对恶鬼的驱逐也好，全是为了活着的人们现实生活的平安幸福；为了人们一生循规蹈矩，保持社会的相对和谐，以利于稻作民族的社会生产和生活，体现了强烈的生命意识。经文不要求活着的人们忍受苦难，轻易牺牲性命，以求来世，而是珍惜生命，珍惜今生，应当争取的就去争取。虽然这可能消磨人们对黑暗的抗争，但也于维护人们的平稳生活产生效应。所以，道公是以善为至高神性，以爱人为至高神道，神性是为人性服务的，此外，神没有单独的追求，故人要信神必须爱人，有德即是敬神。可以说，这是"因义称信"，与基督教基要派的思路是相反的。

五、制度性与灵活性的统一

从道家思想在壮族的传播过程看，有一个从上层精英文化向民俗文化演变的过程，两者虽有承接的关系，但在内容和形式上却有很大的不同。道公就其组织程度而言，远不如道教，前者较为松散庞杂，后者较为严格整齐。尤其是道教正一派，有以天师为首的严谨的教阶制度，在上层与国家政权之间有正式的联系，在下层对一般信徒也有规范化的管理，各项要求严格，上下统一，内外分明。而道公重信仰不重教制，没有统一的组织，没有产生宗教领袖。各地道公虽然都信奉"三清"，却没有统一的教规，没有统一的宗教圣地，没有统一的经书，也没有统一的机构来指导道公的活动。道公无道观可出家，可以成家立业，平时务农，有仪式时才是道公。道公虽以小团体活动，每个道公班子也都有一个首领法师，但团体内部成员地位平等，报酬平分。班子成员也不固定，当承接大型道场本班子人数不够时，还会出现到其他道公班子借人的情况。这在道教中是不可想象的。

道公因与儒、佛和各种壮族本土习俗深度融合，又受到壮族民俗的影响，在义理、信奉对象、仪式等方面都全面加以糅合，具有信仰的混合性、崇拜的多神性、求神的功利性、地区的差异性等特点。正如牟钟鉴教授所说，"道公是民族文化的重要形态，与壮族的语言、道德、文学、哲学、风俗、劳作都息息相通，构成壮族特有的精神家园和心理素质，也影响着其他民族，成为中华民族传统文化的有机组成部分。"[①]

[①] 牟钟鉴：《传统民俗：保持多元通和宗教文化生态的基础》，《中国民族报》2009年4月8日第4版。

第二节　道公文化多元通和模式的启示意义

文化所具有的属性是崇文还是尚武，或者说文明相遇时处理相互关系的价值取向是"贵和"还是"主战"，没有一个放之四海而皆准的真理。但道公所展现的多元通和模式，对正确认识和处理当代文化关系具有重要的启示意义。

一、"交融性"的彰显促进了文化的互融共生

文化的交融性是不同文化间的互动和宽容程度的一种表达，其与相同性是两个不尽相同的概念。文化的相同性不必然导致多元通和，文化的排异与冲突也不能简单归因于文化的相异性。最典型的例子就是基督教、犹太教和伊斯兰教属同源不同流，其文明冲突与民族之间的冲突紧密联系在一起，尽管它们在义理上有很多相同之处，又都是一神论，但冲突性却极强。其结果是历史上基督教民族与犹太教民族的长期紧张关系和现代基督教社会同穆斯林社会的激烈冲突。反观道公与师公、布麽等壮族本土习俗之间，不管在信奉对象还是在仪式上都差异明显，却能相互融合，和谐共生。如道公尊"三清"为祖师，师公教则尊"三元"为祖师；做法事时，道公主要是念诵经文，动作轻柔，师公则会做激烈的舞蹈动作；在敬奉的神祇方面，道公主要信奉道教神和佛教神，土俗神少，师公教的祭祀神则较复杂，包括了很多土俗神；

第五章 道公文化多元通和模式的特征和启示

道公的经书主要是用汉文写成的散体文，杂有一些壮族民歌格式韵文，诵时散体文用汉语方言，韵文则须用壮语，师公教的经书是韵文，壮歌五言七言格式，以古壮字写成，用壮语方言土语唱诵；道公没有面具，无巫术，只有少数道公班受师公影响，有"上刀山""过火炼"巫术，师公的仪式中不仅有"上刀山""过火炼"等巫术，有的仪式师公甚至要戴面具表演。但这些巨大差异并未妨碍道公和师公相互间的和谐关系。特别是在开丧、做斋等这些大型的仪式中，道公和师公两拨人马往往同时做法，道公唱道家的经，师公唱师公教的文；道公摇道公的铃，师公敲师公的锣。有时候为了按时完成诵经任务，甚至需要部分师公客串为道公，跟道公们一起念经。这使我们不能不深入思考其中的道理与根源问题。没有充足理由认定文化冲突根源于文化间的差异。

不同文化一般都有很大区别，但它并不能遮蔽文化精神中的认同、宽容和可兼容的部分。由于文化间的差异是外在的和容易看到的，而多元通和性是内在的和难以识别的，但人类对事物的认识有一个由外而内、由易到难逐步深化的过程，所以人们往往最先看到的是文化外在的差别，而忽视其内在交融性的一面。又由于文化最初相遇时往往以相互间的争论和冲突示人，多元通和却要经历漫长的历史磨合过程。正因如此，文化冲突的方面往往被人误解为文化关系的本质，而相互融合被认为是文化关系的偶发情况。其实，如同道公的多元通和模式，随着文化交往的不断深入，不同文化的相遇经过漫长的磨合，文化间冲突的方面将逐渐消弭和引退，文化间相融的方面也将逐渐显露出来。由此可见，多元通和的内涵远远比文化冲突的部分要坚实得多、深厚得多，就像是巨大的冰山，水下的部分远远大于水上的部分，显露的部分远远小于隐含的部分。

现实中的多元通和不仅由文化自身性质决定，还会受到所处的国家、民族等多重因素的影响。道家思想之所以能与各种壮族民风民俗相互融合，跟壮、汉民族同属农耕民族，有较大的相通性，以及近代统治者对道家实行严格的管束政策密切相关。明清时期，朝廷在利用道家时，加强了检束和限制，使道教失去了有力的政治支持，开始向世俗衍播，其义理逐渐充入传统民俗的内容。道家尊奉的城隍、土地和灶神开始在民间盛行，成为人们祭祀的重要对象。民国时期，道家在广西更是受到严厉限制，甚至是禁止，道观被拆的拆，毁的毁，几乎荡然无存。由于政府的抑制政策，导致道家内部经济来源严重不足，道士虽然养身修道，追求神仙，但仍然无法脱离人间烟火。在道产被没收，生活来源没有保障的情况下，为补充经济来源之不足，道公被迫把为民众主持仪式当作一种谋生的手段，这就逼迫道士在为世俗服务时，自觉吸纳壮族本土民俗的成分，以迎合下层民众的需要。民间道公队伍中也不断有壮族人加入，改变了道公队伍的成分。无数的壮族下层知识分子加入了道士队伍，肯定会带来壮族不少的民俗观念，在不断地改造着道家思想，使之越来越符合壮族世俗民情的要求。所以认识文化的交融性，不应把眼光局限于文化问题，只在文化内部找答案，还要拓展到其所处的经济社会政治环境中去寻找。

二、"向善"精神增进了不同文明间的交流互鉴

由于各种文明的同异关系的共生性和复杂性，导致了文化相融的复杂性和艰难性。学者曾对文明关系提出了排他论、多元论和包容论三种范式。强调文明因异性导致冲突，因相同导致包容。起初，学界往往主张排他论，将某一种特定文明当作绝对的真理，从而排斥一切其他的文明。在文明对话成为主流的20世纪中叶之后，排他论被普遍认为是历史上的文明冲突的思想根源。相反，多元论在当今社会较受欢迎。多元论肯定一切文明都包含真理的因素，但没有一种文明能宣称唯独自己拥有最终和绝对真理。因为多元论意味着平等看待其他的文明，倾向于尊重不同的文化传统、承认其他文明有自己的真理。实际上，许多坚持包容论甚至坚持多元论的人，还是无法完全

平等地看待其他文明，因为他们在内心里承认其他文明只有片段的真理，甚至是低级的真理，只有自己的文明才是完全的真理和（最）高级的真理。他们与其他文明进行对话，目的是把其他文明引导到自己的文明中来，用自己的文明包容一切其他的文明。其中的难题是：各种文明如何包容为一体？凭什么要"我们"统一于它？实际上，不同的"论者"都坚守自己的文明立场，来"统一""包容"其他文明，其文化的片面性和局限性是很难根除的。因此，很难使持不同文化传统的人们统一到更高的"统一体"中。

道公之所以能与各种壮族本土习俗相互融合，共同的"向善"精神在其中起了重要作用。人类文明千差万别，而最根本的一个相通点就是一切文明形态都因博爱的宗旨而致力于"劝人为善"，劝导人们要珍重人的生命。如果没有向善的精神，却诱人为恶，那就不是人类文明而是文化糟粕了。从本质上看，正是因为各种文明都能积极劝人为善，才使得文明交流和互鉴成为可能。历时态地看，克服文明冲突的障碍是艰难而长期的。不同文化相遇与相融的关系也是异常复杂的，即使是兼容性较强的两种文化的关系，也需要经历漫长的融合。文明关系从对立到统一、从冲突到互鉴、从不兼容到和谐共生，其根本动能在于各种文明都在弘扬着一种客观存在的东西，那就是向善的精神。这要求各种文明对其自身文化传统所包含的精华（最能提升人性，推动文明进步的精神）自觉地继承和发扬，并对自身狭隘和落后的部分（与时代精神不相容、代表社会黑暗面的内容）自觉地反省、批判和超越，以适应社会的普遍价值追求。虽然文明所倡导的核心价值是固定的，但对核心价值的阐释，以及对核心价值的彰显，都要随着时代发展不断做出优化调整。"在地球村已经形成、人类事实上成为命运共同体的时代，各种文明必须发掘和阐扬其文化传统中仁慈、和谐、包容的精神，抛弃独尊、排他、好斗的意识，推动文明对话，学会在多元文明中理性地生存，与其他文明成为好邻居。"①

---

① 王志平：《上海合作组织防务安全合作发展的文化认知——以我国西北边疆安全为牵引的思考》，《西北民族论丛》2016年第6期，第253页。

共时态地看,许多缺乏向善精神的文化传统相遇时,往往表现为愈演愈烈的文明冲突,相反,向善精神较强的文明发生关系时,往往具有很大的包容性,能够逐步走向和解。正如天主教神学家孔汉思所说的,"世界各大宗教在信仰问题上分歧很大,基督教徒信仰上帝,印度教信奉梵天,佛教不信神,但他们都劝人为善,有着基本相同的伦理规范;宗教传统都尊重、珍惜人的生命,把'己所不欲,勿施于人'等基本伦理视为金规则。"[1] 所以,要促进文明间的和解与对话,就不能将眼光局限于文明之间的分歧,而是要努力挖掘各种文明在文化伦理方面的共同点,求同存异。特别是在资本主义极大地开发并满足了人的自私性欲望的时代,传统文化"劝人为善"的作用更不可少。虽然说各种文明都有向善的精神,但作为历史的产物,每种文明都只能表达有限的价值,不能穷尽所有的真理。这就使文明间的对话与和解成为可能。文明的向善精神既是克服自身局限性,扬弃各种文化负价值,避免族际冲突和教际冲突的根本动能,更是发扬文明关系中隐含着的人性优良品质部分,聚集各自合理精华,导引人际关系和谐,营造文明对话良好氛围,确保不同文明兼容并存与良性互动的力量所在。在现代社会中,随着经济社会的高速发展和人类交往的日益密切,包括民俗在内的人类文化,必然加速融合。但在历史和现实中的文化关系,先是排他,进而才是包容和承认多元共存,最后才是汇流。但这一过程将是艰难和长期的,即使是兼容性较强的两种文化的关系也需要经历漫长的融合。这要求各种文明对其自身所包含的精华(最能提升人性,推动文明进步的精神)自觉的继承和发扬,并对自身狭隘和落后的部分(与时代精神不相容、代表社会黑暗面的内容)自觉的反省、批判和超越。"在地球村已经形成、人类事实上成为命运共同体的时代,各种文化必须发掘和阐扬其文化中仁慈、和谐、包容的精神,抛弃独尊、排它、好斗的意识,推动文明对话,学会在多元文明中理性地生存,与其他文明成为好邻

---

[1] 卓新平主编:《宗教比较与对话》(第二辑),社会科学文献出版社2000年版,第13页。

居。"① 当各个文明的主流都能有较强的文化理性，不断自我反思和尊重他者时，文化的交融性便能充分彰显出来，实现文明关系平稳发展。

三、多元通和增强了中华民族的凝聚力和向心力

在民族融合的漫长历史中，首先都要经历一个异民族文化的趋同、认同乃至融为一体的多元通和过程。在民族形成和发展的过程中，共同的文化传统强化了民族构成诸要素中共同享有的要素，往往是一个多民族共同体在政治经济上统一的思想文化基础。当然，促进不同民族之间进行思想文化交流乃至民族融合的要素往往是多方面的，其中，经济、政治、军事等因素肯定发挥了各自的作用。然而，文化的要素在其中发挥着重要的作用。"文化甚至高于民族，它尖锐地并且毫无例外地区分着人群。"②劳贞一曾在其《西南边疆的宗教改革问题》一文中指出："我们看到西南外国教士传教的状况，便知道西南边疆的危机。"③因为，让国民信奉一种其中心在国外的文化，在非常时期将很难保障教民对祖国的忠诚。这种情况在边疆少数民族中尤其显著。1885 年年初，中国军队在今越南谅山抗击法军入侵时，清朝名将杨玉科所率的军队在镇南关（今友谊关）遭到法军重兵攻击，又有信奉洋教的当地教民充当"法军间谍"，"助法军攻官军，官军溃走"，主帅战死，清军惨败。④ 同样，日本军国主义者在占领台湾期间，大搞"皇民化"运动，大肆破坏和烧毁当地的道教神像，搞所谓的"神像升天"，强迫中国人信奉外来宗教。因此，文化的一致性和信仰价值观念的趋同，事关国家和民族的前途与命运。

苏联著名民族学家勃罗姆列伊在其著作《民族与民族学》中指出："文化

---

① 王志平：《上海合作组织防务安全合作发展的文化认知——以我国西北边疆安全为牵引的思考》，《西北民族论丛》2016 年第 6 期，第 253 页。
② ［美］S.P. 亨廷顿：《文明的冲突》，郑开译，新华出版社 2013 年版，第 173 页。
③ 劳贞一：《西南边疆的宗教改革问题》，《边政公论》1947 年第 3 期，第 175 页。
④ 郑杭生：《民族宗教学概论》（第二版），中国人民大学出版社 2010 年版，第 269 页。

的共同性对于民族作为一个完整的体系而发挥功能具有非常重要的意义。"①道家思想不仅是汉民族的文化,同时也是壮族、瑶族等中国少数民族的文化,因而,在中国各民族文化的共同性方面占有极其重要的地位,对中华民族多元一体格局的形成具有非常重要的意义。道公习俗是汉族和壮族先民在文化上相互交流和吸取融合而成的结晶,它将汉民族的儒、道、佛思想与壮族传统巫术、风俗习惯等有机地融为一体。在某种意义上,道公的生成过程就是道家思想与壮族本土习俗相融合的过程。道教的传入改良了壮族的风俗习惯,革新了其杀牲祀鬼、尚淫祀、狂舞烂醉等传统习俗,消减了其怕鬼心理。道公客观上支持和促进了道家思想发展、壮大。道家思想在壮族民间传播、发展并演变,一些壮族人放弃或改进自己与社会生产力发展不适应的原始巫教信仰,改信更为完善和文化形态相对较高的道家思想,顺应了文化自身运动变化的规律。道家思想在广西的传播过程,本身也是汉文化与壮文化汇流的过程,往往伴随有社会经济文化的交流,在一定程度上促进了壮族社会经济文化的发展。

道家文化从明代中叶以后逐渐在中原地区走向衰败,失去了统治阶级的宠信和支持,加之大规模地从中原地区向西南边疆移民,促进了道家文化在广西的传播与融合。从某种意义上来说,道家文化与壮族两者之间的关系是互动的,而不仅仅是某一方影响了另一方,双方之间的关系是由特定的社会历史文化背景所决定的,有其历史的必然性。道家文化在壮族劳苦大众中的广泛传播,密切了壮族和汉族之间的联系,也体现了壮族民众对中华道家文化的认同感,显示了他们对汉族人民信奉的神灵的敬重,在文化的层面寻到了共同点,培养起了相互之间的认同感。因而,在共同参拜的神灵面前消除了壮族与汉族相互之间的心理隔阂,大大缩小了双方思想观念的差异,也消除了彼此之间的防范心理和反感情绪,增进了壮族对中华民族大家庭的向心

---

① [苏]勃罗姆列伊:《民族与民族学》,李振锡、刘宇端译,内蒙古人民出版社1985年版,第73页。

力，巩固了中华民族多元一体格局。这也说明了由56个民族构成的中华民族大家庭，在族属和文化上是多元的，但其内部又是相互认同、相互包容的，因而中华民族又是一个有凝聚力、不可分割的统一体。

在国家广泛对公民进行爱国主义教育的今天，系统地研究文化与民族之间错综复杂的关系，探讨两者之间发生相互影响的历史原因、条件、途径、历程和意义，揭示多元通和在中华民族多元一体格局形成过程中所发挥的重要作用，不仅有助于我们更清楚地认识多元通和的过程和价值，更清楚地认识少数民族文化在中华民族多元一体文化格局中的地位和作用，而且能加深我们对"汉族离不开少数民族，少数民族离不开汉族"的理解和认识，对批判民族分裂主义，促进中华民族大家庭的团结、稳定、繁荣和发展，具有重要的现实意义。

四、民俗文化是教化人心、匡正伦理的重要载体

在新时代，民俗文化是社会团结的纽带，其和谐理念也正日益成为全社会的价值观。作为一种文化形式，其内蕴并宣传的价值观念是反复演示、不断传播且集体遵从的，所以，在一定程度上具有维持社会秩序，匡正社会伦理的功能。

民俗文化是千百年来生活在一区域的民众对于社会生活的认识和经验的总结，当这种经验总结成为一定区域内的习惯，进而发展成为该区域内普遍遵从的习俗之后，便在该区域内发挥着普遍的约束力。民俗以本地的传统道德文化为基础，贯穿着国家的政策、法律法规，形成在本区域内独具特色的新的社会规范。在某种程度上说，民俗超越了法规等外在的强制约束力，这种约定俗成的习俗很自然地成为当地通行的社会规则，自动地维护着某种社会秩序。这种秩序和规则总要通过一定形式表达和传播出来，道公仪式就是很好的形式。道公所倡导的伦理道德能够深入人心，成为一种内在的道德律

令，以无成本的方式维持着社会秩序。同时，民俗文化是教化民众的重要手段。它通过对一个特定事物或事件的褒奖或鞭挞，完成价值观念的宣扬，同时又教化了人心，匡正了风气。作为民俗的惯例是法律的基础和补充，社会治理需要有效地运用民俗的力量。譬如道公唱词中所表现出的敬奉祖先、家庭和睦、邻里和谐的和合精神，对真善美的执着追求，强烈的集体主义，忠贞不渝、诚信友爱的观念，对于提倡人伦观念、规范人们的言行礼仪、调和人际关系、调适群体生活、提升人们的道德水准乃至构建和谐社会，都有着不可估量的重要作用。而且，民俗文化的教育是潜移默化的，是一种与所有人生活最贴近、感情最亲近、行为最贴近的特殊教育方式。比如，道公仪式一般深受群众欢迎，既引导、教育了群众，又丰富了群众的文化生活。运用民间文化形式开展思想教育，可成为创新基层治理的一个新的有益尝试。

现如今，我国部分农村依然是封闭自足的体系，人们生于彼长于彼。尽管人们通过电视、网络等媒介可以接触更为丰富的文化内容，但那些东西对于上了岁数的农民来说可能是外界的和外人的，并非是反映自己生活状态和思维习惯的。而民俗文化则不同，它成为寄托民众情感的载体和调节民众心理的工具。如道公仪式就融入了人们的各种情感，通过娱乐、宣泄、补偿等方式，使人们的社会生活和心理本能得到调剂。民俗文化也是联系局部与整体、生活与艺术、通俗与高雅的介质，是反映地方民智、民风、民俗的载体。因为民俗文化是一定时期人民群众基于一定的生产、生活活动而创造的，基层民众是其创造主体，田间地头、村庄作坊是其生成、流传的舞台，因而，民俗文化具有日常性、自发性、广泛性、分散性、简朴性等特点，是人们自我精神满足的方式。

民俗文化还是提高农民素质、培育新型农民的有效途径，也是一种宣扬现代精神文明的重要载体。从总体上看，中国农民目前平均教育年限较低，而实现乡村振兴的关键在于树人，只有本土农民的综合素质提高了，致富技能加强了，乡村振兴建设才有可能实现。文化具有其他社会要素无可取代的作用，所以，应尽快建立起一种适合乡村振兴的文化理念。一旦这种文化理念形成并深入人心，就能在人的思维方式和行为习惯层面发挥广泛、稳定而持久的影响。民俗文化这种潜移默化的影响对人们综合素质的提升也起着很大作用。道公习俗根植于人民生活，为人民群众所创造，内容通俗易懂，形式生动活泼，是新形势下武装群众思想的不可多得的好形式。民俗文化还能提升人们的幸福指数，满足人们精神方面的需求。中国是在缺少文化准备的情况下进入市场经济的，市场经济对世态人心的影响会越来越大，与之相适应的乡村的伦理价值观需要尽快重建，而传统的道公习俗中就有很多可借鉴的内容。民俗文化作为民间最广泛的传承文化，以它悠久的历史、深厚的内涵和特有的功能，在社会发展的历史长河中，始终影响着人类群体的物质生产、生活方式和思维观念。随着社会的发展和进步，道公习俗的形态和功能也在不断地演变和扩大，其价值内涵也会不断丰富，价值外延也会不断扩展。

本章小结

这一章系统总结了道公文化的多元通和模式及其启示意义。道公文化在继承中发展,在转化中重构,与各种民风民俗相互接纳、吸收和消化,表现出主体性与多样性相统一、交融性与差异性相统一、民族性与开放性相统一、神圣性与人间性相统一、制度性与灵活性相统一的鲜明特色。这一多元通和模式,启示人们要深刻认识文化"交融性"的丰富内涵,努力透过外在差别,探求文化精神中的认同、宽容和可兼容的部分;要从大力弘扬各文明所共有的"向善"精神,推动文明对话与和解;要高度重视中华民族多元一体格局的文化因素,发挥好多元通和模式在增强中华民族凝聚力和向心力方面的重要作用。作为社会团结的纽带,要大力发挥民俗文化在教化人心、匡正伦理和调节心理等方面的积极作用。

结　语

　　中国是一个拥有五千多年文明的礼仪之邦，中华民族是世界上唯一一个文明未曾中断的民族。尽管中华文化曾在历史长河中历经繁荣兴盛，而后几经萧条沉寂，但最终又在新时代焕发出前所未有的勃勃生机，为中华民族提供了生生不息、发展壮大的丰厚滋养。增强文化认同，构筑中华民族共有精神家园，既是对中华优秀传统文化的创造性转化和创新性发展，又是以一种"大一统"的方式实现精英文化与民俗文化的相互促进，共同繁荣。民俗文化也因其根深叶茂的个性特点，成为中华民族共同体意识的"培养皿"。中华文化保持着你中有我、我中有你的多元通和格局，有着强大的向心力，其深厚的历史根基和文化底蕴，为巩固中华民族大团结提供了强大的底气。

　　今日之中国，正以昂扬向上的姿态向前迈进。这种绵延不绝的强大生命力，与中华民族的文化底蕴一脉相承。要"促进各民族像石榴籽一样紧紧拥抱在一起，推动中华民族走向包容性更强、凝聚力更大的命运共同体"[1]。我国是一个统一的多民族国家，疆域辽阔、文化多样。基于不同的经济、历史、地理等背景，传承至今的中华文化呈现出"多元通和"的特质。因而，想要

---

[1] 习近平：《在全国民族团结进步表彰大会上的讲话》，《人民日报》2019年9月2日第1版。

实现各民族文化的多元共生和融合发展,必须深入探究文化交融的内在机理,促进趋同的主流价值体系形成。中华民族多元通和的文化生态是在各民族平等交流中,经岁月积淀、凝聚而形成的精神纽带,有着强大的凝聚力,能为铸牢中华民族共同体意识提供深厚的思想基础和共同的价值取向。文化交融强化人民对民族和国家的归属感,求解中华文化的"最大公约数",承载着我国各族人民最深沉的情感和智慧,这有利于催化人民对中华文化的认同,使各族人民的价值观选择呈现出鲜明的文化趋同性。更重要的是,以共同文化为桥梁,不同地域的文化形态可以和睦共生,而受不同文化形态影响的群体和个体,也能够相互认可、理解,继而实现对中华文化的共性价值表达。

道公作为广西农村最广泛传承的民俗文化,以其悠久的历史、深厚的内涵和特有的文化整合功能,在社会发展的历史长河中,始终影响着人类群体的物质生产、生活方式和思维观念。随着社会的发展和进步,道公文化的形态和功能也在不断地演变和扩大,其价值内涵也会不断丰富,价值外延也会不断扩展。最后,需要指出的是,本著作是笔者从读博士之初就开始思考的问题,回顾本书思路,寻找离初心的距离,认真对照审视,梳理理论逻辑,有利于对思考再提升。在对本问题的研究当中,笔者对"多元通和"这一理论视域有了更深的理解。笔者也希望,关于中华文化的研究理应加上传统民俗的视角,以多元通和的视角研究民俗文化,有利于增强文化认同,进一步铸牢中华民族共同体意识。此外,由于本研究是以多元通和的角度来研究道公文化,课题关注更多的是道公与壮族本土习俗相融合的表现,而有关道公对人们生产生活的影响、当代传统民俗的特征等问题,限于水平和能力,涉及得不多或者不够深入,这也是笔者今后需要努力的地方。

参考文献

一、经书类

《元皇奏亡终送升虔朝见牒疏》《雷五都总鬼名经》《灵宝简文》《置天门引路科》《武坛请圣科赏兵科》《收兵法》《禳关科》《保福科》《桥科》《谢坟科》《谢土科》《元皇送星宿科》《抛送五海科》《应七忏化用大悲咒》《酬恩表意科》《请师科》《灶王经》《回送天府遣瘟科》《观音救苦真经》《弥陀接引真经》《解冤救仇真经》《血盆产难真经》《报恩报答真经》《地狱赦罪真经》《祖传训诫》等。

二、著作类

1.《民族词典》编辑委员会编、陈永龄主编：《民族词典》，上海辞书出版社1989年版。

2.宗教词典编辑委员会编、任继愈主编：《宗教词典》，上海辞书出版社1981年版。

3.牟钟鉴、张践：《中国宗教通史》（上、下），中国社会科学出版社2007

年版。

4.牟钟鉴编:《民族宗教学导论》,宗教文化出版社2009年版。

5.牟钟鉴:《探索宗教》,宗教文化出版社2008年版。

6.牟钟鉴:《当代中国特色宗教学十二论》,人民出版社2018年版。

7.牟钟鉴:《道家和道教论稿》,宗教文化出版社2014年版。

8.中央民族大学宗教研究所编、牟钟鉴主编:《宗教与民族》(第1—6辑),宗教文化出版社2002年版。

9.牟钟鉴:《儒道佛三教关系简明通史》,人民出版社2018年版。

10.[英]尼尼安·斯马特:《世界宗教》,高师宁、金泽、朱明忠等译,北京大学出版社2004年版。

11.[英]詹·乔·弗雷泽:《金枝》,徐育新等译,中国民间文艺出版社1987年版。

12.[美]休斯顿·史密斯:《人的宗教》,刘安云译,海南出版社2006年版。

13.[英]凯伦·阿姆斯特朗:《神的历史》,蔡昌雄译,海南出版社2001年版。

14.[英]爱德华.泰勒:《原始文化》,连树声译,上海文艺出版社1992年版。

15.[法]E.杜尔干:《宗教生活的初级形式》,林宗锦、彭守义译,中央民族大学出版社2002年版。

16.[英]菲奥纳·鲍伊:《宗教人类学导论》,金泽、何其敏译,中国人民大学出版社2004年版。

17.[美]杨庆堃:《中国社会中的宗教:宗教的现代社会功能与其历史因素之研究》,范丽珠等译,上海人民出版社2007年版。

18.吕大吉:《宗教学通论新编》,中国社会科学出版社1998年版。

19.马西沙、韩秉方:《中国民间宗教史》(上、下册),中国社会科学出版社2004年版。

20. 戴康生、彭耀：《宗教社会学》，社会科学文献出版社2007年版。

21. 卿希泰主编：《中国道教史》（第一、二、三、四卷），四川人民出版社1996年版。

22. 杜继文主编：《佛教史》，江苏人民出版社2006年版。

23. 何光沪主编：《宗教与当代中国社会》，中国人民大学出版社2006年版。

24. 何光沪：《百川归海：走向全球的宗教哲学》，中国社会科学出版社2008年版。

25. 何正廷主编：《壮族经诗译注》，云南人民出版社2004年版。

26. 黄体荣编著：《广西历史地理》，广西人民出版社1985年版。

27. 黄桂秋：《壮族麽文化研究》，民族出版社2006年版。

28. 广西壮族自治区编辑组：《广西壮族社会历史调查》（第1—7册），民族出版社1984—1987年版。

29. 余敦康、吕大吉、牟钟鉴、张践：《中国宗教与中国文化》，中国社会科学出版社2005年版。

30. 金泽、邱永辉主编：《中国宗教报告（2008）》，社会科学文献出版社2008年版。

31. 荆学民：《当代中国社会信仰论》，人民出版社2008年版。

32. 高致华编：《探寻民间诸神与信仰文化》，黄山书社2006年版。

33. 方立天：《佛教哲学》，长春出版社2006年版。

34. 公木、邵汉明：《道家哲学》，长春出版社2007年版。

35. 麻天祥：《中国宗教哲学史》，人民出版社2006年版。

36. 范宏贵主编：《中国各民族原始宗教资料集成·壮族卷》，中国社会科学出版社1998年版。

37. 《中国民间故事集成·广西卷》编辑委员会：《中国民间故事集成·广西卷》，中国ISBN中心2001年版。

38.《中国各民族宗教与神话大词典》编审委员会:《中国各民族宗教与神话大词典》,学苑出版社1990年版。

39.《壮族百科辞典》编纂委员会编:《壮族百科辞典》,广西人民出版社1993年版。

40. 戴光禄主编:《壮族文化》,云南人民出版社2004年版。

41. 玉时阶:《壮族民间宗教文化》,民族出版社2004年版。

42. 覃乃昌主编:《布洛陀寻踪:广西田阳敢壮山布洛陀文化考察与研究》,广西民族出版社2004年版。

43. 覃乃昌、潘其旭主编:《壮学论集》,广西民族出版社1995年版。

44. 杨宗亮:《壮族文化史》,云南人民出版社1999年版。

45. 杨堃:《原始社会发展史》,北京师范大学出版社1986年版。

46. 杨学政:《原始宗教论》,云南人民出版社1991年版。

47. 杨树喆:《师公·信仰·仪式:壮族民间师公教研究》,广西人民出版社2007年版。

48. 梁庭望著:《壮族风俗志》,中央民族学院出版社1987年版。

49. 梁庭望:《壮族文化概论》,广西教育出版社2000年版。

50. 廖明君:《壮族自然崇拜文化研究》,广西人民出版社2002年版。

51. 庞绍元、王超:《广西省柳州师公傩的文武坛法事》,台北财团法人施合郑民俗文化基金会1995年版。

52. 范宏贵、顾有识等:《壮族历史与文化》,广西民族出版社1997年版。

53. 赵春晨主编:《岭南宗教历史文化研究》,天津古籍出版社2002年版。

54. 童恩正:《南方文明》,重庆出版社2004年版。

55. 宋兆麟:《巫与巫术》,四川民族出版社1989年版。

56. 高发元主编:《云南民族村寨调查·壮族》,云南大学出版社2001年版。

57. 高雅宁:《广西靖西县壮人农村社会中魔婆的养成过程与仪式表演》,

唐山出版社（台北）2002 年版。

58. 刘晓明：《中国符咒文化大观》，百花洲文艺出版社 2010 年版。

59. 王丽英：《道教南传与岭南文化》，华中师范大学出版社 2006 年版。

60. 王建新、刘昭瑞：《地域社会与信仰习俗：立足田野的人类学研究》，中山大学出版社 2007 年版。

61. 广西壮族自治区地方志编纂委员会编：《广西通志·宗教志》，广西人民出版社 1995 年版。

62.〔宋〕周去非著：《岭外代答校注》，杨武泉校，中华书局 1999 年版。

63. 张泽洪：《文化传播与仪式象征：中国西南少数民族宗教与道教祭祀仪式比较研究》，巴蜀书社 2008 年版。

64. 张声震主编：《壮族通史》（上、中、下），民族出版社 1997 年版。

65. 张桥贵：《道教与中国少数民族关系研究》，四川大学出版社 1998 年版。

66. 张志刚：《宗教哲学研究：当代观念、关键环节及其方法论批判》，中国人民大学出版社 2003 年版。

67. 张声震执行主编：《布洛陀经诗译注》，广西人民出版社 1991 年版。

68. 张廷兴、邢永川等：《八桂民间文化生态考察报告》，中国言实出版社 2007 年版。

三、论文类

1. 王丽英：《论道教迅速传入岭南的缘由》，《广州大学学报（社会科学版）》2005 年第 3 期。

2. 吴重庆：《岭南地理与道教传播》，《学术研究》1998 年第 1 期。

3. 张泽洪：《中国西南少数民族与道教神仙信仰》，《宗教学研究》2005 年第 4 期。

4. 张泽洪：《20世纪上半叶西南少数民族宗教研究述评》，《思想战线》2004年第5期。

5. 张泽洪：《瑶族壮会中道教文化的传播与衍变——以广西十万大山瑶族度戒为例》，《民族研究》2002年第1期。

6. 张桥贵：《近现代瑶族宗教的道教化及其特点》，《宗教学研究》1994年第4期。

7. 张桥贵：《道教传播与少数民族贵族对汉文化的认同》，《世界宗教研究》2002年第2期。

8. 丁培仁：《道教与民俗浅议——以斋醮、礼俗为例》，《宗教学研究》2001年第4期。

9. 刘铁峰：《论梅山道教文化中的"巫"特质》，《船山学刊》2004年第4期。

10. 刘潇：《明清时期士人笔下的广西道教》，《经济与社会发展》2003年第3期。

11. 曾杰丽、韦宗协：《壮族的女神信仰文化》，《广西右江民族师专学报》2001年第12期。

12. 陈太福：《广西民间信仰述论》，《广西民族学院学报》1998年第10期。

13. 岑贤安：《壮族麽教信仰初探》，《经济与社会发展》2003年第12期。

14. 钱安靖：《试论西南少数民族与道教的关系》，《贵州民族研究》1983年第4期。

15. 覃乃昌：《布洛陀文化体系述论》，《广西民族研究》2003年第3期。

16. 黄建兴：《民间法师仪式传统研究综述》，《世界宗教文化》2014年第6期。

17. 黄桂秋：《壮族民间麽教与布洛陀文化》，《广西民族研究》2003年第3期。

18. 黄桂秋、侬兵：《镇安故地壮族女巫盖帽仪式考察》，《贺州学院学报》2007年第3期。

19. 黄桂秋、侬兵:《镇安故地壮族巫、麽、道斋醮仪式考察》,《广西师范学院学报(哲学社会科学版)》2007年第3期。

20. 黄桂秋、侬兵:《镇安故地壮族巫信仰历史与现状考察》,《百色学院学报》2008年第1期。

21. 黄桂秋、侬兵:《广西大新下雷壮族道公加冠诸仪式考察》,《宗教与民族》(第六辑),2009年。

22. 杨树喆:《壮族民间师公教:巫傩道释儒的交融与整合》,《中央民族大学学报》2001年第4期。

23. 杨树喆、叶展新:《一个壮族师公班子的渡戒仪式——壮族师公文化研究系列论文之一》,《广西民族研究》2000年第1期。

24. 杨树喆:《桂中壮族民间师公教派的基本信条和教义述论》,《广西师范大学学报(哲学社会科学版)》2002年第10期。

25. 李炳海:《巫咸探源》,《世界宗教研究》1993年第2期。

26. 顾有识:《壮族的文道教与武道教》,《广西大学学报(哲学社会科学版)》1995年第4期。

27. 陶思炎:《试论乡野道教》,《广西民族学院学报(哲学社会科学版)》2001年第3期。

28. 邹毅:《论道教与民俗文化的关系》,《宗教学研究》1997年第3期。

29. 张有隽:《瑶族与华南诸族梅山教比较研究》,《广西民族学院学报(哲学社会科学版)》1994年第4期。

30. 徐祖祥:《论过山瑶道教的科仪来源和教义特点》,《贵州民族研究》2003年第2期。

31. 徐祖祥:《瑶传道教神祇体系特点初探》,《云南民族大学学报(哲学社会科学版)》2003年第9期。

32. 杜海树:《民间信仰的社会功能——广西J壮族地区县扶乩活动的文献和田野考察》,《宗教学研究》2013年第3期。

33. 冯金雄：《〈装化道教道场经书〉文本选释及其文化内涵探析》，中央民族大学硕士学位论文，2011年。

34. 吕鹏志：《中国现存地方道教仪式新探》，《宗教学研究》2013年第3期。

35. 李远国：《论道符的结构与笔法》，《宗教学研究》1998年第2期。

36. 梁庭望：《师公教报告——广西壮族的人神和谐》，载邱永辉主编：《中国宗教报告2014》，社会科学文献出版社2015年。

37. 农辉锋：《万承土司的世系、墓碑及其民族学意义》，《广西地方志》2008年第6期。

38. 郭硕知：《靠而不信：广西瑶族道教认同研究》，《儒教研究》〈第三辑〉，2015年。

39. 任宗权：《道教与云南少数民族》，《中国道教》2004年第1期。

40. 时国轻：《道教与壮族麽教关系浅析》，《中国道教》2006年第2期。

41. 许晓明：《汉传道教之重构：壮族道公教研究——以广西天等县上映乡广原村下庄屯为个案》，福建师范大学硕士学位论文，2007年。

42. 许晓明：《壮族道公教仪式中的音声巫术——以桂西道公安神仪式为考察》，《歌海》2008年第2期。

43. 许晓明：《接亲·安神·迎花——桂西壮族婚礼仪式考察》，载李富强主编、高雅宁特邀执行主编《中国壮学》第四辑，民族出版社2010年。

44. 玉时阶：《清代广西的改土归流》，《广西民族研究》1988年第2期。

45. 黄碧功：《试析道教巫教对桂西壮族民间文化的影响》，《广西大学学报（哲学社会科学版）》1994年第1期。

46. 詹石窗：《论生活道教》，《中国道教》2000年第6期。

47. 张文安：《道教传播与少数民族盘古神话》，《中央民族大学学报》2006年第6期。

四、外文文献

1. Kenneth Dean, *Taoist Ritual and Popular Cults of Southeast China*（《中国东南的道教仪式与民间崇拜》）, Princeton University Press, 1993.

2. Eli Noah Alberts, *"Mediating the Yao/Chinese Encounter: Writing, Daoism, and Politico-religious Legitimation on the Imperial Frontier"*（《协调瑶汉相遇——帝国边疆的书写、道教和政治宗教的合法化》）, A *Dissertation in East Asian languages and Civilization*, University of Pennsylvanian, 2005.

3. Livia Kohn, Harold D.Roth, *Daoist Identity: History, lineage, and Ritual*（《道家身份：历史、谱系、仪式》）, Honolulu: University of Hawaii Press, 2002.

4. HUANG Jianxin, *"A Research on Shijiao—The Ritual Traditions of Fashi in South China"*（《师教传统——中国南方法师仪式传统》）, The *Chinese University of Hong Kong*, 2012）.

5. John Lagerway, *Taoist Ritual in Chinese Society and History*（《中国社会和历史中的道教仪式》）, NewYork: Macmillan Publishing Company, 1986.

6. Michel Strickmann, *"The Tao among the Yao, Taoism and the Sinification of South China"*（《瑶族社会中的道：道教与华南的华化》）,《历史における民众と文化——酒井忠夫先生古稀祝贺纪念论集》, 东京：国书刊行会, 1982年。

7. Walter, H Oldfield, *Pioneering in Kwangsi: the Story of Alliance Missons in South China*（《广西先锋：华南传教记》）, Christlan publication, INC, (1936).

8. 窪德忠：《民俗道教の诸相》, 驹沢大学文学部文化教室昭和五十三年度（1975）第二回公开演讲。

附录一

隆安县雁江镇道公林义文先生专访

林义文，男，1965年11月出生，壮族，农民，高中文化，隆安县雁江镇和济村忐更屯道公。林先生从1997年起开始随做道公的父亲学艺，现为本村道公班子的首领法师。家中藏有70部左右的经书和一套完整的道教法器。林先生所在道公班子主要在隆安县雁江镇、城厢镇、那桐镇主持仪式，偶尔也到邻近的平果县主持仪式。目前班子中共有道公八人。

为了对道公有进一步的认识，2020年5月中旬，笔者到隆安县雁江镇和济村忐更屯对道公林义文进行专访，以下是专访的主要内容。

笔者：道教是从何时传下来的？

林义文（以下简称"林"）：从祖上传下来的，起码有几百年了。

笔者：请问，在隆安一带的道教，分派别吗？

林：我们这里的道教分为两种，我们属于文道教，还有一些班子属于比较低级的武道教（笔者注：师公教）。我们主持仪式时主要是念经；他们主持仪式时主要是跳舞，动作很大，经书没有我们的高深。据老一辈说，以前正常死亡的人的开丧仪式，是不要武道参与的，只有非正常死亡（即"凶死"）的人的开丧仪式，才邀请他们参加超度。现在不同了，人们办丧事两边都会请。

笔者：你们都供奉哪些神灵？这里面谁的地位最高？

林：有三清，也有观音菩萨、如来佛、阿弥陀佛、地藏菩萨。三清（玉清、上清、太清）在这些神里面地位是最高的。

笔者：和济村有多少位道公？

林：和济村有两个道公班子，我们这个班子有八个人，另一个班子是五个人，我们班子有两个人度了戒，是正式道公，他们那个班子只有一个人度了戒。所以我们班子的威望是最好的，请我们做法的人也多得多，我们每做三家，他们能做一家就不错了。

笔者：道公收徒弟有没有什么程序？

林：要命带（笔者注：生辰八字注定）才能认领师父。要挑一个好日子，杀一只鸡，等候师父登门立龛。师父带来另外两个道公（代表三清）烧香、祭祀、念经，此人就正式加入道门了。今后如果他度戒，就成为正式的道公了；如果不度戒，是不能另立门户的。

笔者：现在有没有年轻人主动想来当道公的？

林：没有的，年轻人吃不了这个苦，一连几个白天晚上不停地念经，就是事主睡觉去了，我们都不得睡觉，年轻人哪个愿意做这个工、吃这个苦？

笔者：您招收徒弟有什么要求？

林：做道公首先人品要好，要有责任心，心要善，不能偷盗嫖。品行不好的，给再多彩礼我也不收他。

笔者：度戒的步骤是什么？

林：如果真的要度戒，先要跟师父学徒三到五年。在这段时间里，弟子既学念经，也学做法。学徒几年后，即使是文盲，也会背这些经书了。像韦积孙（笔者注：班子里的另一名法师），一个字也不认得，经过我父亲几年的传教，能背书了，也看得懂经文。学成后，师父选一个好日子，反背受戒弟子回到弟子的家，现在也可以用车驮，反正进门之前师徒不能面对面就行。随后道公班子到受戒弟子家举行一天一夜的度戒仪式。度戒仪式完毕之后，受戒弟子就是真正的道公了。

笔者：受戒弟子怎么学习经书？

林：我家里的经书摞起来比人还高，谁能一下背完？这就得让师父传授了。即使你没看过这些书，经过师父几年的传教，也能背诵这些书了。

笔者：经书从什么时候传下来的？从哪个地方传来？

林：一代一代传下来，起码有上百年了。也有的是老人从外面抄来的。

笔者：道教有什么仪式？

林：仪式太多了，常见的有做斋、开丧、度戒、捡骨、葬坟、安床、安灶、下地基等。

笔者：道公有什么法器？

林：神位、如意、锣鼓、公片母片（钹）、符、法衣、法帽等。

笔者：你们有什么禁忌？

林：我们平常不能吃牛肉、狗肉、猫肉、鸽子肉和蛇肉，不能做任何伤天害理的事。

笔者：道公除了主持仪式，还做其他的工作吗？

林：平常我们也同村民一样种地种田，有人请我们才去主持仪式，可以多一份收入。

笔者：如何分配你们的劳动报酬？

林：不管是师父还是徒弟，只要是班子里的人，报酬都是平均分配。"师父不多拿一粒米，徒弟不少拿一分钱"是我们的祖训。

笔者：人们信不信道教？

林：这个没有一定的，一般来讲，没事就不太信，一旦有事，自己应付不了，只能靠道公。像去年甘德才（笔者注：隔壁屯的村民）的父亲突然重病不起，到处去医院都看不好，然后请我们做法驱鬼，马上病就好了。

笔者：今天先请教到这里，感谢帮助！

林：不要客气。说实话，道教的东西不是一下子就能说得清楚的。今天我说的，只是些皮毛，希望你以后常来调查，让外面的人对道教有更多的了解。

附录二

贵港市石卡镇壮族师公覃天忠先生专访

覃天忠,男,壮族,1954年生,广西贵港市覃塘区石卡镇平岭村师公,1971年投凭(认某某为师)于已故老师公甘德恒先生(广西贵港市港南区新塘镇都兴村居民),1973年度戒。覃天忠先生笃信师公教,勤学肯干,任劳任怨,深受甘德恒先生的赏识(1998年甘德恒先生去世,临终前他从自己的十三名弟子里面挑选出两名来为他举行开丧仪式,覃天忠就是其中一人,甘对覃的看重可见一斑)。自入师门以来,覃天忠认真学习师公知识,砍甘蔗的路上也在背诵师公经书。如今,他因为遵守祖训、"法力"高超、人品高尚、为人老实等因素,深受百姓的信任,成为石卡镇赫赫有名的师公。覃天忠主持仪式的足迹遍及石卡镇、云表镇、谭镇,以及邻近的横州市(本次专访次日,他又被邀请到横州市百合镇做两天的开丧仪式)。为了深入了解道公与师公教的关系,2020年1月上旬,笔者对覃天忠做了一次专访,以下是专访的详细内容。

笔者:覃师父您好,我想了解一些有关师公的知识,请问能否提供方便?

覃天忠(以下简称"覃"):我知道什么就说什么。

笔者:从什么时候开始有壮族师公教的?

覃:商朝立道(教),周朝立师(教)。先有道,后有师。

附录二 贵港市石卡镇壮族师公覃天忠先生专访

笔者：师公和道公都有哪些区别？

覃：师公为男，道公为女；师公为武，道公为文；师公为天，道公为地；师公为阳，道公为阴。

笔者：师公教的最高神灵是哪位？你们的祖师爷是谁？

覃：太上老君、如来佛祖、玉帝。祖师爷是三元，即唐、葛、周三将真君。

笔者：目前平岭村有多少位师公？

覃：五人。老中青三代都有，最大的年近八十，最小的三十出头。

笔者：您收徒弟最看重什么？

覃：收徒弟人品是最关键的。在家要孝敬长辈，在外要肯做善事。

笔者：人们为什么要做师公？

覃：命带（笔者注：命中注定）。如果不是命带，花钱雇人去当师公，也不会有人去当。当师公是最"下野"（笔者注：下贱）的行当。师公们都是因为命苦，必须以当师公来冲这些苦难。

笔者：有没有人命不带，只是为了挣钱，而主动加入师门的？

覃：花钱雇都没有人当，更不用说有人主动加入了。

笔者：加入师门的步骤是什么？

覃：命苦的人问过仙婆之后，认为命带当师公的，就选择日子，一般是大年初一，带一只公鸡到师父家祭祀先师、投龛。来投龛的有两种人，一种是投龛以后就不再跟随师父学习或外出做法，只在每年大年初一带祭品到师父家祭祀先师；另一类则是投龛之后，跟师父学习师公教知识，追随师父外出做法。前者在心理上自认为是师公，同时也向神灵交代，自己已经加入师门，希望从此可以脱离苦难。但是这类只投龛认师而不学习、不做法的"师公"，不是真正意义上的师公，当然也不被世人认可。后者才是人们公认的师公，平时我们所说的师公指的就是后者。

笔者：师公教有什么仪式？

覃：做斋、度戒、开丧、做醮（到事主坟地主持仪式，恭喜其葬到风水宝地或驱邪）、驱邪等。其中做斋的规模最大，用的人也最多，不能少于九人，可以是十人，或十二、十三人；耗时也最长，最少两天两夜，多的七天七夜。开丧仪式不能少于五人，正常的是九人；耗时少则一天一夜，多的两天两夜。度戒一般是用九人，耗时一天一夜。做醮一般是一人或五人，耗时半天。驱邪则用一两个师公，耗时两三个钟头。

笔者：你们所用的师公面具有多少面？一般在什么场合使用？

覃：总共有十二只（笔者注：神灵鬼怪的量词是"只"，在此引用为面具的量词）。上林县师公有十五只，他们还刻有唐僧、孙悟空、猪八戒三只面具。一般来说，唱到什么神灵就戴什么面具，如唱到《申公豹》，就戴功曹面具；唱到《夫子请客》，就戴夫子面具；唱到《五龙唱》，就戴"妹"面具。

笔者：你们主持仪式时穿什么法衣？

覃：红大衣，从肩膀垂到脚踝，纯红，没有图案；花裙子，从腰部垂到膝盖，上画花鸟虫鱼草木等图案；三元帽，也称金刚帽、三叉帽，黑色；毛巾，在没有三元帽时代替三元帽；白带子，当作腰带。

笔者：你们使用的法器有什么？

覃：锣鼓、大刀、宝剑、符笺、印、简笏、手铃、面具等。

笔者：师公教有什么禁忌？

覃：平时绝对不能吃狗肉和猫肉。做斋仪式之前绝对禁止男女房事，否则"社"（社王）不会饶恕，其他仪式举行之前不忌讳男女房事。

笔者：仪式时间的选择有什么规定？

覃：开丧时间随到随开，一般在中午十二点至两点之间举行，因为要等上街的人买各种必需品回来，"凶死"的则提前一点。做斋时间则非常严格，必须选择年月日时都大吉大利的时候开始做法，要求年月日时都不犯人丁，不犯六畜，不流财。度戒时间的选择也很严格，所选的年月日时必须天道同德，不能冲命。

笔者：做斋、度戒的时间由谁选择？开丧仪式的坟地由谁决定？

覃：都是道公。道公修习五行八卦，师公不修习这些东西。

笔者：仪式报酬如何定，又如何分？

覃：仪式报酬由群众定，现在一天一夜的开丧仪式，报酬一般是每人七十元。师公领取的报酬是平分的，不管是老师公还是没有度戒的弟子，一视同仁，一样看待，享受相同的待遇，不差分毫。

笔者：一般村民信不信师公教？

覃：因人而异。平时不怎么相信，一旦有事，马上就相信了。

笔者：感谢您给予的支持与帮助！

覃：不要客气。

附录三

广西非物质文化遗产：道公"九莲灯"

道公"九莲灯"亦称"佛手莲花舞"，是广西壮族自治区第三批非物质文化遗产，是道公为有儿有女、子孙满堂、福禄寿全的老人逝后超度亡魂或二次葬的一种祭祀舞蹈。其以隆安县雁江镇为中心并广泛流传于隆安县城厢镇、那桐镇、乔建镇、南圩镇以及百色、平果等地区，距今已有200多年的历史。

一、道公"九莲灯"的历史渊源

道公"九莲灯"究竟源于何时，史料很少记载，但民间有多种说法。相传在混沌初开的远古时期，天宇有十个太阳，大地被烤得赤地千里，万物难生。后来后羿拉弓搭箭射掉九个太阳，天宇遂归风和日丽、冷暖交替，大地遂得四季轮回、万物滋生。虽说天宇十日令大地蒙难，但正是因为有此十日，使天宇混沌而渐生万物，那九日于人类也有一定贡献，人类感恩而"九九归一"，于是各地有了"九莲灯"这一民间舞蹈。随着时间的推移，"九莲灯"祭祀舞蹈在各地又派生出许多版本，有的与唐朝时的"城隍出驾"联系起来，有的则是道公为福、禄、寿、全的逝者超度亡魂的祭祀活动。道公"九莲灯"便是后者。另有传说，"九莲灯"是海龙王与八仙为抢夺"花魁"的一个过程，最终结果是八仙抢到了这朵花,也就是替主家争取到了这朵花,寓意以后逝者就可以与仙人住在一起,主家今后的生活就会顺顺利利、平平安安。

二、道公"九莲灯"的结构形式

(1)准备:道公"九莲灯"于晚上十二点(即午夜时刻)开始,一般由七位道公进行。"九莲灯"花手舞前,先准备一张莲花灯案,台面撒满白米,摆上九只小碗,碗边贴有用黄、红、绿彩色纸剪成的九片花叶,形似莲花。碗内盛有花生油或桐油,放上一根灯草(或用蜡烛代替)并点燃,排成横竖三行九盏花灯。花灯由道公班中会手艺的师父制作,样式精巧美观,晚上点燃时光亮闪烁、灿烂耀眼。花灯有上、中、下品灯,而上品灯又分为上、中、下生灯,中、下品灯同样分为上、中、下生灯,共九只灯。在为逝者祭祀时,上品上生灯是孝男一灯;上品中生灯是次男二灯;上品下生灯是三男灯;中品上生灯是四男灯;中品中生灯是五男灯;中品下生灯是六男灯;下品上、中、下生灯属于七、八、九男灯或女孩灯。

(2)请师:在神台上摆上鸡、鱼、猪肉、香火蜡烛等祭品,挂上先师画像,进行祭拜请师。

(3)花手舞:"九莲灯"花手舞开始,道公们围到花灯前站立,手上拿着小锣、小鼓、大小钹等道具依次排列,领头的道公站在中间,面对花灯开舞手。随着众道公敲锣击鼓,舞手的道公时而顺转身体,时而逆转身体,不断反复,并用手、腕、指不停地扭转翻动,变化出各种舞姿。舞手的动作内容大概有翻腕轮指花、外内腕花、佛手、法手、僧手等。单纯的舞手完成后,就进入了边唱词边舞手的,以"香、花、灯、涂、果、乐"为内容的六个花手舞蹈,同样由为首的道公唱和舞,众道公附声随和及击乐伴奏。最后,舞手的道公又转入腕花佛手、腕花剑指、腕花响指、端掌弹指、千日指花、慈悲指花、三宝指花等几个舞蹈动作。

（4）送福："九莲灯"也就是九子登科的意思。通过"佛、法、僧"将"九莲灯"中的"香、花、灯、涂、果、乐"赐予孝男孝女，祈愿他们日后五谷丰登，六畜兴旺，生活顺顺利利，教诲众人只有行善积德，才能修成正果，迎来福禄寿全。

三、道公"九莲灯"的道具用品

道公"九莲灯"需要的道具制品有：（1）神台：用来摆放祭品及上香；（2）先师画像：道公们做每一场仪式之前，都要把先师画像摆在神台上，喻义不忘师恩，请师父教导；（3）莲花灯案：用来摆放"九莲灯"的桌子；（4）九盏花灯：用九只小碗，碗边贴有用黄、红、绿彩色纸剪成的九片花叶，形似莲花，碗内盛有花生油或桐油，放上一根灯草（或用蜡烛代替）并点燃，排成横竖三行九盏花灯；（5）白米、鸡、鱼、猪肉等。另外，道公的服饰是黑底镶黄边长袍袈裟、佛帽、佛珠等。

附录四

壮族道教的多元通和模式及其启示意义[①]

【摘要】 壮族道教是壮汉文化交流融合的历史产物，其在继承传统道教核心教义的同时，受到壮族日常生活和民俗文化的深刻影响，又与各种壮族原生型宗教紧密结合，汇成一体，在经典、教义、神谱、仪式等方面都全面加以糅合，形成了融会多教、多神共奉的信仰体系。壮族道教的这种多元通和模式，最有利于多民族的和平相处和多样性文化在互尊互学中健康发展，也将为建设多民族、多宗教的和谐世界提供有益的智慧和经验。

【关键词】 壮族道教　多元通和　交流互鉴

一、壮族道教多元通和模式的形成

汉代即有道士在桂东容县都峤山修道，唐宋时期道教更是传播到了壮族的腹心地带。明清之后，因受到统治者的严厉管束和文化激进主义的冲击，再加上自身理论发展的严重滞后，传统道教逐渐向民间扩散，与壮族原生型

[①] 本文曾作为阶段性成果发表在《广西民族研究》2023年第4期。

宗教和当地民风民俗深度融合，以民间道教的形式在广大壮族乡村继续发挥作用。这种转变不仅较好地适应了时局变化，也在最大程度上满足了底层民众的信仰需求，使道教正式成为壮族核心文化的一部分。

（一）道教在壮族民间的扩散

自明代开始，道教逐渐失去上层支持，加上自身的理论停滞，组织涣散，出现了向民间扩散的倾向。其内容多有粗俗化，诵经拜忏斋醮度戒之事遍及乡野。清代统治者对道教采取了更为严厉的管束政策，但道教在壮族民间仍有所发展。据《广西通志·宗教志》载，仅平南县一地就有道观17座。[①] 至于道教尊奉的城隍、土地和灶神等，在民间更是盛行，成为民间祭祀的主要神祇。

1911年的辛亥革命使中国社会出现了自秦汉以来最大的变动，两千多年的君主专制被推翻，与此相适应的官僚制度、礼乐仪轨、明经科举皆被废止，中国开始由中世纪的帝制社会向现代社会过渡。但是社会经济基础仍然以手工农耕经济为主，资本主义商品经济还很脆弱，加上内部旧势力、旧传统强大，外部国际帝国主义控制和侵略，使中国社会充满了内忧外患，改革不能顺利进行，政治和文化激进主义便应运而生。在信仰文化上，传统宗教转变为弥漫分散的民俗文化；儒、佛、道组成的文化"铁三角"，俱被边缘化，不再起维护核心价值的作用。这一时期，道教受到严格限制，甚至被禁止。1931年，广西省政府发布《广西各县市取缔婚丧生寿及陋俗规则》，下死令规定老百姓办丧事不准请道公、僧尼斋醮度亡，革除游神、拜佛、道巫等活动。1936年又颁发《广西省改良风俗规则》，进一步严禁僧尼做法事，凡有违者，一概没收法衣法器，处以重罚。政府的行政干预，使传统道教难以为继，于是加速向壮族民间扩散。在邕江上游的平果、田林、百色、龙州、扶

[①] 广西壮族自治区地方志编纂委员会：《广西通志·宗教志》，广西人民出版社1995年版，第260页。

绥等壮族人口聚居地，老人去世时，主家都会请道公做法事。根据《广西壮族社会历史调查》第七册记载，平果县乐绕山区几个乡的陇人，主要信仰道教，做道的人相当普遍，仅陇匠乡的陇感屯就有道公25人，包括老道公13人和新学的12人。陇感屯共92户，平均不到4户便有道公一人。这个地方打斋需做三四天的法事，有的是为了保证庄稼的丰收、人财两旺及报答父母的恩德功劳。西林县维新乡的殡葬仪式是：人死后，一般由道公超度一至两天，出殡的时候，由道公击鼓奏乐相送。[①]

除了壮族聚居区外，道教在许多壮汉杂居地区的民间也很盛行。如在黔桂铁路沿线的金城江镇、怀远镇、六排镇这些汉族居多的城镇里，家里有老人去世或非正常死亡，丧家多到乡村延请道公去打斋念经。一般是打三天，富有的家庭打七天，穷家则亦有一天就出柩的。打斋意在表示给死者开路，使之安然归度阴间。未成年人死的一般只请道公来"念经打叮叮"了事，而没有闹锣、钹鼓、笛等。这说明道教在壮族农村十分活跃。虽然道教曾一度被诬之为封建迷信，认为它荒诞、粗俗、悖乱不经，而遭受批判和禁绝，但在民间却一直沿着它自身的轨迹继续发展。毋庸置疑，现代人观察它，不难发现它的粗俗与非理性，但它毕竟是一个重要的文化形式，现实世界是它产生、发展的酵母和温床。它经过历史的冲击和考验而经久不衰，正说明是下层民众寻求自身信仰依托的结果。因此，只要人类还有生老病死的现象存在，道教在民间就有存在的可能性。只不过随着时代的发展，它的外在表现形式会有所变化。

（二）道教的壮化重构

就宗教意义而言，民间宗教与正统宗教之间没有不可逾越的障碍。壮族是一个兼容性很强的民族，在壮汉文化交流中很快接受了与本民族古老宗教

---

① 广西壮族自治区编辑组：《广西壮族社会历史调查》（第七册），民族出版社1988年版，第147页。

相接近的道教斋醮仪式、神仙体系和仙学理论。与此同时，道教在向民间扩散的过程中，逐步实现了壮化重构。

首先，崇奉的神祇明显增添了壮族信仰的系列神。三清尊神本是道教的最高神灵，但它的神仙谱系又是庞杂众多的。一方面，它不断地造神，把其中许多神传布到社会上，逐渐成为民间信仰中的神；另一方面，它又不断从壮族民间信仰中吸收新神。这样就为道教在壮族民间传播创造了良好条件。其次，道公所用的经文大都经过壮化改造，非道教原经文。如超度亡灵所诵经文增加了壮族感恩、道德教育之类的唱本，这在传统道教法事中是不被允许的。再次，壮族道教在操办丧事、超度亡灵等法事中吸收了许多壮族古老丧葬民俗。道公在给亡灵做法事时，除了按道教正常程序念经打醮外，还增加了砍殇、破狱、上刀山、过火炼等仪式。这完全是借道教做道场的形式，行壮族古老丧葬习俗之实，因而深得壮族群众的认可。最后，道教神职人员和组织结构发生了变化。传统道教有较为严密的组织和严格的戒律，而壮族道公则没有明显的级别。一般每个道公班子有6到10人，除一个领班称"法师"外，一般都称"道公"。所取的酬劳，除了法师多领一份回去敬祖师之外，其余全部平均分配。此外，道公班子没有严密的组织形式，外出做法事，遇到人手不够时，可以临时从别的班子借调。这在道观里是不被允许的。

道教壮化既来自政治的干涉和查禁，也有传统世俗观念影响和自身理论发展滞后的原因。但从根本上说，道教壮化是适应壮族民众需要的结果。道教是农业民族的宗教，壮族也是农业民族，在意识上比较容易相通。壮族先人以稻作农耕为生，这种生产需要有稳定的社会环境。不仅人际关系要和谐，人与大自然也要和谐。道教消灾祛邪，重人贵生，视生如同天地，期望获得大自然之灵气而长生，这样的宗旨稍加调整，即可满足壮族人的心理所求。壮族人没有出家的传统，正一派正好满足这个传统的要求，于是明清时期就有少数壮族人入教成为道公。壮族人虽然接受道教，但真正受戒成为道公的并不多。壮族道公不去道观，也没有道观可去，于是在民间组成了道公班，通常一个行政村一个。这个过程是自然形成的，主要是因为举行比较大的法事，若只请一位道公难以完成，便邀请若干人参加，道公班由此而逐渐形成。这种纯壮族人组成的道公班，不可能按道教的本来面目进行法事。一是因为他们中的绝大多数人汉语文水平不高，不可能弄清道教经典，需要重新按壮族人的意识编就。二是他们的法事主家是壮族人，必须按壮族人的风俗和传统行事，如果仪式有违壮族人的习俗，那他们就无法继续。这就使得壮族道公必须使道教壮化。三是壮族道公最初是汉族道士的徒弟，身处壮族地区的汉族道士能够理解和接受壮族道公的行事方式。他们自己也处于窘境，无力顾及道教的壮化，更多的时候是把壮化看成道教的自然延展。在这个背景下产生的壮族道教，其面目与传统道教有相当的差别。实际上，活跃在壮族乡村的道教，早已与当地原生型宗教师公教所差无几。

二、壮族道教的多元通和模式

壮族道教的多元通和模式主要表现在五个方面：第一，主体性与多样性的统一；第二，相融性与差异性的统一；第三，民族性与开放性的统一；第四，神圣性与人间性的统一；第五，制度性与灵活性的统一。

（一）主体性与多样性的统一

壮族道教既有主体性又有多样性，而主体性彰显出多样性特征，多样性则以主体性为依托。其主体性中基本教义是不变的文化基因，其多样性表现为各教派自有其特点。道教从产生时即表现出强烈的综合性，即非单一性，有整合多区域、多民族宗教使之趋向主流的能力，表现为图腾神的综合、祖先神的综合、天神的综合。这些神灵都具有跨民族、跨地域的特点。而后在汉族与各少数民族的文化交往中，道教的神灵系统在不断综合新神灵中壮大，形成以天神为主导、以祖神为根本、以各民族神为依托的多神分工合作的天国世界。这样一种文化基因使道教不可能发展成一神教，却容易接纳外来的宗教和神灵，使道教在壮族地区的传播过程中与儒、佛、师、麽、巫等各种宗教和思想相互融合，逐渐形成壮族人信仰上的多种类、多层次和内外兼收的特点。在各种民族民间宗教中，像壮族道教如此多样化的程度是罕见的。世界历史上，宗教的跨族群传播并不鲜见。但是：第一，外来宗教与本土宗教间缺少亲和力，难以深入融合；第二，宗教跨族群传播的结果往往是替代性的，造成一教独大的情况，阻碍了宗教的多样化发展。壮族道教的多样性是在长期的历史中形成的，教派虽多，却各有其生存空间，没有出现一派统制的局面。从种类上说，壮族道教各派别差异明显，以巫祝之术济人的太一派，以符箓见长的正一派，还有与佛教深度融合的释迦牟尼派，都在壮族地区拥有信众和组织。当然，尊道重德是壮族道教信仰的核心，所有这些派别都能够一以贯之，形成一个由内向外的辐射状结构，即形成了以道教教义为主干，以佛教思想为补充，以壮族民俗为底色的壮族道教新形态。

（二）相融性与差异性的统一

壮族道教与各壮族原生型宗教并不是一盘散沙，而有它们一致认同的信仰基础，即尊天敬祖和崇善嫉恶。尊天敬祖是包括壮族在内的所有中国人的终极性、根源性信仰，是关乎民族和文化由何而来的本根之教。不认同它，就等于不认同中华民族；但认同它又不要求各宗教抹杀自身的特殊性，可以各有所信。崇善嫉恶是壮族人的普遍性伦理和做人准则。在壮族地区，各宗教都必须能够行善积德、济世救人，才能得到社会的肯定。它们的道德信条可以多种多样，而崇善嫉恶是可以通约的宗教道德规范，它能使信教者首先成为一个有道德的人，然后才可能按宗教的要求最终实现解脱和超越。

相融性是指壮族道教与其他宗教间互相渗透、交错发展。一方面，各教并行而不悖；另一方面，各教又血脉相连、营养互换，形成文化的混血。壮族各原生型宗教都或多或少接受了道教的思想和形式，道教也受到各原生型宗教的深刻影响。广大壮族民众，有相当多的人兼信道、佛、师、麽、巫或其中几种，人们习以为常，这在一教独大的民族是不可想象的事情。道教在壮族地区的传播过程中总体上是和谐的，既没有发生大规模的宗教冲突，也没有出现明显遭受迫害的情况，没有仅仅因为信仰上的不同而发生族群冲突。当然，矛盾和摩擦是存在的，近现代由于思想急剧变革和政治力量的粗暴干预而出现对壮族道教的限制和打压是有的，但都未成为主流和传统。

融合并不意味着趋同，壮族道教和其他宗教在彼此学习和接近的过程中，不仅保持着自身的特色，而且在内涵上更加丰富多彩，彼此平等互尊，各得其所，从总体上形成优势互补的局面。壮族人信仰选择的空间是巨大的，不同地方的人们可以有不同的选择，不同需求的人们亦可有不同的选择，并不妨碍各教之间和平相处。

（三）民族性与开放性的统一

道教是作为汉文化的一部分传入壮族地区的，由于壮、汉两个民族都是农耕民族，多神观念与包容、温和的文化心理使得道教对壮族文化和其他宗教总体保持开放态度，并吸收了许多壮族民俗的内容，所以无论是宗教思想还是法事科仪，都具有鲜明的民族性特点。从崇奉的神祇看，三清尊神仍旧是道教的最高神灵，但它的神仙谱系是庞杂众多的，即在这个最高神之下，又有无数的大大小小的神灵。一方面，它不断地造神，把其中许多神传布到社会上，逐渐成为民间信仰中的神，如太上老君、玉皇大帝、吕祖、真武大帝、九天玄女、西王母、盘古真人、太元圣母、三十六天罡、七十二地煞、四方四神等；另一方面，它又不断从壮族民间信仰中吸收新神，如布洛陀、雷神、莫一大王、甘王、三界公、山魈等，编入其神仙谱系之中，顶礼膜拜。这样就给道教在壮族社会传播造就了良好的条件，也是道教能够对各种壮族原生型宗教产生广泛影响的原因。在现今一些道教班子供奉的神坛上，甚至只冠以"三清堂"三个字,而没有具体列上三清尊神的圣名,却列有莫一大王的名字。

从法事科仪来看,传统道教操办丧事、超度亡灵仪式有两种:一种是在道观里做法事,一种是在亡人家里做法事。道士只需身穿道袍,头戴道冠,颈挂念珠,手执如意,坐在丘台,口念超度亡灵经即可。壮族道教在给亡灵做法事时,除了按道教正常程序念经打醮外,还吸收了壮族原始丧葬仪式的成分,如增加开坛请经、祭经书请圣水、请师荐兵、出将入坛、请社王、砍殇、破狱、上刀山、过火炼、祭幡送师等环节。壮族地区普遍还存在请道公举行"安花架桥""安社安神""驱瘟神保平安"等宗教活动。如"驱瘟神保平安",这是壮族一种古老的宗教习俗。当村里人畜病灾流行时,人们会认为是瘟神入村作祟。村老就组织众人延请道公到村子里举行"驱瘟神保平安"法事。先在村里居中活动场所烧上一大锅桐油,然后挨家挨户驱瘟。每到一家,道士口中念念有词,然含一口符水向烧得滚荡的油锅里喷,锅里顿时烈焰腾空;再抬着油锅逐个房间、每个角落都进一遍;最后在每户的前、后门分别贴上盖有"三清三宝"之印的黄色符签,以示严禁瘟神再次入侵。每家都驱赶完毕,再由道士用茅草结一草缆,横系在通往村外的各交通路口,以防止瘟神再入村。余下符水,男女老少都喝上一口以保消灾祛病。这个油锅,就是从壮族的巫术中移过来的,完全是借道教做道场的形式,行壮族古老宗教习俗之实。

(四)神圣性与人间性的统一

在神圣性方面,壮族道教与西方一神教差异明显。"犹太教和基督教的传统,强调神与人的对立,神是至善至美、全智全能的,人则有原罪,不能自救,必须皈依上帝才能得救。故爱上帝是绝对的最高原则,其次才是爱人如己。两者如有矛盾,宁可牺牲'爱人',也要忠于上帝,这是历史上基督教迫害异端的信仰根源。"① 近代基督教改革了宽容了,自由主义神学家主张"上帝是爱",但基要派仍坚持"因信称义",信仰是高于正义的,所以仍有宗教冲突发生。反观道教,自创教伊始便将"行善止恶"作为修道成仙的先决条件。《太平经》吸纳并发展了《周易》关于"积善之家必有余庆,积不善之家必有余殃"的思想,提出了"承负"的伦理教义。壮族道教进一步将传统道教的善恶观与壮族的民风民俗结合起来,使各种道教劝善书成为淳化民风的重要手段。如《太上感应篇》《劝善要言序》《关帝觉世真经》《文昌帝君阴骘文》《吕祖功过格》等,都是根据壮族人生活重新改编的。《文昌帝君阴骘文》以天人感应和因果报应为指导思想,宣扬儒家道德规范、宗教戒条,以及文昌帝君的经历等故事,说明广行阴德将获善报,列出忠主、孝亲、敬兄、信友、矜孤恤寡、敬老怜贫、不谋人财产、不淫人妻女、不恃富欺穷、不倚权势辱善良等数十项信条,作为立身处事的准则。依此而行,万灾消弭,百福降临,迩则善终己身,远则福泽子孙,这些都与壮族民间的传统观念相一致。有的道公班子的劝善书,还直接借用了壮族的道德教育壮歌《十大传扬歌》的内容和形式,深受壮族人民的喜爱和欢迎。壮族人之所以要给死去的亲人,尤其是父母做道场超度亡灵,一个起决定作用的心理因素就是为了报答父母的养育之恩,正所谓鸦有反哺之意,羊有跪乳之恩。在壮族民间史诗《唱东灵》里,透露出壮族先民从吃人的野蛮时代过渡到孝敬父母、礼葬考妣形成葬仪的过程。因此,壮族人在父母去世时,一定要请道公前来念经斋醮,为亲人做一两晚道场,以表孝心。即使是亲人新故时因为客观原因做不成道场,在守孝满三年除灵时,也要补做一次道场。

  壮族道教经文中虽然有对彼岸世界的追求,但声音微弱,也没有大面积地仔细地描绘一个西天的"极乐世界"。对鬼神的求助也好,对恶鬼的驱逐也好,全是为了活着的人们现实生活的平安幸福;为了人们一生循规蹈矩,保

---

① 牟钟鉴:《从比较宗教学的视野看中国宗教文化模式》,《中国宗教》2007年第7期,第16页。

持社会的相对和谐，以利于稻作民族的社会生产和生活，体现了强烈的生命意识。经文不要求活着的人们忍受苦难，轻易牺牲性命，以求来世，而是珍惜生命，珍惜今生，应当争取的就去争取。虽然这可能消磨人们对黑暗的抗争，但也能够对维护人们的平稳生活产生效应。所以，壮族道教是以善为至高神性，以爱人为至高神道，神性是为人性服务的。此外，神没有单独的追求，故人要信神必须爱人，有德即是敬神。可以说，这是"因义称信"，与基督教基要派的思路是相反的。

（五）制度性与灵活性的统一

从道教在壮族地区的传播过程看，有一个从上层制度化宗教向民间的民俗化宗教演变的过程，两者虽有承接的关系，但在内容和形式上却有很大的不同。壮族道教就其组织程度而言，远不如传统道教，前者较为松散庞杂，后者较为严格整齐。尤其是道教正一派，有以天师为首的严谨的教阶制度，在上层与国家政权之间有正式的联系，在下层对一般信徒也有规范化的管理，各项要求严格，上下统一，内外分明。而壮族道教重信仰不重教制，没有统一的组织，没有产生宗教领袖。各地道公虽然都信奉"三清"，却没有统一的教规，没有统一的宗教圣地，没有统一的经书，也没有统一的机构来指导道公的活动。道公无道观可出家，可以成家立业，平时务农，有法事时才是道公。壮族道教虽以小团体活动，每个道公班子也都有一个首领法师，但团体内部成员地位平等，报酬平分。班子成员也不固定，当承接大型道场本班子人数不够时，还会出现到其他道公班子借人的情况。这在传统道教中是不可想象的。

壮族道教因与儒、佛和各种壮族原生型宗教深度融合，又受到壮族民俗的影响，在经典、教义、神谱、仪式等方面都全面加以糅合，超越教门，不拘一格，具有信仰的混合性、崇拜的多神性、求神的功利性、地区的差异性等特点。正如牟钟鉴教授所说，"壮族道教是壮族民族文化的重要形态，与壮族的语言、道德、文学、哲学、风俗、劳作都息息相通，构成壮族特有的精神家园和心理素质，也影响着其他民族，成为中华民族传统文化的有机组成部分。"①

三、壮族道教多元通和模式的启示意义

宗教是崇文还是尚武，或者说宗教相遇时处理宗教关系的价值取向是"贵和"还是"主战"，没有一个放之四海而皆准的真理。但壮族道教所展现的多元通和模式，对正确认识和处理当代民族宗教关系具有重要的启示意义。

（一）"相融性"的彰显促进了宗教的互融共生

宗教的相融性是不同宗教间的互动和宽容程度的一种表达，其与相同性是两个不尽相同的概念。宗教的相同性不必然导致宗教融合，宗教的排异与冲突也不能简单归因于宗教的相异性。最典型的例子就是基督教、犹太教和伊斯兰教属同源不同流，其宗教冲突与民族之间的冲突紧密联系在一起，尽管它们在教义上有很多相同之处，又都是一神论，但冲突性却极强。其结果是历史上基督教民与犹太教民的长期紧张关系和现代基督教社会同穆斯林社会的激烈冲突。反观壮族道教与师公教、麽教等壮族原生型宗教之间，不管在信仰还是在仪式上都差异明显，却能相互融合，和谐共生。如壮族道教尊"三清"为祖师，师公教则尊"三元"为祖师；做法事时，道公主要是念诵经文，动作轻柔，师公则会做激烈的舞蹈动作；在敬奉的神祇方面，壮族道教主要信奉道教神和佛教神，土俗神少，师公教的祭祀神则较复杂，包括了很多土俗神；壮族道教的经书主要是用汉文写成的散体文，杂有一些壮族民歌格式韵文，诵时散体文用汉语方言，韵文则须用壮语，师公教的经书是韵文，

---

① 牟钟鉴：《传统民俗：保持多元通和宗教文化生态的基础》，《中国民族报》2009年4月8日第4版。

壮歌五言七言格式，以古壮字写成，用壮语方言土语唱诵；道公没有面具，无巫术，只有少数道公班受师公影响，有"上刀山""过火炼"巫术，师公的法事中不仅有"上刀山""过火炼"等巫术，有的法事师公甚至要戴面具表演。但这些巨大差异并未妨碍二教间的和谐关系。特别是在开丧、做斋等这些大型的法事中，道公和师公两拨人马往往同时做法，道公念道教的经，师公唱师公教的文；道公摇道公的铃，师公敲师公的锣。有时候为了按时完成诵经任务，甚至需要部分师公客串为道公，跟道公们一起念经。这使我们不能不深入思考其中的道理与根源问题。没有充足理由认定宗教冲突根源于宗教间的差异。

不同宗教的教义和法事一般都有很大区别，但它并不能遮蔽宗教精神中认同、宽容和可兼容的部分。由于宗教间的差异是外在的和容易看到的，而宗教相融性是内在的和难以识别的，但人类对事物的认识有一个由外而内、由易到难逐步深化的过程，所以人们往往最先看到的是宗教外在的差别，而忽视其内在相融性的一面。又由于宗教最初相遇时往往以相互间的争论和冲突示人，宗教融合却要经历漫长的历史磨合过程。正因如此，宗教冲突的方面往往被人误解为宗教关系的本质，而相互融合被认为是宗教关系的偶发情况。其实，如同壮族道教的多元通和模式，随着宗教交往的不断深入，不同宗教的相遇经过漫长的磨合，宗教间冲突的方面将逐渐消弭和引退，宗教间相融的方面也将逐渐显露出来。由此可见，宗教融合的内涵远远比宗教冲突的部分要坚实得多、深厚得多，就像是巨大的冰山，水下的部分远远大于水上的部分，显露的部分远远小于隐含的部分。

现实中的宗教融合不仅由宗教自身性质决定，还会受到所处的国家、民族等多重因素的影响。道教之所以能与各种壮族原生型宗教相互融合，跟壮、汉民族同属农耕民族，有较大的相通性，以及近代统治者对道教实行严格的管束政策密切相关。明清时期，朝廷在利用道教时，加强了检束和限制，使道教失去了有力的政治支持，开始向世俗衍播，其教义逐渐充入民间宗教的内容。道教尊奉的城隍、土地和灶神开始在民间盛行,成为人们祭祀的重要对象。民国时期,道教在广西更是受到严厉限制,甚至是禁止,道观被拆的拆,毁的毁,几乎荡然无存。由于政府的抑制政策,导致道教内部经济来源严重不足,道士虽然养身修道,追求神仙,但仍然无法脱离人间烟火。在道产被没收,生活来源没有保障的情况下,为补充经济来源之不足,道公被迫把为民众做法事当作一种谋生的手段,这就逼迫道教在为世俗服务时,自觉吸纳壮族原生型宗教的成分,以迎合下层民众的需要。民间道公队伍中也不断有壮族人加入,改变了道公队伍的成分。无数的壮族下层知识分子加入了道教队伍,肯定会带来壮族不少的民俗观念,在不断地改造着道教,使之越来越符合壮族世俗民情的要求。所以认识宗教的相融性,不应把眼光局限于宗教问题,只在宗教内部找答案,还要拓展到其所处的经济社会政治环境中去寻找。

(二)"向善"精神增进了不同宗教间的交流互鉴

各宗教间巨大的差异性导致宗教对话必然是一个极其艰难复杂的过程。学者曾对宗教关系提出了排他论、多元论和包容论三种范式。起初,宗教信徒往往主张排他论,将自己的宗教信仰看成是绝对真理,排斥其他宗教。在宗教对话成为主流的 20 世纪中叶之后,排他论被普遍认为是历史上宗教冲突的思想根源。相反,多元论在当今社会较受欢迎。多元论否定真理的唯一性,认为没有哪种宗教能囊括真理,信众应平等看待其他宗教,尊重不同的信仰传统。实际上,许多坚持包容论甚至是坚持多元论的宗教信徒,还是无法完全平等地看待其他宗教,他们进行宗教对话的目的只是为了把其他宗教吸纳到自己的宗教中。问题在于各种宗教如何包容为一体?凭什么要"我们"统一于它?实际上,这种局限性是根深蒂固的,不同的宗教很难被统一到一个更高的"统一体"中。

道教之所以能与各种壮族原生型宗教相互融合,共同的"向善"精神在其中起了重要作用。人类的宗教千差万别，而最根本的一个相通点就是一切宗教都因博爱的宗旨而致力于"劝人为善"，劝导信众要珍重人的生命。如果没有向善的精神，却诱人为恶，那就不是宗教而是邪教了。从本质上看，正是因为各种宗教都能积极劝人为善，才使得宗教间的相互融合成为可能。历时态地看，克服宗教冲突的障碍是艰难而长期的。宗教关系从对立到统一、从冲突到融合、从不兼容到和谐共生，其根本动能在于各种宗教都在弘扬着一种客观存在的东西，那就是向善的精神。这要求各种宗教对其自身所包含的精华自觉地继承和发扬，并对自身狭隘和落后的部分自觉地反省、批判和超越，以适应社会的普遍价值追求。虽然宗教的经典与核心教义是固定的，但对宗教经典和教义的阐释，以及宗教的组织形式和活动方式，都要随着时代发展不断做出优化调整。"在地球村已经形成、人类事实上成为命运共同体的时代，各种宗教必须发掘和阐扬其文化中仁慈、和谐、包容的精神，抛弃独尊、排他、好斗的意识，推动宗教对话，学会在多元文化中理性地生存，与其他宗教成为好邻居。"① 共时态地看，许多缺乏向善精神的宗教相遇时往往表现为愈演愈烈的宗教冲突，相反，向善精神较强的宗教发生关系时，往往具有很大的包容性，能够逐步走向和解。正如天主教神学家孔汉思所说的，"世界各大宗教在信仰问题上分歧很大，基督教徒信仰上帝，印度教信奉梵天，佛教不信神，但他们都劝人为善，有着基本相同的伦理规范；宗教传统都尊重、珍惜人的生命，把'己所不欲，勿施于人'等基本伦理视为金规则。"② 所以，要促进宗教间的和解与对话，就不能将眼光局限于宗教信仰的分歧，而是要努力挖掘各种宗教伦理方面的共同点，求同存异。特别是在资本主义极大地开发并满足了人的自私性欲望的时代，宗教"劝人为善"的作用更不可少。虽然说宗教都有向善的精神，但作为历史的产物，每种宗教都只能表

---

① 王志平：《上海合作组织防务安全合作发展的文化认知——以我国西北边疆安全为牵引的思考》，《西北民族论丛》2016 年第 6 期，第 253 页。
② 卓新平主编：《宗教比较与对话》（第二辑），社会科学文献出版社 2000 年版，第 13 页。

达有限的价值，不能穷尽所有的真理。这就使宗教间的对话与和解成为可能。宗教发扬向善精神既是消减教际冲突的根本动能，也是确保教际兼容并存与良性互动的力量所在。在现代社会中，随着经济社会的高速发展和人类交往的日益密切，包括宗教在内的人类文明，必然加速融合。但在历史和现实中的教际关系，先是排他，进而才是包容和承认多元共存，最后才是汇流。当各个宗教的主流都能有较强的宗教理性，不断自我反思和尊重他者信仰时，宗教的相融性便能充分彰显出来，实现宗教关系平稳发展。

（三）宗教融合增强了中华民族的凝聚力和向心力

在民族形成和发展的漫长历史中，共同的宗教信仰往往是一个多民族共同体不断增强凝聚力和向心力的思想文化基础。"宗教甚至高于民族，它尖锐地并且毫无例外地区分着人群。"① 劳贞一曾在其《西南边疆的宗教改革问题》一文中指出："我们看到西南外国教士传教的状况，便知道西南边疆的危机。"② 因为，让国民信奉洋教，在非常时期将很难保证对国家的忠诚。这在边疆少数民族中尤为显著。1885年年初，中国军队在今越南谅山抗击法军入侵时，清朝名将杨玉科所率军队在镇南关（今友谊关）遭到法军重兵围攻，又有信奉洋教的当地教民充当"法军间谍"，"助法军攻官军，官军溃走"，主帅战死，清军惨败。③ 因此，宗教文化的认同和信仰价值观念的一致性，事关国家和民族的前途与命运。

苏联著名民族学家勃罗姆列伊在其著作《民族与民族学》中指出："宗教的共同性对于民族作为一个完整的体系而发挥功能具有非常重要的意义。"④ 壮族道教是汉族和壮族先民在宗教文化上相互交流融合而成的结晶，它将汉

---

① ［美］S.P. 亨廷顿：《文明的冲突》，郑开译，新华出版社2013年版，第173页。
② 劳贞一：《西南边疆的宗教改革问题》，《边政公论》1947年第3期，第175页。
③ 郑杭生：《民族社会学概论》（第二版），中国人民大学出版社2010年版，第269页。
④ ［苏］勃罗姆列伊：《民族与民族学》，李振锡等译，内蒙古人民出版社1985年版，第73页。

民族的儒、道、佛思想与壮族传统巫术、风俗习惯等有机地融为一体。在某种意义上，壮族道教的生成过程就是传统道教与壮族原生型宗教相融合的过程。道教的传入改良了壮族的风俗习惯，革新了其杀牲祀鬼、尚淫祀、狂舞烂醉等传统习俗，消减了其怕鬼心理。壮族信奉道教，客观上支持和促进了道教发展、壮大；道教在壮族民间传播、发展并演变，一些壮族人放弃或改进自己与社会生产力发展不适应的原始巫教信仰，改信更为完善和文化形态相对较高的道教，顺应了宗教自身运动变化的规律。道教在壮族地区的传播过程，本身也是汉文化与壮文化汇流的过程，往往伴随有社会经济文化的交流，在一定程度上促进了壮族社会经济文化的发展。

道教从明代中叶以后逐渐在中原地区走向衰败，失去了统治阶级的宠信和支持，加之大规模地从中原地区向西南边疆移民，促进了道教在壮族地区的传播与融合。从某种意义上来说，道教与壮族两者之间的关系是互动的，而不仅仅是某一方影响了另一方，双方之间的关系是由特定的社会历史文化背景所决定的，有其历史的必然性。道教在壮族劳苦大众中的广泛传播，密切了壮族和汉族之间的联系，也体现了壮族民众对中华道教文化的认同感，显示了他们对汉族人民信奉的神灵的敬重，在信仰的层面寻到了共同点，培养起了相互之间的认同感。因而，在共同参拜的神灵面前消除了壮族与汉族相互之间的心理隔阂，大大缩小了双方思想观念的差异，也消除了彼此之间的防范心理和反感情绪，增进了壮族对中华民族大家庭的向心力，巩固了中华民族的多元一体格局。这也说明了由56个民族构成的中华民族大家庭，在族属和文化上是多元的，但其内部又是相互认同、相互包容的，因而中华民族又是一个有凝聚力、不可分割的统一体。

在国家广泛对公民进行爱国主义教育的今天，系统地研究宗教与民族之间错综复杂的关系，探讨两者之间发生相互影响的历史原因、条件、途径、历程和意义，揭示宗教融合在中华民族多元一体格局形成过程中所发挥的重要作用，不仅有助于我们更清楚地认识宗教融合的过程和价值，更清楚地认识少数民族文化在中华民族多元一体文化格局中的地位和作用，而且能加深我们对"汉族离不开少数民族，少数民族离不开汉族，各少数民族之间也相互离不开"三句话的理解和认识，对批判民族分裂主义，促进中华民族大家庭的团结、稳定、繁荣具有重要的现实意义。